岩 波 文 庫

33-673-6

国 家 と 神 話

(上)

カッシーラー著
熊 野 純 彦 訳

JN054220

岩 波 書 店

Ernst Cassirer

THE MYTH OF THE STATE

1946

凡例

一、本書は E. Cassirer, *The Myth of the State*, 1946 の全訳であるが、題名を変更し、いくらかの編集的な整理を加えている。詳細については「訳者序文」を参照。底本にはイエール大学出版局版を使用したが、カッシーラー全集第二十五巻も参照し、後者に言及するさいには「全集版」と称している。

一、原文の〝 〟は「 」で示し、強調（イタリック）の箇所は傍点によってあらわす。原文中、大文字で書きだされている単語のうち、強調に意味があると考えられるものについては〈 〉で囲み、また〔 〕で囲まれた語句は訳者による補足を示す。

一、原注は(1)のように示して、各段落の直後に訳出した。訳注は(＊1)のように示して、原注のあとに置いた。

一、原文中のラテン語はつねにイタリックで表記したが、英語・ラテン語以外のイタリックについては、書名等をのぞいて強調を再現していない場合がある。

目次

凡例 3
訳者序文 9
編者序言 11
序章 国家の神話 27
第Ⅰ部 神話とはなにか？ 65
Ⅰ 神話的な思考の構造 67
Ⅱ 神話と言語 99
Ⅲ 神話と、情動の心理学 117
Ⅳ 人間の社会的生における神話の機能 151

第II部　政治理論の歴史における神話との闘争 ―― 185

V　初期ギリシア哲学における「ロゴス」と「ミュトス」 …… 187

VI　プラトンの国家篇 …… 207

VII　中世の国家論の宗教的ならびに形而上学的な背景 …… 253

VIII　中世哲学における適法的国家の理論 …… 305

IX　中世哲学における自然と恩寵 …… 329

X　マキャヴェリのあらたな政治学 …… 355

　マキャヴェリ伝説　355

XI　マキャヴェリズムの勝利とその帰結 …… 391

　マキャヴェリとルネサンス　391

　近代的な世俗国家　402

　宗教と政治　414

XII　あらたな国家理論の含意……419
国家の孤立化とその危険　419
マキャヴェリにおける道徳的問題　423
政治の技術　452
マキャヴェリの政治哲学における神話的な要素――〈運命〉　460

下巻目次

第Ⅱ部　政治理論の歴史における神話との闘争(承前)
XIII　ストア主義の再生《ルネサンス》と国家にかんする「自然法」理論
XIV　啓蒙と、そのロマン主義的批判者たち
第Ⅲ部　二十世紀の神話
XV　準備　カーライル
XVI　英雄崇拝から人種崇拝へ
XVII　ヘーゲル
XVIII　現代の政治的神話の技術
結　論
解　説
『シンボル形式の哲学』への途と、『シンボル形式の哲学』からの道
人名索引

訳者序文

本書は、E. Cassirer, *The Myth of the State*, 1946 の全訳であるが、題名を『国家と神話』と変更し、いくらか編集的な整理を加えている。『国家の神話』としなかったのは、内容と照らして、『国家と神話』としたほうがより適切であると判断したこと、また原著者のドイツ語著書に『言語と神話』(*Sprache und Mythos*, 1925)と題するものがあることに拠っている。

本書はこの「訳者序文」以下、本文の「第I部　神話とはなにか?」のまえに以下の文章を付加する構成となっている。

1　「編者序言」

2　「序章　国家の神話」

このうち1は原著の編者である、Ch・W・ヘンデルによる序文(Foreword by Charles W. Hendel)で、宮田光雄氏による本書の旧訳では、訳者解説との重複を配慮して省略されている一文であるが、米国移住後のカッシーラーの足跡をめぐる証言としても意味をもつものと考えて、今回あらためて冒頭に訳出しておくことにした。

また2は、1でもふれられている、本書に先だつカッシーラー自身の小論であって、本文への格好の案内として、これを「序章」として訳出しておいた。原文(The Myth of the State)は、一九四四年に『フォーチューン』誌に掲載されたもの、現在ではカッシーラー全集第二十四巻に収録されている。

本文については、おなじ全集第二十五巻収録のテクストをも参照して、若干の編集上の整理をおこなっている。とくにカッシーラーによる引用については、全集版にならって本文追い込みとしておいた。これは、カッシーラー自身のドイツ語著書に準じた整理であるとともに、『人間論』(*An Essay on Man*, 1944)にも倣うものである。

熊野純彦

編者序言

本書は、エルンスト・カッシーラー教授が著した最後の著書である。一書が書きあげられ、原稿から仮刷り《コピー》が作られたのは、一九四五年の四月十三日に突然の早すぎる死が教授を見舞ったほんの数日まえのことだった。

本書の著者やその哲学について、あらためて紹介する必要はあるまい。カッシーラー教授のなまえと業績は、すでによく知られている。その生涯最後の四年間にわたって、アメリカ哲学界で教授がみずから築きあげた地位にかんしては、その著書が現在ひろく翻訳を求められていることからもうかがい知ることができるし、幸いなことにその翻訳はいまも陸続としてあらわれている(1)。さらに記念論集が予定されており、論集には多くの学者が寄稿して、ライブラリー・オブ・リヴィング・フィロソファーズ(ポール・A・シルプ編、ノースウェスタン大学)から公刊されることになっている。本人の校閲した伝記もまた、おなじ一冊のなかに含まれることになるだろう。こうして、べつの場所でも多くの機会によって、そのひととなりについても、学問の世界におけるその広範な業績の有する意義をめぐっても、より立ちいって知ることができるはずである。

（1）以下のような翻訳がさいきん出版されている。*Rousseau, Kant, Goethe*, trans. by James Gutmann, Paul O. Kristeller, and John H. Randall, Jr. (Princeton University Press, 1945)；*Myth and Language*, trans. by Susanne K. Langer (Harper & Brothers, 1946).

けれども、紹介は不要とはいっても、この最後の著書には序言を付しておくことが望ましいだろう。ロックの『人間知性論』を知る者ならだれでも記憶に留めているだろうが、著者がどのようにしてその著書を著すにいたったかに触れるなか、とりわけ友人たちとの討論について語って、その友人たちがロックに、じぶんたちが会話で共有した思想をひろく世に公けにするよう懇望した、というくだり（＊1）に及んで、個人的な関心が生き生きと呼びさまされるのを読者は感じるものである。この書物にかんしてもおなじたぐいの、語られてあきらかにされるべき事情が存在する。

（＊1）『人間知性論』の冒頭に置かれた「読者への手紙」の一節。

カッシーラー教授がスウェーデンのゲーテボルクを離れてこの国〔アメリカ合衆国〕に到着したのは、一九四一年の春のことであったが、そのときこの傑出した学者にして哲学者はじぶんの経歴上の頂点をきわめようとしていた。かれはすでに認識の問題の研究をめぐって傑作を公刊しており、同書の射程はほとんど西欧思想の全域に及んでいる[1]。「ほとんど」という限定をくわえておいたのは、その第四巻が「ヘーゲルの死から現在まで」——「現在」というのは一九三二年のことである——をあつかう予定で、それはいまだ手稿として、じっさいには、教授がアメリカへと出発するさいになお残されていたからである[2]。カッシーラー教授をはじめてイエール大学の客員研究員として迎えたとき、私たちはこの未公刊の草稿についてなにも知らなかったばかりか、事実、じぶんたちを待ちうけているそれ以外の多くの贈り物にかんしてもまったく知るところがなかった。それまで公刊されたものだけでも、十分に記念碑的な達成であるように思われたのである。教授は、カント哲学をめぐる偉大な解釈者として知られていた。かれのルネサンス研究[3]さらには十八世紀研究[4]が、疑いもなくその歴史的な才能を証明するものだ。くわえて私たちの知るかぎりで、かれが論じていたのは過去の時代に属する哲学であり科学であり、また文化であったので、私たちの讃嘆の念はなによりも、突出してすぐれた歴史家としての教授に対して向けられる傾向があったのである。これにはまたべつの理由もある。そのころのじぶんたちが見すえていたのは或る種の歴史的な学識であって、それを今日の哲学にあって必須なことがらと考えていたので、私たちはより多くの注意をそちらに向けており、それ以外の面で精神と学殖とが示す高度な資質については見のがしがちであったけれども、その後者こそが、カッシーラー教授が私たちの同僚としてじっさいに働きはじめたときに、その講義や会話のなかでただちにだれの目にもあきらかになったものだったのである。

（1）*Das Erkenntnisproblem*（Berlin, B. Cassirer, 1906, 1907, 1920）. 3 vols.

（2）『認識問題』のこの第四巻は英語に翻訳されているところであり、イエール大学出版局から公刊されることになっている。

（3）たとえば、*Individuum und Kosmos in der Philosophie der Renaissance*（Teubner, Leibzig, Berlin, 1927）.

（4）*Die Philosophie der Aufklärung*（Tübingen, J. C. B. Mohr, 1932）ならびに *Goethe und die geschichtliche Welt*（Berlin, B. Cassirer, 1932）.

カッシーラー教授がどのような主題を取りあつかうときであれ、かれは先行する哲学者たちが考えたことがらをまず概観してみるさい優れた理解を示してみせたばかりではなく、それとともに教授が繰りひろげてみせたものはまた、くだんの主題にかかわるいっさいをめぐる独創的で見とおしのよい展望であって、しかもそれは人間的経験のすべての側面から——つまり、芸術・文学・宗教・科学・歴史から——採られたものであった。そこで取りあげられたいっさいのことがらのうちで見られるものは、つねにかわることなく、人間の認識と文化に属する多様な形態がたがいに関係しあっていることの証明なのである。カッシーラー教授が所有していたものは、したがって、歴史的な想像力と学識ばかりではなく哲学的な総合の才能なのであった。それこそが、教授の同僚や判断力のある多くの学生たちが、イエールとコロンビアの大学で教授が立てつづけに開講した貴重な講義や演習について懐かしんでやまないものである。

当時でもいうまでもなく、いくつかの公刊された著作を挙げて、私たちが真の哲学者に期待する、独創的で体系的な思想をあかし立てることはできた。ふたりの学者たちが数年まえ率先して、カッシーラー教授の『実体と函数、ならびにアインシュタインの相対性理論』(*Substance and Function and Einstein's Theory of Relativity*)の翻訳を実現させている(1)。ちょうどそのおなじ年にドイツであらわれたのが、「シンボル形式」という主題にかんする三巻本の第一巻である(2)。これは、かれ自身の思想の冒険を示すものだ。シンボル形式の哲学とはある意味で、建設的な思想家たろうとするカッシーラー教授の野心を満たしたものだったのである。同書が念入りに研究することになったのは、人間的経験の世界が分節化されるさまざまな仕方であるけれども、その分節化は、シンボル化する活動に属する多様な様相をつうじて遂行され、その活動こそが人間にとって特徴的なものである。このような見解は、感性的直観と論理的カテゴリーのいくつかの形式が私たちの自然界を構成するさい有している役割に対する、カントの洞察を拡大したものである。カントが挙げた以外の形式も教授は論じているのであるけれども、それらは、人間が現実に経験し、認識する世界を構成するにあたっておなじ機能を担っているわけである。言語・神話・芸術・宗教・歴史・科学といった文化的表現に属するそうした形式のすべても同等に、人間がじぶん自身、ならびにみずからの環境の総体の双方をめぐって手にしている認識のうちへと入りこんでゆく。ここにカッシーラー教授自身の、人間と存在とをめぐる哲学があったのである。

（1）William Curtis Swabey and Marie Collins Swabey (Chicago, Open Court Publishing Co., 1923).

（2）*Die Philosophie der symbolischen Formen* (Berlin, B. Cassirer, 1923–29). 以下をも参照のこと。*Naturalistische und humanistische Begründung der Kulturphilosophie* (Göteborg, Flanders Boktryckerei Aktiebolag, 1939).

しかしながらシンボル形式の哲学は、カッシーラー教授がアメリカの大学に移ってその仕事を継続しようとしたときには、ほとんど知られていなかった。ドイツ語で書かれた三巻本が、この国の哲学研究者にはほとんど手に入らないからである。そのうえ、かれの理論を証明する過程のうちには、膨大な証拠の集塊を詳細に検討する作業が含まれており、その証拠は文化の多様な形式にかかわるものであったから、多くの学者にはそれらの形式になじみがなく、あるいはその議論を正当に評価しうる十分な知識も持ってはいなかったのである。くだんの「哲学的人間学」——と、かれは呼んでいた——の簡略なバージョンが、こうして強く求められたのであるが、それはしだいにその範囲がひろがってゆく友人や学生たちの関心を満足させるためであって、かれらは教授の哲学を知りたいと切望していたのだ。カッシーラー教授もその学生たちを、さらに多くのあらたな同僚たちをも好ましく思っており、教授のがわでも、学生や同僚みなに、じぶんのことをもっと知ってほしいと考えていた。そこで教授は、きわめて密やかに、そういった希望についてほとんどことばにもせず、みじかい英語の論稿を書きおろす仕事をはじめて、やがてそれが『人間論』(*An Essay on Man*)[1]となる。

（1）Yale University Press, 1944.

一方『人間論』を書きすすめてゆくなかで哲学者はまた、じぶんの友人と学生たちという直接的な範囲を超えて、ことがらを見すえてゆくことになった。かれは時代の普遍的な要求を見ぬいていた。その戦火の日々のもとで、「人間とはなにか？」という問いは痛烈な力を伴って、だれであれそれを避けてとおることができなかったのである。はっきりと見てとることができたのは、ロックが企て、あるいはカントやその他カッシーラー教授がつよく愛好する、十八世紀のすぐれた精神が企図していたよりも、遥かに大きな仕事が試みられなければならないということだった。すなわち、人間の知性あるいは理性という現象と並んで、それとはべつの側面が考慮されなければならないのである。

くだんのあらたな『人間論』のなかでカッシーラー教授が想起しているのは、ソクラテスによって発せられた、いまだ汲みつくされることのない命法、なんじ自身を知れ、であった。その著作の議論が提示したのは、自己認識を探究する歴史をつうじた道程であり、それを知ることで私たちは今日の人間が置かれた条件をより良く理解することができるのである。かくて『人間論』は、教授の友人たちの要求をかなえるものであったのと同様、ひろく一般的な目的にもかなうものとなったのだ。すなわち同書は、友人たちにシンボル形式の哲学の精髄をつたえる一方で、人間自身をめぐるいま現在の智慧に貢献するものともなったのである。

それでも、右で述べた件が、私たちが生きているこの暗い、混乱した時代に向けられるカッシーラー教授の関心のすべてというわけではなかった。多くのひとびとはやや軽率な調子で、じぶんたちが世界史における一箇の危機を経めぐりつつあるという事実について語っていた。歴史の哲学をめぐって、あるいは私たち自身の文明の本性にかんして公衆のこころのうちで観念が混乱し、動揺があらわれてくるのも、おのずと予想されるところであった。あらゆるたぐいの疑似哲学がそのような条件のなかで当然のごとく立ちあらわれて、それらはしかもある種のイデオロギーによって、あるいはそれを公言するひとびとの政治的な利害によって力を得ていたのである。そのような状況に際会するなか、カッシーラー教授の友人たちの見るところ、教授こそが口をひらいて、もっとも賢明な判断を下しうる人間であり、それもかれこそ私たちの時代の状況を、歴史と哲学というふたつの巨《おお》きな見とおしのなか解釈することができたからである。教授と親しい何人かのひとびとが、あえてこう依頼してみたことがある。「いま現在おこっていることの意味を語っていただけませんか、過去の歴史や科学、文化について書くのではなく。あなたには博大な知識と智慧があって——あなたと一緒に働いている私どもには、それがよく分かっていますが——、でも他のひとびともその恩恵に与《あずか》ることができるようにすべきではないですか」。かれはそれから一九四三—四四年の冬に仕事に取りかかって、「国家の神話」という主題にかかわる著書のスケッチを描いてみせた。一九四四年六月発行の『フォーチューン』誌に掲載されたものが、教授がそれまでに書きあげたものの短縮版である。ここに出版される本書がそれにつづいて一九四四年から四五年にかけて執筆され、その仕事を完全に実現するものとなったが、それはもともと教授にとってもっとも近しい友人たちの要請に応えるところからはじまったものなのである。

カッシーラー教授は私に、『人間論』と本書の双方を閲読し、編集する労を取ってくれないか、と依頼した。私の責任はいまやさらに重大なものとなってしまったが、それも本書が著者歿後の出版となったからである。この「序言」で私の寄与分を説明するにあたりはっきりさせておきたいことは、本書がじっさいにはほとんど著者によって書かれたとおりに出版されるということである。それが可能となったのも、教授が身につけていた多くの驚くべき能力のひとつが、かれはひとの助けを借りずとも、明晰かつ流暢に、しかもことばの意味に対するみごとな感覚をもって英語で書きおろすことができたという、その才能であったからである。

前著『人間論』にかんしていえば、著者はその手で著作の第一稿を閲読《クリティシズム》に委ねた。かれはつねにじぶんの哲学的議論に対する批評《クリティシズム》を欲していたし、ことばの遣いかたについても同様であった。提案された訂正点や改良点についてそのすべてを喜んで受けいれたものである。繊細な礼儀ただしさをもって、著者はいっさいの注意と疑問とを重視し、それらに感謝していた。かれの信条としていたところは、好意ある批評者が、著者の書きかたのとおりではことがらを明晰に、あるいは論理的な仕方で見てとることができなかったとするなら、それは自身のあやまりとしなければならないというものであり、この心がまえからして、教授にはデイヴィッド・ヒュームと近いところがある。ヒユームも、これとおなじような敬意を読者の精神に対して懐《いだ》いていたのだ。じっさいのところまさに私が提案した点はそのほとんどすべてが、ただたんに叙述を短縮し、簡潔にするために必須なことがらにかぎられていた。たとえば、惜しみなくちりばめられた膨大な引用が削られる必要があったのだけれども、教授はいつでも引用した著者自身に存分に語らせたがったものだが、そうすれば一書の分量があまりにも膨れあがるばかりではなく、それに応じて、教授自身が本書で語らなければならないことに充てられる紙幅が減ってしまう一方だったのである。こういった配慮をべつにすれば、校閲と変更はただちいさな論点にかかわるものばかりであって、そうした指摘を教授はつねに快く受けいれたものである。

本書は、『人間論』とおなじ仕方で公刊のために整えられた。違いといえばただひとつ——著者自身は、いま提供されるのとまったくおなじかたちでは、第三部に目をとおすことができなかった、という点である。必要と思われた変更は、第一部と第二部のテクストにかんしては事実上だいぶぶん著者の精査を受けており、しかもそのほとんどについて、私たちふたりはじっさいに面と向かって議論する機会をもった。第三のつまり最後の部分を編集するさいにも、著者自身がそれを最終的に査読して、お墨付きを与えることこそなかったとはいえ、私が想うに、教授自身が気にされるような変更はなにひとつ加えなかったはずである。この点にかんして私としては信じて疑わないところであるけれども、それは、私たちふたりのあいだにはほんの数年の付きあいしかなかったとはいえ、その間たがいに完全に理解しあったと考えているからである。

本文《テクスト》の準備をおえるまえに、一九四五年六月、私は召集され、イギリス駐在の合衆国陸軍のもとで勤務して、陸軍大学で哲学を教えることになった。ヘーゲルにかんする第XVII章の編集作業は、出発の時点でじゅうぶん満足のゆくかたちになっていなかった。同僚である、イエール大学のブランド・ブランシャード教授の懇切な助力に対して感謝したい。かれは仮刷り《コピー》を通覧して、印刷に付するまえの最終校正をおこなってくれたのである。

こころからの謝辞が捧げられるべきはまた、以前ニューヘブンに在住していたフリードリヒ・W・レンツ博士の、入念で精確な仕事に対してである。かれは引用と参照文献を確認して、ことば遣いについても多くの疑問点を出してくれたが、これはほんらい編者が注意し、決定すべきことがらである。こうした助力のおかげで、本書はその細部においても学術的な性格を具えて、エルンスト・カッシーラー教授の名のもとで発行されるにふさわしい著書となると、私たちとしては確信しうるしだいとなった。

カッシーラー教授の友人と家族とを代表して、私のがわでこの機会に、なんとしても忘れずに言っておかなければならないのは、イエール大学出版局の編集者、ユージン・A・デイヴィッドソン氏が示してくれた、寛大で個人的な関心についてである。かれの本書とのかかわりは、たんなる業務上のそれを遥かに超えた、細心で共感に満ちた理解にもとづくものであった。著者もまたこのことを語っておきたいと思ったはずであり、それも、そうした種類の関心こそ、著書がそのアメリカ経験のなかでもつねに感謝していたところであるからである。

コネチカット州ニューヘブン
一九四六年四月十三日

チャールズ・ウィリアム・ヘンデル

国家と神話（上）

序　章　国家の神話

この一世紀にわたる思想史にあっておそらく、政治思想の急速で急激な興隆とその突然の衰微と没落以上に、困難で当惑させる現象はほかにないだろう。十九世紀をつうじて、政治思想はまったくあらたな歩みをはじめていた。あらたな知識の源泉へと接近することができるようになったのである。経済学者・社会学者また哲学者たちがたがいに競いあうようにこの源泉を利用し活用した。かれらが確信するところでは、政治の理論は、それまでの時代とくらべてより高度な水準へと到達したのだ。それ以来、政治理論はもはや暗闇のなかで手さぐりをすることを止めて、決定的な仕方で「科学への王道」が開かれたことになる。

経済学や社会学、さらに哲学のさまざまな学派が、その一般的な見解において合意していたわけではまったくない。かれらは探究の相異なる方法にしたがっていたし、求められていたのはたがいにかけ離れた政治的理想であった。それにもかかわらず、ある一点についてはすべての者たちが一致しているかに見えたのである。すなわち、かれらは政治理論の課題にかんして同一の構想と意味づけを共有していたわけである。政治理論は、とかれらは語る。たんなる思弁や空しい願望に耽っていることができない。それは経験的事実と、その事実から導出された一般的原理のうえにもとづくものとならなければならない。そのような方法によってのみ私たちは決定的な一歩を踏みだして、「空想《ユートピア》から科学へ」(＊1)といたることができるのだ。

(＊1) 全集版が注記しているように、F・エンゲルス『ユートピアから科学への社会主義の発展』が念頭に置かれている。

十九世紀の哲学にあってこのあらたな傾向をもっとも明確に表現するものは、オーギュスト・コントの体系のうちに見いだされる。コントの野心は科学的思考に共通した方法を見いだすことにあって、コントによればその方法にしたがうことで、知識のさまざまな分野を隔てている人為的な障壁のすべてが克服されることになるはずなのである。

コントの「実証哲学」によって導かれることで、私たちは絶えまない進歩をかさね、天文学から物理学へ、物理学から化学へ、化学から生物学へ、そして生物学から政治学と社会学へといたることになる。

人間文化が深層において有する統一性を証明しようとするにあたってコントが提示する主要な論拠のひとつは、じぶんが発見した、人間精神のまさに本性によって課せられている基礎的な法則であって、その法則は、コントによれば人間の文化的生のあらゆる形態に対して妥当する。すなわち人間精神は、その射程全体を実現しうるために、知識のそれぞれの分野へと到達するにあたって、相異なった三つの段階を経過しなければならないというものである。人間精神は神話的段階からはじめて、形而上学的段階へと発展し、最後に科学的な、もしくは「実証的」な段階に到達する。だがしかしコントも指摘しているとおり、数学や物理学あるいは自然誌の領野にくらべて遥かに大きな知的努力が、政治思想という領野で最後の一歩を刻むためには必要とされるのだ。じぶん自身が属している世界——社会的経験の世界——を理解して、それを組織化するためには、人間はまず自然的世界を研究して、これを支配する必要がある。人間は第一に自然法則を発見して、そのあとで基礎的な社会学的法則についてようやく当の法則の存在と妥当性への問いを提起することができるのである。

「神学的で形而上学的な方法が他の領域では打破されたにもかかわらず」、とコントは書いている。「社会的な事象の取りあつかいについては、それを探究し、また議論する両面にかんしてなおもっぱら適用されている」。それでも、無数の空しい試みの果てに、この最後の呪文がまさに打ちやぶられようとしていた。政治の世界にあってすら、私たちはもはや幻想の世界のうちに住まう必要などないのである。

消えゆく灯（＊1）

十九世紀の哲学的理想――近代の政治学的・経済学的・社会学的な思考の先駆者たちすべてが共有していた理想――が、とつぜん粉砕されたかに思われた。私たちの文化が現在直面している危機を示すことがらとして、おそらくそれ以上に特徴的なものがないのは、ほんの数十年まえまで人間の知にあって最大の希望のひとつであり、最高の勝利のひとつであると見なされていたものが突如放棄された、という事実だろう。

（＊1） A light that failed. R・キップリングの小説『消えゆく灯』(*The light that failed*)は一

八九一年に発表され、おなじ題名の映画が一九三九年、W・A・ウェルマン監督の手で製作されている。

コントによって設定された課題を果たすということだけが否認されたばかりではなく、課題それ自身をめぐる構想が否認された。一九〇〇年代以来、政治的思考はゆるやかに変化しはじめていたけれども、その変化は思考の内容のみにとどまらず、その基礎的な形態にも及ぶものだった。そしてくだんの変化が含意するところは、かつての知的もしくは精神的《モラル》な基準への完璧な反転だったのである。神話的な思考が公然と、合理的な思考に対して優位を占めるようになる。政治的・社会的生にあって人間が期待されるにいたったのは、みずからの知的生の発展においてかつて学びおぼえたすべてを忘却することである。ひとは、人間文化の最初の段階へと立ちもどることを勧告されたのだ。

たんに理論的な視角から見てとるならば、このことは思想の完全な倒壊であるように見える。とはいえ当の現象は、それほど単純な仕方で説明されうるものでもない。くだんの現象を理解するために私たちとしては、その実際上《プラクティカル》の動機とならんで実践的《プラクティカル》な帰結も考慮に入れておく必要がある。神話と政治というばらばらな要素が二十世紀になって結合したことは、一見したところ逆説的なことがらであるように思える。けれども、この逆説の意味するところはあきらかである。ふたつの力が結びつくことにより、あらたに前例をみない強靭さが獲得されたのだ。政治は神話的なものとなって、私たちの通常の基準のいっさいを遥かに凌駕する高みへと押しあげられたのである。政治の権威に対して、もはやいかなる懐疑的な疑問も批判的な異論も許されていない。かくて神話は勝利し、しかもその勝利は、人間の文明の特定の領域に侵入したことによってばかりでなく、その文明の全体を征服することで獲得されたのだ。

あらたな神話のすべてが、「全体主義的」な国家観を主張し、擁護していることは偶然ではない。そうした国家観によって、他のどのような法廷への訴求も、そもそもはじめからいっさい無駄で無益なものと宣言されることになる。世界のうちのなにものも、国家に対して与えられる神話の力を制限することができない。人間の政治的生を神話化することは、同時に他のあらゆる人間的活動を神話化することを意味する。固有の価値を有する、分離された領圏はもはや存在しない。哲学・芸術・宗教・科学が、あらたな理想の統制のもとに置かれる。神話と政治との混成物は全能となり、抵抗しがたいものとなるのである。

こうして政治的思考と神話的思考は混合してゆくが、現代の理論のうちで生起しているこの奇妙な混合を理解するために私たちとしてはなによりもまず、この化合物のなかに入りこんでいるふたつの要素がそれぞれどのような性質を持ったものであるかをめぐって、明確な洞察を手にしておく必要がある。私はそれゆえ以下、国家にかんする合理的理論と神話的理論とのあいだで戦われてきたもっとも重要で、かつもっとも興味ぶかい闘争について、そのいくつかの局面を描きだしてみることにしよう。私がここで与えることができるのはきわめて簡略で粗雑な素描にすぎないけれども、おそらくそういった素描によってさえも、私たちはみずからが置かれている現在の状況にかんしてより理解を深めることができるだろう。

理性のはじまり

国家にかんする合理的な理論は、ギリシア哲学の時代以前には出現することができなかった。この領野にあっても他の分野と同様、ギリシア人たちが合理的な思考の最初の開拓者となったのである。ツキュディデスがはじめて歴史をめぐる神話的な捉えかたを攻撃し、歴史学的探究と心理学的分析をめぐるあらたな方法を導入することになる。ソフィストの哲学のなかで人間が「万物の尺度」(*1)となって、かくて可能なあらゆる知識が政治的な目的へと向けられるにいたった。プラトンがさらにこれに付けくわえて、人間の本性を理解するためには、私たちは国家の本性を研究するところからはじめなければならないと主張する。政治学こそが心理学に手がかりを与えるものとなったのである。

(*1) プロタゴラス断片中のことば。「人間が万物の尺度である。存在するものについては存在することの、存在しないものについては存在しないことの」。

プラトンは国家の「理論」を、つまり数こそ多いにせよ、雑多ででたらめな事実にかんする知識ではなく、思考の一貫した体系を導入した最初の思想家である。その理論においてあらたなものとは以下に挙げる一箇の要請であって、その要請が以後の政治思想の展開全体に刻印を捺したのである。プラトンは政治的・社会的秩序にかんするじぶんの探究を、「正義」という概念を分析し定義するところから開始する。真の国家は正義を司どる者であって、それ以外の、またそれ以上のいかなる目的も持たないのだ。

プラトンのことば遣いのなかで「正義」という語が意味するものは、ふつうの会話でその語が意味しているところとは異なっている。プラトンのいう「正義」には、遥かに深く、遥かに包括的な意味がある。正義は、人間の有するそれ以外の徳とおなじ次元にあるものではない。正義とは、勇気や節度がそうであるように、とくべつな性質あるいは属性というわけではない。正義が意味するのはひとつの普遍的な原理であり、当の原理は秩序と規則性、統一性ならびに合法性にかかわっている。個人の生の内部でこの合法性は、人間のたましいに属する、さまざまな力すべてのあいだの調和としてあらわれる。たほう国家の内部でそれがあらわれるのは、相異なる階級のあいだの「幾何学的均衡」においてであり、その均衡にしたがって共同体《ソーシャル・ボディ》のそれぞれの部分はおのおの当然の権利を受けとり、普遍的な秩序を維持するために協働する。こうした構想によってプラトンこそ「適法的国家」という観念の定礎者となり、またその最初の擁護者となったのである。

こうした目的を達成するためにプラトンの理論は、危険に満ち強力な敵対者を克服しなければならなかった。ギリシア人の観点からすれば、哲学的思考は神話的な思考に対置させられる。神話的思考が私たちの政治的理想に影響を与え、それが国家の秩序のうちに侵入することを許してしまえば、社会を合理的に組織するという私たちの希望のすべては失われてしまうのだ。

ここで私たちが目にすることになるのは、プラトンの理論にあってもっとも論争を呼んだ要素のひとつである。あらゆる注釈者にとって、ギリシア詩歌に対するプラトンの攻撃がつねに躓《つまず》きの石でありつづけた。私たちとしては、プラトンが個人的にも詩を敵視する者であったと考えることはできない。プラトンは、哲学史上あらわれた最大の詩人である。とはいえ、ギリシア文化のなかで詩と神話とのあいだの絆は解きがたいものであり、それこそがプラトンの攻撃が見さだめていた点なのであった。詩を許容することは、神話を許容することを意味する。しかし、神話を許してしまえば、それは、私たちの哲学的努力のいっさいを阻《はば》むことになり、私たちの哲学的国家について、ほかならぬその基礎を掘りくずすものとならざるをえない。この理由のゆえにプラトンは、詩人たちをじぶんの国家から追放せざるをえなかったのである。

プラトンがもっとも烈しく排撃したのは、神々や英雄たちの所業をめぐる神話的な物語であった。プラトンはもはや、ギリシアの民族宗教が語る神々を信じてはいない。かれらは、より強大な力によって退位させられている。すなわち、最高のイデア、「〈善〉のイデア」がそれである。神的なものと〈善〉とは同義語となった。たがいに諍《いさか》い嘘をつき、最悪の罪を犯す神々をめぐる物語は、もはや容認されることができないのだ。プラトンにとって、そういった神話と哲学的な思考のあいだには大きく口をあけた深淵が存在している。国家にかんするその理論にあって、プラトンはもはや神話的な想像力を許容することができなかった。プラトンの理論は道徳的なもの、つまり一箇の正義の理論であって、その理論によって排除されなければならなかったのは想像的なもののすべて、いっさいの虚構的なものであり、いいかえれば非合理的な要素だったのである。

人間の国と神の国

適法的国家の理念はギリシアの思想家たちによって発見されて、人間文化にとって永続的な所有物となる。しかしながら中世期のはじまりとともに、政治学的な問題はもはや哲学的思考の中枢部に位置するものではなくなった。あらたな強調点は、プラトンから聖アウグスティヌスへ目を転じるとき、もっともよく感得されることだろう。

聖アウグスティヌスが立っていたのは、〔古代と中世という〕ふたつの時代にまたがる端境期である。かれの受けた教育は、ギリシア・ラテンの古典にもとづいていた。とはいえ、そこに見いだされるすべてのものにしても、もはやその精神を満足させることができなかったのである。かれが切望していたのは、べつの世界であった――学識と知的文化を遥かに超えた世界である。このことが、プラトンの『国家』と聖アウグスティヌスの『神の国』とのあいだにひろがる真の差異をしるしづけていた。ふたつの著作は、たがいに緊密な関係にある。聖アウグスティヌスの著作のほかならぬ標題もまた、プラトンから借りられたものである。(1) くわえて、聖アウグスティヌスがプラトンにかんして語るとき、それはいつでも最大の称賛をともない、一種の宗教的な畏敬の念すらも滲ませていたのである。

(1) 天上に、とプラトンは語る。ポリスの(つまり国家の)範型が建てられていて、それはイデアにおいてのみ存在するものであるけれども、渇望する者はそれを注視し、そして注視することで、みずからの家政を秩序づけることができるのである。

にもかかわらず、聖アウグスティヌスはまったく「プラトン主義者」ではない。プラトンの主要な目的は、政治的な生をめぐる純粋に合理的な理論を定礎することだった。この目標のためにプラトンは、いっさいの神話的な要素を排除する必要があったのである。いうまでもなく、聖アウグスティヌスもこの点でプラトンに追従したけれども、それはプラトンの批判が、ギリシアの民衆宗教の語る神々にかかわるかぎりでのことであった。いっぽう一箇の本質的な要素がなお存在していて、その要素は合理的な方法で説明されうるものではないにもかかわらず、キリスト教的な視点からするなら、宗教と政治に相渉る基礎的な問題となる。つまり、人間の原罪と堕落という問題である。

国家にかかわるプラトンの理論が哲学的に真であったにせよ、と聖アウグスティヌスはいったん譲歩してみせる。人間の堕落とは、哲学的な事実というわけではまったくない。その堕落をめぐる知識はとくべつな神的啓示にもとづくものであって、その啓示はプラトンには拒まれているのだ。そしてプラトンの国家が人間の精神に由来するものであるかぎり、当の国家とは人間の原罪から生まれたものであり、その刻印のすべてをあらわしている。だから、みずからの原型を人間の汚れた精神のうちに求める理性ではなく、ただ神の恩寵だけがくだんの刻印を拭いさることができるのである。

中世の国家観はけっして、聖アウグスティヌスのこの見解をまったく捨てさることはなかった。十一世紀に、聖アウグスティヌスから七百年の年月が経ってなお、グレゴリウス七世はそれでも、国家は罪と悪魔の作品であると宣言する。とはいえ一般的にいうなら、そこまで非妥協的な見解は、中世期の政治的文献のなかで支持しつづけられるというわけにはいかなかったのである。聖アウグスティヌスでさえ、きわめて重要な譲歩を余儀なくされている。すなわち、政治的・社会的秩序にはなんら絶対的な価値を帰することができないにしても、私たちとしては、当の秩序がそれなりの限界のうちで積極的かつ不可欠な役割を果たしているのを承認せざるをえない、ということである。国家の悪徳は、人間の原罪のなかに宿っているものとして深く癒しがたい。だがそれは、相対的な悪徳のひとつであるにすぎない。最上位の、絶対的で宗教的な真理と比較すれば、国家はあきらかにきわめて低い次元に位置している。とはいえ国家はそれでも、私たちの有する通常の人間的な基準に照らすならば善であって、人間的基準は、国家が存在しないところでは人間たちを混沌へと導いてしまうのだ。

中世思想がさらに展開してゆくなか、国家と社会的秩序の積極的価値を承認し、強調するこの傾向がたえず強化されてゆくことになるが、そこにはアリストテレスの影響がひろく与っている。アリストテレスの高名な一句にしたがうなら、人間はその本性《ピュシス》から して社会的動物である。人間が見いだされるところでは、人間はつねにかかわらず社会的な秩序のうちで見いだされる。人間がほかの動物たちに対して有する優越性は、人間が自然的な社会的本能を発達させて、あらたな理性的形態を獲得したという事実のうちにある。人間の国家とは、同時に自然的産物であるとともに理性的な産物である。国家は自然的過程によって生長してゆき、その過程は原生的共同体つまり家族をしだいに拡大するというみちゆきを辿るのである。

国家の起源をめぐるこうした理論はトマス・アクィナスによって受けいれられて、さらに彫琢《ちょうたく》されてゆく。万物の創造主たる神はまた、国家の創造者である。とはいえ、神はそこでたんに遠隔原因として働くにすぎない。神の指揮のもと、人間が自身の力と自然的衝動を介して政治的・社会的な秩序を形成してゆく。しかしながら、国家にかんするこの自然的理論にあってもなお原罪の教義が必要で、しかも優勢な要素なのである。

人間の原初的な状態と、〈堕罪〉後のその状態とのあいだには深淵がひろがっており、その隔たりを埋めるのは初期の中世思想にとって不可能事であったけれども、トマス・アクィナスの教説においてこの懸隔に橋が架けられることになる。トマスによれば、時間的〔現世的〕秩序と神的秩序とのあいだに越えがたい谷間が横たわっているわけではない。恩寵は、とかれは宣言する。自然を破壊せず、自然を完成させる。世俗的な秩序と宗教的な秩序とは、一箇同一の鎖に属するそれぞれの環である。〈堕罪〉にもかかわらず、人間はみずからの力能をただしい仕方で使用して、かくて自身の救済にそなえる能力を喪失してしまったわけではない。〈堕罪〉の結果として、救済は神の恩寵という特別な作用を欠いては不可能になったとはいえ、人間が、この偉大な宗教的ドラマのなかで演じる役割はたんに受動的なものにかぎられるというわけでもない。むしろ人間の積極的な貢献が求められており、それがじつは不可欠である。こういった捉えかたによって、人間の政治的生ばかりではなく、その文化的生の全体が、あらたな尊厳を獲得するにいたった。「地上の国」と「神の国」はもはや対立する両極というわけではない。両者はたがいに関係し、相互に補いあうものとなったのである。

政治をめぐる「あらたな科学」

イタリア・ルネサンスの文明をめぐる、ヤーコプ・ブルクハルトの著作の有名な一章の表題は「工芸作品としての国家」というものだ。そこでブルクハルトが与えているのは、政治的な生のあらたな形態にかんするきわめて明晰な叙述である。かつてないまでに国家は、個人の仕事としてあらわれ、あるいは特別な一族の成員が結合し、継続させる努力がなしとげる仕事というかたちで立ちあらわれる。国家は、これらのひとびとによって設計され、工芸作品に似た仕方で管理される。フィレンツェにおけるメディチ家の優勢、ミラノにあってのヴィスコンティ家の興隆、マントヴァに見られたゴンザーガ家の支配といったものは、こうした現象にかんしてよく知られた事例である。

マキャヴェリは、政治的な生の動力学を明確にとらえた最初の人間であって、かれは右の現象から深い印象を懐くことになる。とはいえ、理論家としてマキャヴェリは当の現象を記述しようとしたばかりでなく、それを理解し、その起源と理由を探ることを望んだ。国家の理由と国家のたんなる事実こそが、かれの主要で基礎的な問題なのである。そうした理由が偉大な個人のうちに探しもとめられるべきであるとするならば、政治的な生にかんして私たちの必要としているものは、歴史的あるいは社会学的な解釈ばかりではなく心理学的な解釈である。私たちとしては、心理学的な動機とその手管とを国家の偉大な芸術家たちについて研究しなければならないのである。

マキャヴェリの『君主論』は一五一三年に執筆され、そういった研究にあって前例を見ない一歩を刻んだ。それは政治的な運動を、ガリレオが物理的な運動を解析したのと同一の精神で分析する。けれども、おなじ論考が追求するのは理論的な目的だけではない。そこには、きわめて明確な実践的目標があったのだ。政治学的《ポリティカル》な分析は政治的《ポリティカル》な行動のための道を準備し、それを舗装するものでなければならない。芸術家や工芸家であるならば、だれもみなじぶんの仕事をただしく遂行するために或る種の技術を必要とする。他のあらゆる技芸ならば、そういった技術的規則を所有しているものである。しかし政治にあっては、こうしたいっさいがなお欠けている。私たちの行動は本能や感情から帰結するところであって、方法論的な観察や理性的な思考から生まれるものではない。マキャヴェリの著作が格闘して、それを埋めようとするのは、こうした目にもあきらかな欠落である。他のすべての工芸家がそうしているように、政治家もみずからの材料と道具とを知らなければならない。かれの素材は人間である。一方その道具は、人間の本性とふるまいが影響を与えられるさまざまな仕方なのである。

政治的生に対するこのあらたな態度が、伝統的な観念のすべてにどれほどまでに影響を与えるものであったかは明白である。マキャヴェリはまったく、それまでの観念を反駁しようともしなかった。たんに、それらを無視しただけである。かれの手のもとで、政治の世俗化は完成した。マキャヴェリにとって、政治的な生のなにごとも神秘に包まれてはいない。政治的な生のあらゆる特徴は、いってみれば人間の理性にとって見とおしうるものとなったのである。私たちは、自然現象のどれについてもその結果を理解するのとおなじように、政治的行動の隠された動機を理解し、またその結果を計算することができるのだ。

マキャヴェリ自身がそうしたように、問題をこのように見てとってみると、私たちはマキャヴェリの理論をめぐって、それが批難された主要な論点のひとつにかんしては無罪を言いわたすことができる。つまりその根ぶかい反道徳性にかんして、ということである。マキャヴェリは政治的生について、一箇の心理学者、さらにはひとりの技術者として語っているのであって、そのかぎりでおよそどのような道徳的な配慮によって影響されることもみずからに許してはいない。その理論は反道徳的《インモラル》なのではなく、まったく没道徳的《アモラル》なのだ。かれが考慮しているのは政治的な行動の原因と結果であって、その目的ではない。マキャヴェリの考える国家は、攻撃のいっさいにも怯まず、主張を変えない。その主権は絶対的である。マキャヴェリの国家はあらゆる道徳的責務から、あるいはまた宗教的な責務のすべてからも解放されているのである。

こうしたいっさいに対して、その理論は高い代償を支払わなければならなかった。マキャヴェリとともに国家は、そのもっとも本質的な社会的機能のいくらかを喪失することになる。マキャヴェリの分析的な思考が有する鋭利な刃は、政治的生を道徳的あるいは宗教的な生と結びあわせるあらゆる絆を切り裂いたばかりではない。それはまた、国家を社会的生の有機的な全体と繋ぎとめる糸のいっさいを切断してしまった。国家の利害を追求するにさいして、支配者たちはもはや公益を考慮する必要がまったくなくなってしまったのだ。国家が万能となった一方で、国家はしかし完全に孤立したことになる。国家が喪失することになったのは、それ以外の人間の文化的生との結びつきであった。国家はいわば、空虚な空間のうちで屹立《きつりつ》している。むき出しの力《パワー》としての権力《パワー》、権力のための権力とは、結局のところなんの意味ももたないからである。

この問題に、そののちの世紀にあらわれた政治理論家のすべてが直面しなければならなかった。マキャヴェリの仕事を未完のままにしておくことはできない。マキャヴェリに対してもっとも強力に反対する者たちですら、中世の国家観に立ちもどることなど、思いもおよばなかった。他方マキャヴェリの追随者や称賛者であっても、かれの引きだした根底的な帰結をも承認することは滅多になかったのである。国家の理由こそいかなる社会的行動に対しても究極の理由である、とする教説が受けいれられたとしても、しかし多くの場合は、それ以外のより高次の理由に対して明文的な留保が設けられることになる。すなわち不可侵な神的法もしくは自然法に対して、ということである。とはいえ、そういった譲歩によって問題が解かれえたというわけではない。それは、マキャヴェリの引きだすにいたった推論の結果を否定するには不十分だったのだ。至上命令となったのはむしろマキャヴェリの理論の前提そのものを攻撃し、反駁することなのである。

人間の権利

十七世紀は近代世界にとって産みの苦しみの季節であり、おなじ世紀の政治思想は、ふたつの相反し調停不能な構想が争いあう戦場となる。一方で「絶対主義的」国家の理論がきわめて強靭なすがたを取っている。ジャン・ボーダンやトーマス・ホッブズといった思想家の手で、この理論はそのもっとも根底的な帰結へと突きすすんでいた。他方ではあらたな理想が形成されはじめ、最終的には優位を獲得してゆくことになる。人民主権の教説が、絶対主義的な統治の原理を侵食していたのである。それにもかかわらず、政治思想のこの遠くへだたった要素は共通した知的な絆によって結びあわされていた。絶対主義の闘士も人民主権の擁護者も、思考にとって共通な地盤を受けいれている。

「国家契約」の教説が十七世紀には、政治的思考の自明な公理となっていたのである。

当面の問題をめぐる歴史にあってこの事実がしるしづけているのは、大きな前進である。この見解を採用し、法的・社会的な秩序を個人の自由な行為、すなわち被治者の自発的な契約による委託へと還元するならば、謎のいっさいは消え去ってしまうからである。およそ契約ほど謎からほど遠いものはない。ひとつの契約が締結されるのは、その意味と帰結がじゅうぶん意識されている場合でなければならない。契約は、当事者すべての自由な同意を前提としているのである。国家をそうした起源にまで辿ってゆくことができるなら、国家とは完全に明晰で理解可能な一箇の事実となる。

この合理的な接近法は、だんじて歴史的な接近法ではない。ほんのひと握りの思想家が、社会契約論中で説明される国家の起源がその歴史的な起源への真の洞察を与えてくれるものと、素朴に想定していたにすぎない。私たちには歴史の特定の時点を指定して、そこで国家がはじめて出現したなどと見なすことはできない。とはいえ、知識のこの落丁は、国家契約の理論家たちにとっておよそ気づかうべきことがらではないのである。かれらが探しもとめていたのは国家のはじまりではなく、その原理であったからである。十七世紀の思想家たちは歴史家ではなく論理学者だったということだ。かくして起源とは、ホッブズにしたがえば時間における起源ではなく、理由における起源なのである。

社会契約の観念が立ちかえることになったのは、「自然」法と「実定」法とのあいだの古典的な区別である――つまり、実定法との対照にあって自然法は国家に先行し、それゆえ国家の規則に従属しない、ということである。くわえて、その観念が振りかえるにいたったものはとりわけ、他の人間に対して人間は自然によって「平等である」とする教説であって、これはストア学派によって展開されたものだった。

平等という理想は、プラトンやアリストテレスの政治学のなかには見あたらないものである。プラトンの理想国家とは、正義の国家である。しかしプラトンによれば、正義の意味するところは権利の平等とひとしくはない。正義の国家が万人に、またすべての社会階級に対して与えるであろうものは、国家の生の内部でそれぞれに割りあてられた仕事である一方、国家はかれらに等分の分けまえを与えようとすることはないだろう。さらにアリストテレスによるならば、奴隷は自然によって奴隷である。奴隷制の廃止は政治的な理想ではなく、ただの夢想なのである。

ストア派がはじめて、こうしたすべての障壁を取りのぞくことになる。かれらが出発したのは、人間本性にあって必然的なものと偶然的なものとのあいだに鋭利な区別を設けるところからであった。数えきれないほどの差異がひとびとのあいだには存在しており、それらは最高度に重要なものとも考えられているけれども、そうしたものは、人間的な生を倫理的・哲学的に評価するにさいしてそこに算入されるものではない。外的環境に、つまり私たち自身の力が及ばない条件に依存するすべてのものは、じぶんの人格的な生が有する真の価値を規定しようと思う場合には、考慮外に置かれるべきである。財産や地位、社会的な卓越、健康や知的な才能でさえ——こういったいっさいは意味を有さず、かかわりをもたないことどもの類に属している。残されるものといえば、ただひとつ本質的な善にかぎられる。すなわち、人間のたましいの人格的な価値である——この価値こそ、個人がじぶん自身に与えるものにほかならない。因習的な障壁のすべて——ギリシア人と野蛮人のあいだの区別、社会的な階級間の区別、主人と奴隷のあいだの区別——は空しく無益なものである、とストア学派の哲学者たちは宣言する。ストア思想の歴史のなかで確証されて、あきらかにされた格言はこうである。ストアの偉大な思想家のうちのひとり、マルクス・アウレリウスはローマ帝国の支配者であり、一方もうひとり、エピクテトスは奴隷であった。

ストアの思想家たちはみな、決然たる個人主義者である。個人の意志が自律し、独立していることが、ストアの倫理学にあって至上の原理なのである。とはいえ、こうしたストア的な自由は個人の意志を孤立させることを意味するものではなく、それが意味するところは、いっさいの社会的紐帯《ちゅうたい》から個人の意志を解放することである。人間がみずからの真の個人性を見いだすのは、じぶんの社会的な職分と責務とを充たすときである。国家そのものがその真の光に照らして観られ、正当な意味において解釈されるならば、人間の自由を完成させ、それを保証するものとなる。ストア思想のなかでは、厳密な個人主義と最広義の世界市民主義《コスモポリタニズム》とがたがいに溶けあって、分かちがたい統一をかたちづくっているのである。

右に見たような理論的な諸前提は中世の封建的体制によって背景へと押しやられてしまったが、それらが突如としてきわめて強力な実践的武器となったのは近世初頭においてのことである。十七世紀にはこれらの前提が、絶対主義国家の教条に対抗する闘争のなかでその強みを遺憾なく発揮するにいたる。ホッブズの著作中で展開された絶対主義国家の理論にしたがえば、社会契約が個人のいっさいの自由に終止符を打つ。その契約は一箇の服従契約であって、当の契約によって個人の意志の灯火は消されて、存在する余地を残さない。国家《シヴィル・ステート》のなかですべての権力は支配者へ委譲され、集中させられる。支配者の主権に対抗するに、個人の側にはおよそどのような権利も残されていないのだ。

ホッブズの反対者によれば、絶対的主権という概念そのものが語義矛盾なのである。主権に帰属する力がたんに物理的勢力というばかりでなく、一箇の法的な威力でなければならないとするならば、それはなんらかの基礎的で不可侵な規則に結びつけられていることになるだろう。そうした規則は普遍的なものであるから、個人の意志に発する気まぐれや恣意に従属することはない。これらはそれゆえ、ひとりの個人の意志からべつの個人の意志へと委譲されることなどありえない。十七世紀にあってこの原理を古典的な仕方で表現している有名な格言としては、グロティウスが与えたそれを挙げることができようが、その格言によれば、全能の存在の意志つまり神の意志であっても、自然法によって保障された権利を変更したり、解除したりする自由をもたないのである。

これは孤立した格言(*dictum*)ではなく、またたんなる逆説でもない。それは一般的な見解を代表するものであって、十七世紀に政治学的な著作を著したひとびとのなかでも、もっとも影響力をもった者たちの多くがこれを支持していた。権力《マイト》と権利《ライト》とが神のうちで一致する、ということで意味されているところは、神がいっさいの責務から解放されているということではない。それは反対に、神にとってそれらの責務が外的要求としてじぶんに押しつけられたものではなく、神のほかでもない本質に由来するものであり、したがって神自身の存在にとって必然的な要素であるということを意味している。

右の件が同時に意味するのは、個人の意志は一般的意志に完全に吸収されることがないという消息である。個人の意志はそれじしん一箇の領圏を保持し、維持している。個人には、ある種の生得的で破棄することのできない権利があり、それを国家は尊重しなければならない。人間が真に人間であるかぎり、みずからの独立性をだんじて手ばなすことができない。つまり人間は、外的な権力に由来する規則や命令に対して完全に従属することがありえない、ということである。社会契約を締結するさいにも、個人はみずからの人格性を放棄したわけではないのである。

個人の意志に帰属するこの領圏がどこまで拡大してゆくのか、という問題をめぐっては、答えはいくつかのかたちに分かれる。自由と平等とが人間の根原的で自然な権利と見なされる一方、個人の財産もまたそうした譲渡不可能な権利のひとつに数えいれられるのか、という問題にかんしては一致した回答が見いだされることがなかった。私たちがここで目にしているものが、理論的な基礎のいっさいを与えるものとして、十八世紀になってその表現を「人間の権利の宣言」のうちに見いだすにいたる、実践的な理想と要求とを支えることになったのである。

国家の神話に向かって

ドイツ・ロマン主義の花が開きはじめたのはナポレオン戦争の季節であって、それがしるしづけたのはあらたな決定的な時節であった。ドイツ・ロマン主義が――期せずして――舗装した道は、現代のファシズムとナショナリズムに塗《まみ》れた国家をめぐる神話である。その展開のなかでロマン主義が演じた役割は消極的なものであって、積極的な役割ではなかったとしてもこの件にかかわりはない。

ロマン主義は、それまでは乗りこえがたく克服しがたいものと思われていた主要な障壁のひとつを取りのぞいてしまった。ロマン主義運動がまったく変化させることになったものは、神話にかんする評価であったのである。十八世紀のあらゆる思想家たちにとって、神話とは野蛮なものだった――混乱した観念や下品な迷信からなる、奇妙で粗野な集塊であった、ということだ。神話と哲学とのあいだに、およそいかなる接触点もありえなかったわけである。神話は哲学が開始されるところに終焉する——それは、闇が朝日に行く手を譲るようなものである。神話を顧みることさえ、人類の知的進歩を放棄することになるはずだったのである。

こうした見解は、啓蒙の世紀から初期ロマン主義へと目を転じると、ただちに根底的な変容をこうむることになる。神話が、もっとも高度な知的関心の主題となったばかりではなく、畏敬と崇拝の対象とすらなったのだ。神話は、人間文化にとってその枢要な源泉と考えられるにいたる。芸術・歴史・詩は、神話のうちにその起源を有している。哲学の一箇の体系がそれを見すごしたり、あるいは無視したりするならば、その体系は浅薄で不適切なものと宣言される。シェリング哲学の主要な目標のひとつは、神話に対して人間文明における正当で正統的な位置を与えることだった。シェリングの著作のなかで私たちが〔哲学史上で〕最初に目にするものは——その自然哲学、歴史哲学および芸術哲学と並ぶ——一箇の神話の哲学なのである。シェリングの思考が進展してゆくにつれ、神話の哲学という部門がその体系のなかでますます重要なものとなってゆく。最終的に、シェリングの関心がそこに集中するにいたったかに見えるほどである。神話こそがまさしく、哲学的な思考の焦点となったのだ。

ロマン主義の詩もまたおなじ道をたどった。神話がつねに詩作の一部となって、神話的な主題がくりかえし古典的な文学のうちで取りあつかわれたということである。とはいえ、こうしたすべては――いまや宣言されるところであるが――偶然的で表面的なことがらにすぎない。詩にあって要求されていたことは、神話的な精神を復活させ、再活性化することだった。ロマン主義的な詩はもはやただイメージを伴って歌われるべきではなく、明晰な感覚的あるいは直観的形態を伴うことばとともに口にされなければならない。あらたな言語で語ることが習得されなければならない――すなわち神聖文字の言語であって、秘密の聖なるシンボルによる言語である。ノヴァーリスの詩作品のうちにみとめられるのは、あらたな福音なのだ。カントの批判的観念論はドイツ古典文学の美学的な理想が形成されるさいに決定的な役割を演じたものだが、ノヴァーリスはそれに「魔術的観念論」を対置し、これがその哲学と詩との要石となる。ロマン主義期の詩人と哲学者たちにいたって、プラトン以来の円環が一巡することとなった。詩人がいまや、政治家を追放すべき順番となったのである。

ロマン主義者たちにとって政治は、第一の主要な関心事ではない。かれらは、過酷な政治的事実の世界よりも、遥かに多く「精神」の世界、詩の世界、哲学と芸術の世界に生きている。そしてその世界のうちで、ロマン主義者たちはあらたな領域を見いだした。それ以来かれらの関心のすべてはこの発見のうえに集中して、その発見がかれらを最大の熱狂で満たすことになる。初期ロマン主義にあっては、歴史への関心が他のすべての関心のうえに影を投げかける。この観点からロマン主義者たちは、国家をめぐる「自然権」理論を公然と批難した。社会契約は歴史的事実というわけではない。それは一箇の虚構にほかならない。そういった前提から出発する国家の理論は、すべて砂上の楼閣である。法と国家は、人間たちによって「制作された」ものではない。それらは個人の意志の所産ではなく、したがって個人の意志の管轄区域に属するものでもない。法と国家はいうところの個人の権利《ライト》に繋縛されるものではなく、それにより制限されるものでもない。歴史法《ライト》学派の原理にしたがえば、人間が法を制作することができないのは、ひとが言語や神話、宗教を制作することができないのとおなじである。人間文化は自由で意識的な人間活動から生まれるものではなく、その起源は「より高次の必然性」つまり民族精神にあり、民族精神とは無意識的に働き、また創造するものなのだ。

　右にみた件が、じっさいの哲学的中心点として、ロマン主義的な著作家によって展開された政治理論のいっさいに属している。ロマン主義者たちは、過去をそれが過去であるがゆえに愛する。ここでもやはり私たちが見いだすのは神話的な精神からの深甚な影響であって、神話的精神とは、個人的《パーソナル》な生のあらゆる形態にかんして、その唯一の正当化を過去のうちにみとめるものなのだ。ロマン主義者たちはつねに過去を、神聖さの後光を帯びたものとして見はるかしている。かれらにとっていっさいのものごとは、それがおのおのの起源にまで遡られることでただちに理解可能なものとなる。

ロマン主義者たちがこのように歴史を強調するようになったのは、ナポレオン戦争とそれに引きつづく国民《ナショナル》国家の興隆期にあってのことだったが、歴史の強調という動向は十九世紀をつうじて継続して、最終的には民族《ナショナル》の歴史が、ヒトラーとムッソリーニの手によって神話的国家が打ちたてられる素材となるにいたった。初期ロマン主義者たちに、そのような意図があったわけではまったくない。かれらの歴史的な関心は、むしろ普遍史的《ユニヴァーサル》なものだった。ロマン主義者に先だち、ゲーテがはじめて「世界文学」(Weltliteratur)ということばを使用しており、ロマン主義者は熱狂してこの概念を受けいれている。ランケの記念碑的な業績は、一箇の世界歴史である。フリードリヒ・シュライエルマッハーは最大のロマン主義神学者であったが、その展開した理想は、すべての種類の信仰箇条を包括する普遍宗教というものだった。しかしながら、この時期に勃興しつつあった民族《ナショナル》の力によって、その歴史学的・神話学的な関心の方向が転じられて、偏狭で特殊な目的をもつものとなってしまった。十九世紀に登場した、ドイツ政治史家の学派はことごとく「権力国家」の観念を展開し、それを美化している。そのうちでももっとも極端へと走ったひとり、ハインリヒ・フォン・トライチュケは、プロイセンの歴史を書きあげるさい、混濁を回避するためオーストリア公文書館を検索することは避けたのだ、と誇らしげに宣言しているほどである。ただひとり、スイス人、ヤーコプ・ブルクハルトだけが声をあげて、権力とはそれ自身において邪悪なものであると語った。だれひとりとして、耳を傾ける者はいなかった。「権力国家」の信奉者たちは、哲学者や歴史家であることから転じて、政治的なパンフレットの作者〔煽動家〕となる。かれらこそ、二十世紀の神話作者のために道を拓いたのである。

神話に対する解毒剤

現代の政治的生という過酷な教場から私たちが学んだものは、人間文化はけっして、かつてそう考えられていたほどには揺るぎなく樹立されたものではない、という事実である。現代文明はきわめて不安定で、壊れやすいものである。それは砂上の楼閣であるというわけではないけれども、それが打ちたてられているのは、火山地帯の真上なのである。文明の最初の起源と基盤は、合理的ではなく神話的なものだからである。合理的思考とは、ただの上澄みにすぎないのであって、その下には遥かに古い地層がひろがり、深く地底へと達している。(＊1) 私たちはつねに、私たちの文化的世界と社会的秩序とを、まさにその根底から揺るがしかねない激動に備えていなければならない。

(＊1) この表現は「結論」でそのまま繰りかえされている。本書・下、三五二頁参照。

深く熱烈な欲求がいま、私たちの文化的世界をこうした残骸から再構築することへ向けて一般に感得されている。とはいえこの目標が、ただちに達成されることはありえない。現代の政治神話によって私たちの思考が酔わされ、感情は毒されている。社会組織がこの毒を克服し、あるいは取りのぞくには、なお長い時間がかかることだろう。私としては、哲学にもその持ち分があり、復興へと向けたこの緩やかな過程のなかでその義務を果たすだろうことを信じて疑わない。くわえておそらく哲学にとって最大の貢献は、十七世紀の初頭にスピノザが遂行した倫理学的分析をふたたび肯定することをつうじてなされうることだろう。

どのような哲学的思想家であれ、スピノザほどに理性的思考の力を確信していた者はほかにない。それにもかかわらずかれはまた、情念というものが、議論によって克服されるものではないという事実に完全に意識的であった。情念は、より強靭な、反対の情念によって破壊されなければならない。しかし私たちはいったいどこにこのより強靭な情念を見いだすことができるだろうか。

スピノザによるなら、私たちの情動的な生は、その原理そのものからして非合理的なものである。それは鈍い感情と混乱した観念にもとづき、理性や直観知というよりも、むしろ想像力に基礎を有している。しかしふたつの情念が存在し、それらはスピノザの体系のうちでは、こういった欠陥を免れたものと言明されていた。その情念はみずからの起源を人間本性の能動的な部分に有しているのであって、受動的部分に有しているのではない。スピノザ体系にあって、「能動的」情動と「受動的」情動とのあいだの区別は、思考の伝統的な基本線にしたがって引かれているのではない。スピノザ理論によるなら、嫌悪ばかりでなく愛も、矜持ばかりでなく謙虚さも、残酷さだけではなく同情すらも、受動的な情念の部類に属しているのである。

残されているのはふたつの能動的情念にかぎられる。すなわち、精神の強さと寛容である。それらは人間にとって基礎的な徳であり、それもこれらの情念が、両者によってのみ人間が至上の目標へ到達しうる感情だからだ。至上の目標とはつまり、哲学的・倫理学的な自由にほかならない。この自由はただたんに、烈しい欲求と情動からの自由を意味するばかりではない。それが意味しているのは、あやまった概念、不適切な観念からの自由であり、いっさいの種類の偏見と迷信からの自由なのである。こうしたものは真の自由に対する障害物なのであって、それらのすべてを取りのぞくためには高度な勇気が必要とされる。そういった勇気は、たんなる肉体的勇気とおなじものではない。その真の意味を描きとるものは以下のことばだろう。“*Sapere aude!*”——すなわち「あえて知れ！」（＊1）精神の強さとは賢明であろうとする勇気、独立した、能動的・理性的な生を生きようとする勇気なのである。

（＊1）全集版が注記しているとおり、カントの「啓蒙とはなにか」中の一句。

とはいえ、この目標に私たちだけが到達するというのでは充分ではない。じぶんたちが獲得してきた善きものを他者たちにもこころよく伝えてゆかなければならない。そのために私たちには、寛容という能動的な情念が必要となる。精神の強さと寛容のみが、個人の精神と人間社会の自由を獲得し、それを保証するただひとつの手段なのだ。前者によって私たちはじぶん自身に対する支配を獲得する一方、後者をつうじて私たちが打ちたてるにいたるのは一箇の社会的秩序、真に人間的な秩序なのである。

おそらくは現在この時節ほど、スピノザの公準を想起することが絶対的に必要とされるときはほかにない。情念は、より強靭な情念によってのみ克服されうる。じぶんたちの能動的な情動を発展させ、それを涵養《かんよう》して、強化することを学びおぼえる場合だけ、私たちは、みずからの受動的な情動による執拗な追跡をかわして、じぶんたちの社会的生と文化的生とを鋳なおすのを希望することができるのである。

第Ⅰ部　神話とはなにか？

I　神話的な思考の構造

　この三十年、つまり第一次世界大戦から第二次世界大戦へと及ぶ時節に、私たちが経めぐってきたのは、じぶんたちの政治的生と社会的生とにかかわる深刻な危機である。それればかりではない。まったくあらたな理論的な諸問題にも直面してきたのである。私たちが経験したのは、政治的思考が示すさまざまな形式における根底的な変容である。あらたな問題のいくつかが提起されて、解答があらたに与えられた。それらの問題は、十八世紀や十九世紀の政治思想家たちには知られていなかったものであって、そうしたいくつもの問題がとつぜん前景に登場したのだ。もっとも重要で、しかも警告を含む相貌を、現代の政治思想の展開のうちに求めるとすれば、それはおそらくあらたな力のあらわれ、すなわち神話的力が登場したことだろう。神話的思考が合理的思考に対して優位を占めるにいたっていることは、現代の政治システムのいくらかについてあきらかである。ほんの短期の、暴力的な闘争の果てに、神話的な思考は一見したところ明白で決定的な勝利を手にしたかにみえる。どのようにしてこの勝利は可能であったのか。私たちはいったいどのように、このあらたな現象を説明することができるのか。くだんの現象は、あまりに唐突に私たちの政治的な地平に立ちあらわれ、ある意味でそれまでの観念のいっさいを、それが私たちの知的な生と社会的な生との性格にかかわるかぎりで逆転させるものであったかに映じるのである。

私たちの文化的な生の現在に目をやるなら、ただちに感じとられるのは、深い亀裂がふたつの相異なる領野のあいだで口をひろげていることである。政治的行動が問われる場面でひとがしたがっている規則は、たんに理論的な活動のすべてにおいて承認されている規則群とはまったく異質なものであるかのようだ。よもやだれであっても、自然科学上の問題や技術的な問いを解決するにさいしては、政治的な問題の解決にいま推奨され、現におこなわれている方法に訴えようとは思わないだろう。前者の場合ならば私たちはだんじて、合理的な方法以外のなにものも用いることすら意図しない。合理的な思考がここではその地盤を守りつづけ、たえずその領野を拡大しているように思われる。

科学的な知識と自然の技術的な制覇とが、そこで日々、あらたに前例をもたない勝利を獲得しているのである。たほう人間の実践的で社会的な生にあって、合理的思考は完膚なきまでに敗れ、その敗北は取りかえしのつかないものであるようにも見える。この領域で現代人は、みずからの知的な生が発展するなかで学びとったいっさいを忘れさってしまったかにも想われるのだ。ひとがいま警告されているのは、人間的文化の最初の未開の段階へと引きもどされようとしていることである。そこでは、合理的で科学的な思考はみずからが崩壊するにいたったことをみとめて、じぶんにとってもっとも危険な敵に屈服しているのである。

この現象が説明されなければならないが、それは当の現象が、一見したところでは、私たちの思考のすべてを攪乱《かくらん》し、論理的な基準のいっさいに挑みかかっているかに見えるからである。その説明を見いだすには、まずそのそもそものはじまりから開始しなければならない。なんぴとであれ現代の政治的な神話にかんして、その起源、性格ならびに影響を理解しようと望むなら、まず一箇の先決問題に答えておく必要がある。私たちは、神話とはなんであるかを知らなければならず、そうしてはじめてそれがどのように働くかを説明することができるのだ。神話の個別的な効果が説明されうるとすれば、それは明晰な洞察が神話の一般的な本性について獲得されている場合にかぎられるのである。

神話が意味するところはなにか。くわえて、人間の文化的生における神話の機能とはどのようなものなのか。こういった問いが提起されると私たちはただちに、たがいに抗争しあう見解のあいだで繰りひろげられる巨大な闘争へと身を投じることになる。そのばあい私たちをいたく当惑させる問題の様相は、経験的な素材が不足していることではない。かえってそれが過剰であることなのだ。この問題には、ありとあらゆる角度から接近が試みられている。神話的思考をめぐっては、その歴史的な発展も心理学的な基礎も注意ぶかく研究されてきた。哲学者・民族学者・人類学者・心理学者・社会学者たちが、そうした研究にそれぞれ寄与してきたのである。だから私たちとしては、いまやすべての事実を手中にしているかのように見えるのだ。さらには、私たちの手もとには比較神話学があり、それは世界のあらゆる地域を覆っている。比較神話学が私たちを導くところは、神話のもっとも基礎的な形式からはじまり、その高度に発展し洗練された概念化へと及ぶ。手もとにあるデータについてなら、鎖はすでに閉じ完結しているかに想われ、本質的な環が欠落していることはない。たほう神話をめぐる理論は、なお高度に論争含みなのである。学派のおのおのが私たちに与えるのはすべてそれぞれに異なる回答であり、与えられる答えのいくらかが相互に矛盾しているさまはおよそ目にあまるほどである。神話をめぐる哲学的な理論が開始されなければならないのは、まさにこの地点からなのだ。

多くの人類学者が主張しているところによれば、神話とは結局ひとつのきわめて単純な現象であって、そこで必要となるものはなんといっても、複雑な心理学的あるいは哲学的な説明ではありえない。神話とは単純さそのものなのだ。なんとなれば、神話こそ人類の聖なる単純さ(*sancta simplicitas*)にほかならないからである。神話とは反省の産物、もしくは思考の産物ではない。それを人間の構想力の所産に帰することも充分ではない。構想力のみによって説明しきれないものがあるのであって、それは神話の首尾一貫しないありようであり、その空想的で奇妙な要素である。かえって人間の原初的な愚かさ(Urdummheit)こそが、神話に含まれる悖理《はいり》と矛盾に対して責めを負うべきものなのである。そうした「原初的な愚かさ」がないとすれば、およそいかなる神話もまた存在しないだろう。

一見したところ、こういった解答がきわめて穏当であるかに思えるだろう。しかしながら研究に手をつけて、神話的思考が人類の歴史のなかでどのように発展してきたかを調べはじめれば、私たちは見すごすことのできない困難にただちに直面するにいたる。歴史的にみるなら、偉大な文化のうちで神話的要素に支配されず、その浸透をまぬがれたものなど、ひとつとして存在しないことがわかる。私たちは、こう口にしてよいものだろうか？　そうした文化のすべて——バビロニア・エジプト・中国・インド・ギリシアの文化——はそれぞれ人間の「原初的な愚かさ」に対する仮面であり偽装であって、本質的にいえば積極的な価値も意義も欠いている、と。

人類の文明にかかわる歴史家であれば、このような見解をだんじて受けいれようもない。かくて歴史家は、よりすぐれた、いっそう適切な説明を探しもとめなければならなかったのだ。とはいえその解答は多くの場合、歴史家のいだく学的な関心の違いに応じてさまざまに分かれた。かれらの態度を描きとろうとするなら、おそらくひとつの喩《たと》えがいちばん相応しいものとなるだろう。ゲーテの『ファウスト』にこういう場面がある。ファウストは魔女の厨房で、かの女が飲み物を処方してくれるのを待っている。それを呑みほせば、ファウストは若さを取りもどすことができるのだ。魔法をかけられた鏡のまえに立ったとき、かれはとつぜん信じられない光景を目《ま》のあたりにする。鏡のなかに立ちあらわれたのはひとりの女性のすがたで、かの女は超自然的なまでの美しさに耀《かがや》いていた。ファウストは恍惚となり、魅惑されてしまう。いっぽうメフィストフェレスはかたわらに立ち、ファウストの熱狂ぶりを嘲笑っている。メフィストフェレスのほうがよく知っていた。ファウストが目にしたのは現実の女性のすがたではなく、ただファウスト自身の精神が創造したものにすぎないことを、かれは知っているのである。(＊1)

(＊1) ゲーテ『ファウスト』第一部「魔女の厨房」。

私たちはこの場面に繰りかえし想いおよぶことになるだろう。以下では、十九世紀に花ひらいたさまざまな理論を研究するが、それらの理論は、神話の神秘を説明しようとしてたがいに競合しあったのである。ロマン派の哲学者や詩人たちがまず最初に、神話という魔法の杯を呑みほすことになった。かれらは生気を与えられ、若がえるのを感じたのだ。以来その者たちは目にするすべてのものごとに、あらたな変容した形態をみとめたのである。哲学者や詩人は、もはやふつうの世界に立ちもどることができなかった――世俗の民(*profanum vulgus*)に立ちかえる途は失われたのである。真のロマン主義者にしてみれば、神話と現実とのあいだにはっきりした差異を設けることなど、およそ期しがたい。詩と真実のあいだには、なんの分断も存在しないのとまったくおなじことだ。詩と真実、神話と現実は、相互に浸透しあい、たがいに覆いあっている。「詩とは」と、ノヴァーリスは語っていた。「絶対的にまじり気もなく現実的なものである。これが私の哲学の枢軸となる。詩的であればあるほど、真実なのである(1)」。

(1) Novalis, Fr. 31, "Schriften", ed. Jcob Minor (Jena, E. Diederichs, 1907), III, 11.

このロマン主義哲学から帰結を引きだしたのはシェリングであって、それはまず『超越論的観念論の体系』で、そののちに『神話と啓示の哲学をめぐる講義』中で展開された。存在しうるあらゆる対照的な関係のうちで、これらの講義で表明された見解と、啓蒙期の哲学者たちの判断とのあいだに見られるそれほど鋭角的に対立するものはない。そこで目にされるのは、以前のあらゆる価値が完璧に変化していることなのだ。神話はかつて最低の位格を占めていた。それがとつぜん、最高に高貴な身分へと押しあげられたのである。シェリングの体系とは「同一性の体系(*1)」にほかならない。そうした体系のなかでは、いかなる截然とした区別も、「主観的なもの」と「客観的なもの」とのあいだには定立されえないことだろう。そこでは、宇宙とは一箇の精神的な宇宙である――この精神的宇宙の形成するものが、連続的で切れ目のない有機的な全体なのである。思考のあやまてる傾向、たんなる抽象こそが、「観念的」なものを「実在的」なものから切りはなしてしまう。両者はじつは対立しあうものでなく、むしろたがいに一致するものである。このような前提から出発してシェリングがその講義のうちで展開したものが、神話の役割をめぐるまったくあらたな構想となる。それは哲学・歴史・神話および詩の総合であり、そのような総合はかつてあらわれたこともないものなのであった。

（＊1）system of identity. 主観と客観、精神と自然の根源的な同一性を説く「同一哲学」(Identitätsphilosophie)のこと。

あとにつづく世代が神話の性格にかんして抱いた見解は遥かに冷静なものだった。かれらはもはや神話の形而上学に関心を持たなかったのである。後続する世代は問題に経験的な側面から接近し、それを経験的な方法で解こうとした。とはいえ、かつてかけられた呪文が完全に解かれた、というわけではけっしてない。学者はだれでもなお神話のうちに、じぶんにとってもっとも親しい対象を見た。本質的には、さまざまな学派が神話という魔法の鏡のなかにみとめたものは、ひとえにみずから自身の顔にすぎない。言語学者が神話のうちに見たのはことばとなまえの世界であり――哲学者がみとめたのは「未開の哲学」であって――そして精神病理学者は神話のなかに、きわめて複雑で興味をそそる、神経症的な現象を見てとったのである。

科学者の観点からするなら、ふたつの異なった方途が、問題を定式化するにあたって存在する。神話的世界を、理論的世界――すなわち科学者の世界――と同一の原理にしたがって説明することもできただろう。あるいはまた力点を反対側に置くこともできたかもしれない。つまりふたつの世界のあいだになんら類似性を求めることなく、両者の共約不可能性を、要するに根底的かつ調停不能な差異を強調することもありえよう。相異なる学派間で展開されるこの闘争の帰趨《きすう》を、純粋に論理的な基準を用いて決することはほとんど不可能であった。『純粋理性批判』の重要な章でカントは、科学的な解釈の方法における基本的な対立を論じている。カントによれば、ふたつの集団が学者や研究者のうちには存在する。一方は「同質性」の原理にしたがい、他方がしたがうのは「特種化」の原理である。第一の集団の企てるところが、遥かかけ離れた現象を公分母へと還元することであるのに対して、他方の集団はこの巧まれた統一あるいは類似性を受けいれるのを拒絶する。つまり共通した特徴を強調するかわりに、つねに探しもとめられるものは差異なのだ。カント哲学自体の原理からみるなら、ふたつの態度は、じっさいにはたがいに対する抗争に陥るものではない。というのも、双方の態度が表現しているのは、なんら基本的で存在論的な差異といったものではないからである。つまりは「物自体」にかかわる、本性ならびに本質上の差異などではないのである。両者がそれぞれに代表しているのはむしろ、人間理性の有するふたとおりの関心である。人間の知が、その目標に到達できるのは、双方の方途にしたがい、両方の関心を充足することによってだけである。人間の知は、ふたつの異なった「統制的原理」にしたがわなければならない――それがすなわち類似性と非類似性の原理、同質性と異質性の原理にほかならない。人間理性が作動するためにはふたつの準則が、ふたつながらひとしく不可欠なのだ。論理的原理は、類(*genera*)について同一性を要請する。この原理が、もうひとつの原理によって均衡へともたらされなければならない。原理とは、すなわち種(*species*)のそれであって、当の原理が要求するのは事物の多様性と差異性なのである。その原理が悟性に命ずるのが、同一性におとらず差異性に対しても注意を払うべきであるということなのだ。「この区別は」と、カントは語っている。「さまざまな思考様式を取りながら、自然の研究者のもとであらわれる。ある者たちは（中略）異種的なありかたを嫌うかのように、つねに類の統一性に固執する。他方べつの者たちは（中略）たえず努力をかさね、自然を多様性へと分割し、ほとんど、自然の現象を一般的な原理にしたがい分類しうるとする希望のすべてを失いかねないほどである」[1]。

（1）Kant, *Critique of Pure Reason.* English trans. by F. Max Müller (London, Macmillan & Co., 1881), II, 561f.

カントがここで語っているのは自然現象の研究についてであるけれども、そのことはまったくおなじように文化的現象の研究をめぐっても当てはまる。神話的な思考の多様な解釈を、十九世紀と二十世紀に学者たちが与えたものにかんして跡づけてみよう。そこで私たちはこの双方の態度の顕著な事例を目にすることになるだろう。つねに存在するのは、神話的思考と科学的思考とのあいだになんらかの際だった差異があるのを否定しがちな学者であって、かれらはしかもきわめて権威ある者である場合もある。むろん未開の精神は、問題が知られた事実のたんなる集積、経験的な証拠の堆積にかかわるならば、科学的な精神とくらべていたく劣ってはいる。けれどもそれらの事実の解釈についていうなら神話的な精神は、私たち自身が思考し、推論する様式と完全に一致している。たとえば、こうした見解を支持している著作のひとつは、ほかのどの著作よりも、あらたな科学を、すなわち十九世紀後半に発達しはじめた経験的な人類学を代表するものだったのである。

その著作とはジェームズ・フレイザー卿の『金枝篇』のことで、一書はあらゆる種類の人類学的探究にとって豊富な鉱脈となっている。同書全十五巻が含んでいるのは驚くべき素材であって、それは世界中の各地から集められ、きわめて多様な資料から採られたものだ。しかしフレイザーは、神話的思考の諸現象を蒐集し、それらを一般的な見出しのもとに配置することで満足したわけではない。かれはこれらの素材を理解しようと努めたのである——フレイザーの確信したところによれば、その仕事は、神話が人間の思考にあって孤立した領地となおも見なされているかぎりは不可能なのである。私たちは断固、神話を孤立させる傾向に終止符を打たなければならない。人間の思考であるかぎり、それが根底的な異質性を許容することはありえない。はじめから終わりまで、最初の原形質的な段階からそのもっとも高次な達成にいたるまで、人間的思考はつねに同一のものでありつづける。思考とは、同質的で同型的なものなのだ。フレイザーはこの領導的原理を呪術の分析に対して適用した。その著書の第一巻、ならびに第二巻にあってのことである。その理論にしたがうと、呪術的儀礼を遂行する者には、原理的にみるならば科学者と異なるところがない。科学者ならその研究室で物理学や化学の実験をおこなうけれども、未開の部族に属する呪術師や呪医であっても、現代の科学者と肩をならべて、同一の原理にもとづき思考して、また行動しているのである。「共感的な呪術が、純粋かつ混じり気のないかたちであらわれる場合つねに」、とフレイザーは語っている。「想定されているのは、自然のうちではひとつのできごとが他のできごとに必然的かつ不変的に継起して、精霊であれ人間であれ、どのような行為者の干渉も介在しないということである。したがって、その基礎的な概念は近代科学のそれと同一である。すなわち全体系の根底に存しているのは一箇の信念であって、それは非明示的でありながら現実的にして確乎たるものとして、自然の秩序と一様性とにかかわっているのである。呪術師も、同一の原因がつねに同一の結果を産出することを疑っていない。つまり、正式な儀式を執りおこない、そのさい適切な呪文を唱えるならば、かならずや願望されたとおりの成果を伴うということなのである。（中略）世界が呪術的にとらえられるにせよ科学的に把握されるにせよ、双方のあいだにはきわめて密接な類比がなりたっている。

両者のいずれにあってもできごとの継起は完璧に規則的で確実なものである。どちらも不動の法則によって規定され、その作動は予見されて、精確に計算されることができるからだ。気まぐれ・僥倖《ぎょうこう》・偶然といった要素は、いずれの場合でも自然の過程から消えさっている。（中略）呪術に致命的な瑕疵《かし》があるとすれば、それは、できごとの継起が法則によって規定されているとする一般的想定にかかわるわけではない。くだんの継起を支配している特殊な法則の本性にかんして全体的誤認が存在することにあるのである。（中略）呪術的な儀礼がすべて誤謬《ごびゅう》を犯しているのは、思考の二大基本法則のどちらかを適用することについてである。つまり類似による観念の連合、あるいは空間ならびに時間における隣接による観念の連合との、一方あるいは他方の適用についてあやまっていることになる。（中略）連合の原理はそれ自体としては優れた、人間精神の働きにとって絶対的に本質的なものであるのはたしかである。正統な仕方で適用されるなら、それらの原理は科学を生む。正統ではないかたちで適用される場合には呪術を生みだすのであり、呪術とはつまり科学の腹ちがいの姉妹なのである(1)」。

(1) Sir J. G. Frazer, *The Golden Bough: A Study in Magic and Religion*, Pt. I: *The Magic Art and the Evolution of Kings* (3d ed. New York, Macmillan Co., 1935), I, 220.

ひとりフレイザーのみが、このような見解を懐いていたわけではない。かれが継受していた伝統は、十九世紀に科学的な人類学が開始されたはじまりにまで遡る。一八七一年、Ｅ・Ｂ・タイラー卿が、著書『未開の文化』を上梓した。未開の文化について語りながら、タイラーが受けいれるのを拒絶した観念がある。それはいわゆる「未開の精神」というものだ。タイラーにしたがえば、野生人の精神と文明人の精神とのあいだに本質的な差異は存在しない。野生人の思考は、一見したところ奇妙なものであるかに見えよう。とはいえその思考はだんじて、混乱したものでも矛盾したものでもない。野生人の思考の論理には、ある意味で責められるべき瑕疵がないのである。野生人が世界を解釈するときと、私たち自身の捉えかたのあいだで差異が生じるとすれば、その最大のものは思考の形式、すなわち議論と推論の規則といったものではない。差異は素材、つまりはそれらの規則が適用されるデータにある。これらのデータの性格を理解するなら、私たちも野生人の立場に身を置くことができる――かれらが考えることを考え、その感情のうちに入りこむことができるのである。

タイラーにしたがえば、未発達の種族を体系的に研究するさいの第一の要件は、宗教の初発的な定義に標的を合わせることである。私たちはその定義のうちに、至高の神とか死後の審判とかへの信仰、偶像崇拝やら供犠の習俗やらを含めるわけにはいかない。民族誌的なデータを仔細に研究してみれば納得しうるところであるけれども、これらの特徴のすべてが必然的な要件というわけではないのである。そうしたものが私たちに与えるのは宗教生活にかかわる特殊な視界にすぎず、その普遍的な様相といったものではない。「こういった狭隘な定義が犯しているあやまりは、宗教をその特別な発展と同一視することであって、むしろ重視されなければならないのは発展の根底にあるより深い動機なのである。もっとも望ましいと思われるのは、ただちに宗教の本質的な源泉へと立ちかえって、ただこう主張することなのだ。すなわち宗教の最低限の定義となるのは、宗教とは〈霊的な存在〉への信仰であるということである」。

タイラーの著書の目的は、アニミズムの名のもとに〈霊的存在〉をめぐって深層に横たわる教説を究明することだった。そしてそれはまさにスピリチュアリズムの本質を、唯物論的な哲学に対立するものとして体現するものだったのである[(1)]。

(1) Sir Edward Burnett Tylor, *Primitive Culture* (London, 1871; 1st Am. ed. New York, Henry Holt & Co., 1874), chap. XI, pp. 417–502.

ここで、タイラーのよく知られたアニミズムの理論について、その細部に立ちいっておく必要はない。私たちに関心があるのはタイラーの仕事の成果というよりも、むしろその方法である。タイラーが極端まで押しすすめていった方法論的な原理は、『純粋理性批判』で「同質性の原理」と呼ばれていたものである。タイラーの著書にあっては、未開の精神と文明人のそれとのあいだの差異は、ほとんど抹消されるにいたっている。未開人はほんとうの哲学者のように行動し、思考する。かれはみずからの感覚的な経験のデータを結合し、それを首尾一貫した体系的な秩序へともたらすことを試みる。タイラーの記述するところを受けいれるなら、私たちはこう語らなければならなくなるのだ。アニミズムのもっとも粗野な形態と、哲学的もしくは神学的な体系のうち、そのもっとも進んで精緻になったものとのあいだに存在するのは、ただ程度の差異にすぎない。両者は出発点を共有し、同一の中心点のまわりを動いている。人間には変わらぬ驚異と変わらぬ恐怖が——野生人にとっても哲学者に対しても——存在する。それは、いついかなる時であれ死という現象であった。アニミズムと形而上学は、死という事実と折りあいをつけようとする、相異なる試みにほかならない。つまり合理的で理解可能な仕方で、死を解釈しようとする企てということである。解釈の方法こそ大いに分かれている。だが目ざされている目的はつねに変わらないのだ。

「第一に、いったいなにによって、生きている身体と死んだ身体とのあいだに差異が生じるのか。なにが覚醒・睡眠・失神・病気・死を引きおこすのか。第二に、夢や幻視のなかで立ちあらわれる人間のすがたはなんなのか。これらふたつの現象群を観察し、むかしの野生の哲学者たちはおそらく明白な推論を辿ってゆく第一歩を踏みだした。つまり、すべての人間はじぶんに属するふたつのものを有している、すなわち生命と生霊《ゴースト》だ。(＊1)この双方はあきらかにどちらも身体と密接に結合しており、生命は身体に、感覚し思考し、また行動することを可能とするものであり、生霊とは身体の像、その第二の自己なのである。両者はしたがって、身体から分離可能なものととらえられる。生命が身体から立ちさると、身体を無感覚なもの、あるいは死んだものとして残すことができるし、生霊は当人の身体から遠くはなれたひとびとにもあらわれる。第二の歩みを、かくて野生人が踏みだすのもたやすいことと思われるだろう。文明人もそれを撤回することがきわめて困難であると考えたことを思いあわせても、第二歩は容易なのである。要するに、たんに生命と生霊とを結合するということだ。ふたつながら身体に属するかぎり、どうして両者がかくてまた相互につながりあって、一箇同一のたましいのあらわれであってはならない、というのであろう。そのふたつが、統一されていると考えられるならば、その結果はよく知られている。すなわち、幽霊としてのたましい、生霊としてのたましいとしても描かれる捉えかたである。（中略）こうした考えかたは世界中にひろく行きわたっており、それを恣意的な、あるいは慣習にもとづく所産とみなすことはできない。それればかりか、遠くはなれた種族のあいだでもそうした考えかたが一様にみられることをもって、なんらかの交流をあかし立てるものと見なすことすら、正当化することはほとんどできない。それは、人間的な感覚に属する明白な証拠に対してきわめて説得力のある仕方で答えようとする教説であって、しかもくだんの感覚はまったく首尾一貫した、合理的な未開の哲学によって解釈されているのである（1）」。

（1）Tylor, *op. cit.*, I, 428f.

（＊1）全集版では ghost ではなく phantom となっている。

私たちは他方、こうした捉えかたをまさに逆転させた考えに、「未開の心性」にかんする、よく知られたレヴィ゠ブリュールによる記述のうちで出会うことになるだろう。

レヴィ＝ブリュールにしたがうと、かれ以前の理論がみずからに課してきた課題はそもそも不可能なもの——語義矛盾なのである。共通の尺度を、未開の心性と私たち自身のそれとのあいだで探しもとめてもむだである。両者はおなじ類には属してはおらず、たがいに根底的に対立している。文明人にとって疑問とすることすらもできず、蹂躙《じゅうりん》することもできないように思われるいくつかの規則も、未開の思考にとってはまったく未知のものであって、未開の思考はたえずその裏をかく。野生人の精神は論証と推論の過程に耐えることができないものであって、当のその過程をフレイザー、あるいはタイラーの理論は野生人に帰属させてしまっていたのだ。野生人の精神は、論理的ではなく「前論理的」であり、いいかえれば神話的精神である。私たちの論理にあってもっとも基本的な原理でさえも、この神話的な精神は平然と否認する。野生人はかれらに固有の世界に生きている——その世界は、内側からは経験しがたく、私たちの思考形式に対しては接近不可能なものなのである。(1)

（1）Lucien Lévi-Bruhl, *Les fonctions mentales dans les sociétés inférieures* (Paris, F. Alcan, 1910), Introduction. English trans., *How Natives Think* (London and New York, Allen & Unwin, 1926)を参照。

右の論争をどのように決すればよいのだろうか。カントが正しいとすれば、こう言わざるをえないのだが、厳密に客観的な基準が私たちを導き、決定を下すのを可能とすることなどおよそありえない。問われているのは存在論的問題、あるいは事実にかかわる問題ではなく、一箇の方法論的な問いだからである。「同質性」の原理が記述するものも「特種化」の原理が描くところも、ひとえに科学的な思考の多様な傾向と、人間理性の有するいくつかの関心にすぎない。「たんに統制的な原理が」、とカントは語っていた。「構成的な原理と見なされると、それは客観的な原理としては矛盾したものとなるだろう。しかしながらそれらの原理を準則とのみ考えるならば、矛盾は現実にはまったく生まれず、たんに理性の異なった関心が存在するだけであって、その関心に応じて相異なる思考の様式が生じるにいたるにすぎない。じっさい理性にはただひとつの関心のみがあり、理性の準則のあいだに抗争が生じるとするなら、それはひとえに、この関心を満足させるべきさまざまな方法間に差異があり、それらが相互に制限しあうからなのである。かくてひとりの哲学者は（特種化の原理にしたがって）多様性への関心からより大きな影響をうけ、べつの哲学者は（集合の原理にしたがい）統一性にむかう関心によっていっそう影響されるのだ。双方はそれぞれに、みずからの判断を対象への洞察から導出したものと信じているけれども、おのおのの判断が見いだされるのは完全に、一方もしくは他方の原理に対する愛着の多寡にもとづいている。しかも、どちらの原理にしても、客観的根拠にではなく、ひたすら理性のなんらかの関心に基礎を置くものなのだから、原理というよりは準則と呼ばれるのがふさわしい。（中略）それは理性のふたとおりの関心以外のなにものでもなく、一方の側であるならこちらの関心を、他方の側ならべつの関心を抱懐しているのである。（中略）とはいえ、このような差異が、自然の多様性か、それとも統一性か、という準則のあいだには存在するにしても、それを調停するのは困難ではない。ただし、それらが客観的認識と見なされるかぎりでは、論争を引きおこすばかりか現実に障碍を造りだして真理の進歩を妨害することだろうが、それにしても、相矛盾する関心を和解させ、かくて理性に満足を与える方策が発見されるあいだのことなのである[1]」。

（1） Kant, *Kritik der reinen Vernunft*, "Werke", ed. E. Cassirer, III, 455. F. Max Müller trans., II, 571f.（本書、七八頁の注（1）参照。）

じっさいのところ、神話的な思考の性格をめぐって明晰な洞察へと到達することは、一見すると対立するものであるふたつの思考の傾向を結びあわせることなくして、不可能である。それぞれを代表するものが、一方でフレイザーとタイラーであり、もう一方ではレヴィ＝ブリュールであるということになるだろう。タイラーの著作中では、野生人は「未開の哲学者」として描きとられ、形而上学あるいは神学の体系を展開していた。アニミズムが宗教哲学の土台であると宣言されて、その土台は野生人の宗教哲学から文明人のそれにまで及ぶのである。「アニミズムは一見したところ、たんに寒々として乏しい定義を宗教の最低線にかんして与えるにすぎないかに見えるだろうが、それがじっさいには充分なものなのであることが分かるだろう。なんとなれば根が存在するところ、枝もひろく拡がってゆくからである（略）」。アニミズムとはまさに「世界にあまねく存在する哲学であって、その理論こそ信仰であり、いっぽう礼拝がその実践である」。それは共通して、「古代の野生の哲学者」にも含まれ、形而上学的思想にあってもっとも洗練され、精緻化された考えかたのうちにも含まれているのである(1)。

（1） Tylor, *op. cit.*, pp. 426f.

このような記述のなかで、あきらかに神話的な思考からひとつの主要な特徴が失われている。神話的思考が徹底的に知性化されているのだ。その前提を受けいれるならば、私たちとしてはその結論のすべてでも受けいれなければならなくなる。それらの結論は、完全に自然に、またたしかに避けがたいかたちで、原本的なデータから帰結するものだからである。そうした捉えかたによるかぎり、神話はいわば推論の連鎖となり、その連鎖はことごとく、周知の推論規則にしたがうものとなる。このような理論の視界からまったくすがたを消しているのは、神話における「非合理的」な要素である――それはすなわち情動的な背景であって、神話はその背景から発して、神話の存否もまたそれにかかっているのである。

他面では、これも見てとりやすいところであるように、レヴィ＝ブリュールの理論は反対方向のあやまりを犯している。その理論が正しいということになれば、神話的思考については分析のいっさいが不可能であるということになるだろう。というのも、そうした分析とはいったい、神話を理解する試みでないなら、なんであるというのだろうか――すなわち分析とは、神話をなんらかべつの既知の心理学的事実、あるいは論理的原理へと還元する企て以外のなんだというのか。それらの事実もしくは原理が欠けているなら、かりになんらの接触点も、私たち自身の精神と、前論理的あるいは神話的な精神とのあいだに存在しないとするならば、私たちが断念しなければならないのは、神話的世界への接近法を発見する希望のいっさいである。その世界は私たちにとって永久に、封印された書物でありつづける。しかしながらレヴィ＝ブリュールそのひとの理論が、この書物を読みとき、神話という象形文字を判読しようとする努力ではなかったのだろうか。私たちはたしかになんらかの一対一に対応するものを、じぶんたちの論理的な思考形式と神話的な思考形式とのあいだに見いだすことは期待しえないだろう。とはいえまったくなんの繫がりもなく、両者が端的に異なった平面で動いているというならば、神話を理解しようとするあらゆる企図は失敗を運命づけられていることになるはずだ。

なおもうひとつの理由もあって、私たちは以下の件を確信している。つまり、未開の心性をめぐってレヴィ＝ブリュールの著書のなかで与えられている記述は、ひとつの本質的な点で不適切かつ説得力を欠いたものとならざるをえない、ということだ。レヴィ＝ブリュールが承認し強調するのは、神話と言語とのあいだには密接な関係が存在していることである。かれの著作でも特別な部分を占めているのは、言語学的な問題、野生の種族が話すことばをめぐって論じられている箇所である。そうしたことばのうちにレヴィ＝ブリュールが見いだすものこそ、じぶんが未開の心性に帰属させた特徴のすべてなのである。それらのことばも、私たち自身の思考様式と真っ向から対立するさまざまな要素に満ちている。とはいえこういった判断は、言語にかんする私たちの経験と折りあいがつきにくい。当該の分野でもっともすぐれた専門家、野生の種族の言語の探究に生涯を費やしたひとびとは、反対の結論に達していた。現代言語学にあっては、未開の言語といった用語と概念そのものが高度に疑わしいものとなっているのだ。A・メイエは世界の言語についての著書を著しているが、その教えるところによるなら、現に知られているいかなる固有語《イディオム》であっても、なんであれ未開の言語といったものをめぐって、ほんのすこしの観念も私たちに与えるものではない。言語がいつでも示すのは明確で一貫した論理構造であり、それは音韻体系についても形態論的体系にかんしても変わることがない。私たちは、「前論理的」言語の存在をあらわすいかなる証拠も手にしていない――ところがこの「前論理的」言語だけが唯一、レヴィ＝ブリュールの理論にしたがえば、前論理的な精神状態に対応するはずのものなのである。いうまでもないが、「論理」という術語があまりに狭い意味で理解されてはならない。私たちとしても、思考にかんするアリストテレス的カテゴリーやら、私たちの言語に属する品詞体系やら、私たちの知るギリシア語やラテン語の構文論が有する規則やらを、原住アメリカ部族の言語に期待するわけにはいかない。そうした期待が満たされることは望みえないにしても、その件で証明されるのは、こうした言語がなんらかの意味で「非論理的」であるとか、私たちの言語にくらべて論理的でないとかいった事情ではない。そうした言語によっては或る種の差異を表現することができず、しかもその差異が私たちにとっては本質的で不可欠なものであると思えるにしても、他方でその言語がしばしば私たちを驚かすことに、多様さと繊細さとを、私たち自身の言語では見いだされない区別にかんして含んでいるのであって、そのうえ問題の区別はおよそいかなる意味でも意義を欠いたものではないのである。フランツ・ボーアズ、この偉大な言語学者にして人類学者は二年まえ逝去したが、公刊された最後の論文中の一篇「言語と文化」で、気の利いた言いまわしを使いながら、こう述べている。私たちが新聞を読むとき、かりにじぶんたちの言語がインディアンの固有語のひとつであるクワキトゥル語のようなものであったら、遥かに満足を覚えることだろう。なにしろクワキトゥル語ときたら、その報道がもとづくのはみずからの体験なのか推論なのか、あるいは風聞であるのか、あるいはまた報告者が夢想したものであるのかを言いあらわすべく、ひとを強制するものなのだ(1)。

（1）以下を参照。Roman Jakobson, "Franz Boas' Approach to Language", *International Journal of American Linguistics*, vol. X, No. 4, (October, 1944).

「未開の」言語について当てはまることはまた、未開の思考にかんしても妥当する。未開の思考の構造は、私たちには奇妙で逆説的なものと見えるかもしれないが、そこにもだんじて、明確で論理的な構造が欠けているわけではない。文明化されていない人間も、世界のなかで生きてゆくかぎりはたえず努力して、この世界を理解しようとしなければならない。世界を理解するという目的のためにかれは、思考の一般的な形式もしくはカテゴリーのいくばくかを発達させ、それらを使用する必要がある。たしかに私たちとしては、タイラーが「野生の哲学者」をめぐって記述したところを受けいれるわけにはいかない。その哲学者たるや、結論に到達するのにたんに思弁的な途を辿るというのだ。野生人はけっして論弁的な思索家ではなく、弁証法論者というわけではいささかもない。それにもかかわらず野生人のうちに見いだされるのは、未発達で非明示的な状態に置かれているものであるとはいえ、私たちとおなじ分析と総合の能力であり、識別と統合の能力なのである。プラトンにしたがうと、この能力によって構成され、特徴づけられるものが、弁証法的な技術なのだ。宗教的ならびに神話的な思考のなかで、ある種のきわめて未開な形式――たとえばトーテム社会の宗教ということになるだろう――を研究してみて驚かされるのは、未開の精神がじぶんの環境を構成する諸要素を識別し分割して、秩序づけ、また分類する願望と必要をどれほど強く感受しているかが分かることである。ほとんどなにものも、未開の精神が感じている不断の分類衝動から逃れることができないほどだ。ひとり人間社会がさまざまな階級・種族・氏族に分割され、それぞれが相異なる機能・相異なる慣習・相異なる社会的な義務を有するとされるばかりではない。おなじ分割が自然のいたるところであらわれる。自然的世界はこの点で社会的世界の精確な複写であって、対応物なのである。植物・動物・有機物・非有機的自然に属する対象、実体と性質について、ひとしくこの分類が用いられる。四つの方位すなわち東西南北、さまざまな色彩、天体――これらのすべてが特殊なクラスに属している。オーストラリアのいくつかの部族《トライブ》では、すべての男女がカンガルー氏族《クラン》かヘビ氏族《クラン》かに属しているけれども、さらにまた雲は第一の氏族へと所属していると言われる一方で、太陽は第二の氏族に所属する。こうした経緯のいっさいは、私たちの目にはまったく恣意的で空想的であるかのように映じるだろう。とはいえ忘れてならないのは、あらゆる分割法は分割の基礎（*fundamentum divisionis*）を前提としていることである。この領導的原理が私たちに与えられるのは、事物の本性そのものによってではない。その原理は私たちの理論的および実践的な関心に依存している。そうした関心はあきらかに、このように世界を最初に原始的《プリミティヴ》に分割するときと、私たちが科学的に分類する場合とではおなじものではない。だがしかし、この件が問題の核心なのではない。ここで問題なのは分類の内容ではなくその形式である。そしてくだんの形式はまったく論理的なのである。そこに見いだされるのは、いかなる意味でも秩序の欠如ではない。むしろある種の異常な発達、過重と過剰とが「分類本能(1)」にかんして起こっているのだ。それは感覚的に経験される世界を分析し、体系化しようとする最初の試みであり、そこから帰結するところは私たちのそれとは遥かに異なっているが、たほう過程そのものはきわめて似かよっている。両者がともに表現しているのは人間本性の同一の願望であって、それは現実と折りあいをつけ、秩序づけられた宇宙に住まい、カオス状態を克服しようとする望みである。カオス状態のなかで事物と思考はなお、確定した形態と構造を身にまとうにいたっていないからなのである。

（1）こうした「未開の《プリミティヴ》」分類法の具体的な例は、私の論文中で示されている。*Die Begriffs-*

form im mythischen Denken, "Studien der Bibliothek Warburg" (Leibzig, 1922), I. Émile Durkheim et Marcel Mauss, "De quelques formes primitives de classification", *Année sociologique,* VI (Paris, 1901-2)をも参照。

（＊1）discursive. カントが直観形式としての空間、時間を特徴づけるさいに使用する語。時空は intuitive（直観的）なものであって discursive な概念ではないと言われる。

Ⅱ　神話と言語

タイラーの『未開の文化』が提出した人類学的理論は、一般的な生物学的原理にもとづくものだった。タイラーは、ダーウィンの諸原理を文化的世界へと適用しようとした最初のひとりだったのだ。自然は飛躍しない（*Natura non facit saltus*）とする準則は、いかなる例外も許さない。その準則が人間の文明の世界について当てはまるのは、それが有機的な世界に対して妥当するのとまったく同様である。文明化された人間も文明化されていない人間も、おなじ種に属している——すなわちホモ・サピエンスという種に所属しているのである。この種が有する基本的性格は、変種のいっさいをつうじて同一である。進化論が正しいのならば、私たちとしてはおよそどのような間隙も、人間の文明のより低次の段階と高次の段階のあいだに承認するわけにはいかないのだ。ひとがその一方から他方へと移行してゆくとすれば、それはきわめて緩慢で、ほとんどそれと気づかれないほどの遷移を介してのことであり、私たちはだんじてそこに連続性の断絶をみとめることがありえない。

人間の文明の過程をとらえる異なった考えかたが、一八五六年に公刊された一篇の論稿のうちで展開された——それは、ダーウィンの著書『種の起源』があらわれる三年まえのことである。その論文「比較神話学」[1]のなかで、F・マックス・ミュラーが論を開始する原理は「神話をほんとうに理解しようとすることは、神話をひとつの孤立した現象と考えるかぎりは不可能である」というものだった。しかしながら他方では、いかなる自然現象も、どのような生物学的原理も、私たちを探究にあって導いてくれるものではない。自然現象と文化現象とのあいだには、ほんとうはなんの類比もなりたたないのである。人間の文化は、それに特種な方法と原理とにしたがい研究されなければならない。そして私たちはこの研究のために、人間のことばを措いて、いったいどこによりよい手引きを見つけることができるというのだろうか——人間のことばとは、そのなかでひとが生きて動き、その存在を手にすることになる要素なのだ。言語学者であって、文献学者でもあったミュラーが確信していたところ、神話を研究するさいのただひとつ科学的な接近方法は、言語学的なそれであったのである。とはいえこの目的が達成されうるためには、言語学そのものがまずじぶんに固有の道を見いだして、文法学と語源学が確乎とした科学的な基礎にもとづくものとなる必要があった。十九世紀前半となってようやく、この偉大な一歩が刻まれることとなる。言語と神話のあいだには密接な関係が存在するばかりではない。真の繋がりが存在するのだ。この繋がりの本性が理解されるならば、神話的世界へのカギもまた見いだされたことになるのである。

（1）この論文が最初にあらわれたのは、*Oxford Essays*（London. John W. Parker & Sons. 1856）, pp. 1-87においてである。さらに*Selected Essays on Language, Mythology and Religion*（London, Longmans, Green & Co., 1881）, pp. 299-451に再録されている。

サンスクリット語ならびにサンスクリット文献が発見されたことは、私たちの歴史意識の発展において、またあらゆる文化科学の進展にあっても決定的なできごとだった。その重要性と影響力という点からするならば、それはあの偉大な知的革命、コペルニクス体系が自然科学の領野で引きおこした革命に比すべきものだろう。コペルニクスの仮説によって逆転されたのは宇宙の秩序の捉えかたであって、地球はもはや宇宙の中心ではなく、「星々のなかの星のひとつ」となった。自然的な世界を地球を中心としてとらえることが、放棄されるにいたったのである。おなじ意味で、サンスクリット文献が知られるようになることで終焉を迎えた人間文化の捉えかたは、文化の真の、また唯一の中心を古典古代のうちにみとめるものである。それ以来ギリシア・ローマ世界はひとつの地方、人間文化の宇宙に属するちいさな地域と見なされるにすぎなくなった。歴史哲学が、あらたな、より拡大した基礎のうえに樹立されざるをえなくなったのだ。ギリシア語とサンスクリット語との共通の起源が発見されたことを、ヘーゲルは新世界の発見と呼んだ。十九世紀の比較文法の研究者たちは、じぶんたちの仕事を、おなじ光のもとに見なおしたのである。その結果かれらが確信したのは、じぶんたちは魔法の呪文を発見したのであって、その呪文だけが扉をひらいて、人間の文明の歴史を理解させることができる、ということである。比較文献学は、とマックス・ミュラーは宣言した、人類の神話的な時代、神話創造的な時代を、それまで暗黒のヴェールに覆われていた状態から抜けださせ、科学的探究のあかるい光のもとへともたらして、かくてまた史料にもとづく歴史の埒内へと連れだしたのだ。比較文献学が私たちに手わたしたものは強力な望遠鏡であって、その望遠鏡によって、以前ならば朦朧《もうろう》とした雲しか見えなかった場所に、私たちはいまでは明確な形態と稜線とを見つけることができるほどである。否、そればかりではない。比較文献学が私たちに与えたのは、同時代的な証拠とも呼ぶべきものなのである。それが私たちに顕示している思考・言語・宗教および文明の状態は、サンスクリット語がなおサンスクリット語でなく、ギリシア語もいまだギリシア語ではなく、両者がラテン語・ドイツ語・ならびに他のアーリア方言と並んで、なおも未分化なひとつの言語として存在していた時代に属するものなのだ。神話にまつわる霧はしだいに晴れてゆき、そのことで私たちが、思考と言語の黎明の雲が棚引いている背後にようやく発見することができるのは、あの真実の本性であって、その本性を、神話がかくも永きにわたってヴェールで覆って、隠してきたのである。[1]

(1) Müller, "Comparative Mythology", *op. cit.*, pp. 11, 33, 86. *Selected Essays*, I, 315, 358, 449ff.

言語と神話とのあいだの繋がりは、かつて謎であったものに明晰で明確な解決を約束するものであったけれども、その繋がりには他方おおきな困難が含まれていた。たしかに言語と神話には共通の根があるとはいえ、両者はいかなる意味でもそれぞれの構造にあって同一ではない。言語が私たちに提示するものはつねに変わらず厳密に論理的な性格である一方、神話にはいっさいの論理規則を無視するところがあるように見える。つまり神話は首尾一貫せず、気まぐれで非合理的なのである。いったいどのようにして、両立できないこのふたつの要素を結合すればよいというのだろうか。

この問いに答えるためにマックス・ミュラーや比較神話学派に属する他の著者たちは、きわめて巧妙な図式をつくり上げた。神話は、とかれらは宣言する、たしかに言語の様相《アスペクト》のひとつにほかならない。けれどもそれはむしろ言語の消極的な様相であって、積極的な様相ではないのである。神話の起源は言語の美徳にあるのではなく、かえってその悖徳《はいとく》にある。言語が論理的で合理的であることは争いがたいが、他面からすれば、言語とはまた錯覚と誤謬との源泉である。言語がなしとげる最大の達成が、それじたい欠点の源泉となる。言語は一般名からなる——しかし一般性が意味するところは、つねに曖昧さなのである。単語の多義性や同義性とは、言語の有する偶然的な相貌ではない。それは言語のほかでもない本性から由来するものなのだ。多くの対象にはひとつ以上の属性があり、相異なる局面《アスペクト》のもとで或る場合はひとつの属性が、べつの場合なら他の属性が、命名行為にさいしより適切なものと見えることだろう。そうしたわけで、多くの対象が、人間のことばの初期の段階にあっては必然的にひとつ以上のなまえを持つという事態が生じたわけである。言語は、それがより古いものであるほど、同義語をより豊かに具えている。一方これらの同義語は、それらが絶えまなく使用されているとすれば、自然といくらかの同音異義語を生むことになったにちがいない。私たちが太陽を五十ものなまえで呼び、そのそれぞれが異なった性質を表現しているものとしてみよう。この場合には、それらの名称のうちで或るものたちは太陽以外の対象にも適用されうることになるが、それは当の対象がたまたま太陽とおなじ性質のいくらかを所有しているからなのである。それらの太陽と異なる対象が、かくて太陽とおなじなまえで呼ばれ――かくてまたその名称は同音異義語と化してゆく。これが言語の解れ目なのだ――かくて同時にまた、神話の歴史的な起源なのである。そうでもなければ、いったいどのように、とマックス・ミュラーは問うている、人間精神のあの局面を説明できるというのだろう。つまり、神々と英雄たちの――またゴルゴンやキマイラの――尋常ならざる物語を生み、いかなる人間も目にしたことがないものたち、いかなる人間精神であれ、健全な状態では考えつくこともなかったものどもの物語を生みだしたあの局面を、である。この問題に答えが与えられないかぎり、人間知性の規則的で一貫した進歩に対する私たちの信念、しかもそれがすべての時代、いっさいの国々をつうじて変わらないとする信念は、あやまった理論として放棄されなければならない。しかしながら比較言語学の発見このかた私たちが置かれている位置からして、私たちはこの懐疑論をしりぞけ、その躓きの石を取りのぞくことができる。私たちの見るところでは、言語そのものの進展――これは人間の文明におけるもっとも偉大な事実のひとつなのだ――によって、避けがたくもうひとつの現象に導かれたのである。それがつまり神話という現象というわけだ。ふたつのなまえがひとつの対象に対して存在するところでは、ふたりの人物が――まったく自然に、しかもじっさい不可避的に――そのふたつのなまえから生じうることだろう。そして同種の物語群がそのいずれについても語りだされることになり、そのふたりは兄弟姉妹として、また親子として表象されるはこびとなるはずなのである。(1)

（1）以下を参照。Müller, *op. cit.*, pp. 44f. *Selected Essays*, I, 378.

この理論を受けいれるなら、困難は取りのぞかれる。私たちとしてはいまや、いかにして人間のことばの合理的な活動から、非合理性と不可解さに満ちた神話が導かれるのかを、じゅうぶん説明することができるだろう。人間の精神は、つねに合理的な仕方で作動する。未開の精神であれ、健全でしかも正常な精神なのである。とはいえ他方でそれは、未発達で未熟な精神なのだ。この未熟な精神が絶え間なく大きな誘惑に――語から生まれる誤謬やその曖昧さに――さらされるものとしてみよう。そうであればこの精神が誘惑に屈したとしても、それはなんら驚くべきことではない。これこそ、神話的思考の真の源泉である。言語は智慧にとっての学校であるばかりではない。言語はまた愚かさを教えるところでもある。神話が私たちに対してあらわにしているのは、後者の側面《アスペクト》なのだ。神話とはほの暗い影にすぎず、その陰影は言語が人間の思考の世界に投げかけたものなのである。

神話はこうして病理学的なものとして、その起源にあってても本質についても表象されるにいたる。神話とは一箇の病弊であって、それは言語の分野にはじまり、危険なことに伝染しやすく、人間の文明の全体へと波及してゆく。しかし神話は狂気ではあろうけれども、そこにはそれに則った道(＊1)がある。ギリシア神話には、他の多くの神話にも見られるように、たとえば大洪水の物語があり、人類はその洪水で滅亡したとされている。たった一組のカップル、デウカリオンとその妻ピュラ(＊2)だけが、氾濫を逃れた。その津波はゼウスが、ヘラスの地〔ギリシア〕に見舞ったものだったのだ。ふたりはパルナッソスの山頂に漂着して、そこでひとつの神託を受ける。「かれらの母の骨」を後方に投げよ、というのである。デウカリオンには、その神託がほんとうはどう解釈されるべきかが分かった。かれは野から石を拾いあげ、じぶんの背中のほうに投げすてた。それらの石から、男女のあらたな種族が誕生したのである。ほかのなんであれ、とマックス・ミュラーは問うている、人類の創造をめぐるこの神話的説明ほどに嗤うべきものがあるだろうか。しかしそれでも、この説明はたやすく理解可能なものともなるのであって、それは比較語源学の知識《サイエンス》が私たちに与えてくれるカギを使うことによってなのだ。物語の全体がただの語呂合わせ――ふたつの同音異義語の混同――であることがわかる。すなわち人間($\lambda\alpha\acute{o}\varsigma$)と石($\lambda\hat{\alpha}\alpha\varsigma$)ということである。(1) これが、ミュラーの見解にしたがうならば、神話の秘密のすべてなのである。

(1) "Comparative Mythology", *op. cit.*, p. 8. *Selected Essays*, I, 310.
(＊1)「それに則った道」と訳したのは method. ギリシア語に遡ると「メタ・ホドス」となることばのうちに「道《ホドス》」という意味が含まれている。

(＊2) デウカリオンとピュラの伝説は、哲学者のなかでは――後論においてカッシーラーも立ちいることになる――プラトンも伝えるところであった(『ティマイオス』二二B、『クリティアス』一一二A)。

分析してみると、この理論のうちで奇妙な混淆が、合理主義とロマン主義とのあいだで起こっていることがわかる。ロマン主義的な要素は目にもあきらかで、そちらが優位にあるように思える。マックス・ミュラーはある意味では、ノヴァーリスの、あるいはシュライエルマッハーの弟子として語っているのだ。ミュラーの拒否する理論は、宗教の起源はアニミズムや、自然の大いなる力の崇拝に探しもとめられなければならない、とするものなのである。たしかに自然宗教(*1)――つまり火・太陽・月・蒼穹を崇める宗教――といったものは存在するけれども、そうした自然宗教はひとつの局面であるにすぎず、そのうえ派生的な現象であるにとどまる。自然宗教は全体を与えるものではなく、私たちを第一の主要な源泉へと導いてくれるものでもない。宗教のほんとうの起源が探されるとすれば、それは思考と感覚に属するより深い層のうちに求められなければならないのである。ひとびとをまず魅惑したものは、じぶんたちを取りまくさまざまな対象ではない。未開の精神に対してすら、遥かに深い印象を与えたのは、全体としてとらえられた自然の示す壮大な景観であった。自然は知られざるものとして、知られたものから区別され――つまり無限なものとして有限なものから区別されたのである。この感情こそが、原初の時代から、宗教的な思考や言語に対して刺戟を与えた。〈無限なもの〉にかかわる直接的な知覚がまさに太古よりこのかた、有限的ないっさいの知識にとってその構成要素のひとつ、一箇の不可欠な補完物をかたちづくっていたのである。のちに神話的・宗教的さらに哲学的に表現されるものの萌芽は早くもすでに、人間の感官に対して〈無限なもの〉が与える圧力のうちに現前していたのだ――そしてこの圧力が、私たちの宗教的信のすべてについて、その最初の源泉であり、真の起源なのであった(1)。古代人たちが、とマックス・ミュラーは反問する、生命とともに躍動し、その彩りにおいて陶酔させる言語を具えていたところで、なにを驚くことがあるだろう。私たちの近代的思考の有する灰色の輪郭にかえて、かれらはただ、この自然の生きた諸形態、人間的な力を与えられた形態を発光させていただけのことなのだ。否それは人間的な力を超えた力だったのである。太陽の光は人間の眼光を越えて輝き、嵐の咆哮《ほうこう》が人間の叫び声を凌駕して轟くかぎり、どうしてそうでないことがあるだろうか(2)。これはひどくロマン主義的に響く。とはいえマックス・ミュラーの色彩ゆたかでロマン主義的な文体に欺かれることは許されないだろう。かれの理論は全体として考えれば、それでもなお合理主義的で主知主義的なものなのである。

（1）以下を参照。F. Max Müller, *Natural Religion*, The Gifford Lectures, 1888 (London and New York, Longmans, Green & Co., 1889), Lect. v, "My Own Definition of Religion", pp. 103-140; *Physical Religion*, The Gifford Lectures, 1890 (Longmans, Green & Co., 1891), Lect. vi, "Physical Religion: The Natural and the Supernatural", pp. 119ff.
（2）"Comparative Mythology", *op. cit.*, p. 37. *Selected Essays*, I, 365.
（＊1）a natural or physical religion.

本質的にいえば、神話にかんするかれの捉えかたは、十八世紀の、つまり啓蒙思想家たちのものから、さほどかけ離れたものではない[1]。疑いもなく、ミュラーはもはや、神話と宗教のうちに、たんに恣意的な発明――狡猾な坊主どもの欺罔を見てはいない。とはいえ、かれが合意するところによれば、神話とは結局のところ大いなる錯覚以外のなにものでもない――意識的ではなく、無意識的な錯誤、人間精神の本性が生みだした錯誤、しかもさしあたりたいていは、人間のことばの本性から生みだされた錯誤以外のなにものでもないのである。神話とはいつでも病理学的な症例でありつづける。それでもなお、私たちの置かれている位置からすれば、いまや神話の病理学を理解することができるのであって、そのさい人間精神そのものの生得的な欠陥という仮説に訴えることを必要としていない。言語こそ神話の源泉であることがみとめられるなら——その場合には、神話的な思考にまつわる不合理や矛盾すらも、普遍的で客観的な、かくしてまったく合理的な力に還元されるのである。

(1)注目すべき事実であるけれども、マックス・ミュラーの理論の基本的要素は、偉大な合理主義者のひとりが著した著作のうちに見いだされる。その『諷刺詩集』「曖昧さについて」(*Sur l'équivoque*)のなかでボアローが提出していた理論によれば、単語の曖昧さこそが神話の真の源泉なのである。

この学説が影響力をふるうのに、大いに与ったことがらがある。いくつかの批判的な留保を伴ってのこととはいえ、「総合哲学」をはじめて創りだそうとした哲学者が、それを受けいれたということである。総合哲学とは、一貫したかたちで包括的に人間精神の活動のすべてを概観し、それを厳密に経験的な原理と進化の一般的理論とにもとづいて試みようとした哲学のことだ。ハーバート・スペンサーはいっさいの宗教について、その第一の主要な源泉を祖先崇拝のうちに見いだしている。スペンサーは宣言する。最初の祭祀は自然力に対するそれでなく、死者への祭祀であった。(1)しかしながら祖先崇拝が移行して、人格的な神々への崇拝となったのを理解するため、私たちとしてはあらたな仮説を導入しなければならない。スペンサーによれば、ことばの力とその不断の影響こそがこの一歩を可能とし、必然的な歩みとすらしたのであった。人間のことばは、ほかでもなくその本質にあって比喩的であって、多くの直喩と類推に満ちている。未開の精神はこの直喩をたんに比喩的な意味で理解することができない。未開の精神はそれらを現実と取りちがえ、この原理にしたがい思考し、かつ行動する。比喩的ななまえが、そのように文字どおりに解釈されると、まさにそのことによって、祖先崇拝の最初の原基的な形態、つまり人間に対する崇拝から、動植物への崇拝、しまいに自然の偉大な力への崇拝が導かれてしまう。未開社会においてはありふれ、ひろくみとめられる習慣として、新生児に命名するさい、そのなまえを動植物、星々、もしくはそれ以外の自然の対象から採るということがある。おとこの子は「トラ」「ライオン」「カケス」あるいは「オオカミ」と呼ばれ、おんなの子は「月」あるいは「星」と称される。そのもともとの起源にあって、これらのなまえはすべて、たんなる修飾形容詞（*epitheta ornantia*）であったにすぎない。それらが表現するのは個人的《パーソナル》性質のいくらかであって、それらの性質は人間に帰属していたのである。未開の精神の傾向からするなら、いっさいの語は文字どおりの意味で理解されるのであるから、これらの修飾的なまえや比喩的な称号が、あやまって解釈されることは避けがたいところであった。これが自然崇拝の真の源泉となるのだ。ひとたび「曙」がひとりの人物《パーソン》のなまえとして現実に用いられると、さまざまな伝説が、その名を負って、著名となった者のひとりにかんして紡がれて、その伝説は、批判的思考に疎い野生人のあいだでは、曙と同一視されるにいたることだろう。くだんの人物にまつわるくさぐさの冒険譚はある種の仕方で解釈されて、それは曙という現象を説明するのにもっとも適当なものとなったはずである。さらにどこかべつの地方ではこのなまえを、近隣の種族の成員や、あるいはべつの時代に生きたおなじ種族の成員が担ったものとすれば、そこでは整合しがたい系譜やたがいに抗争しあう冒険譚が、曙をめぐって生まれてくることともなっただろう(2)。

（1）H. Spencer, *The Principles of Sociology* (1876), chap. xx (New York, D. Appleton & Co., 1901), I, 285ff. を参照。

(2) *Idem*, chaps. xxii–vviv, I, 329–394.

ここでもまた、神話という現象、多神論のパンテオンの全体が、たんなる病弊として説明されている。異彩をはなつ対象、人格ととらえられた対象に対する崇拝が、言語的な錯誤から結果したものと考えられているのである。重大な反論に、このような理論がさらされるにいたるのは明白だ。神話とは人間の文明においてもっとも古く、もっとも偉大な力のひとつである。神話は人間の他の活動のすべてと、緊密に結びあっている――それは言語・詩・芸術ならびに初期の歴史的思考から切りはなしがたい。科学すらも神話的な時代を通りすぎてはじめて、その論理的な時代へと達することができたのである。錬金術が化学に先だち、占星術が天文学に先行したように、である。マックス・ミュラーとハーバート・スペンサーの理論がかりに正しいものであったとするならば、私たちとしては遺憾にもこう結論せざるをえなかっただろう。結局のところ人間の文明の歴史は単純な誤解に、さまざまな単語と用語とのあやまった解釈に起因している、とされるのだ。これはおよそ満足のいかない、ありそうもない仮説というものであって、それは人間文化をたんなる幻想の所産と考えるものだろう――つまり文化とは、ことばをもって曲芸を演じることであり、なまえを使った、子ども染みたたわむれであると考えるということだ。

Ⅲ　神話と、情動の心理学

たがいに多くの重要な差異を示しているにもかかわらず、これまで考察してきた神話をめぐる理論は、共通した特徴をひとつ具えている。タイラーやフレイザーの解釈、他方でマックス・ミュラーやハーバート・スペンサーの解釈がいずれもそこから出発している前提は、神話とは第一におおむね「観念」の集塊、表象ならびに理論的な信念と判断のかたまりであるとするものである。それらの信念は私たちの感覚的経験とあきらかに矛盾しており、いかなる自然的対象を取ってみても、神話的な表象に対応するものなど存在していない。そうである以上、神話とはたんなる幻影(phantasmagoria)にすぎないということになる。ここで避けがたく提起される疑問は、ひとびとはどうして、かくも執拗かつ強力にそういった幻影に固執するのか、というものだ。かれらはなぜ直接に、事物の現実的なありかたに近づき、それに正面から目を向けようとしないのだろうか。どういうわけで好きこのんで、幻想の世界、幻覚と夢想の世界のうちに住みつくことを選ぶのだろう。

この問いに答えるあらたな方途が示されたのは、現代の人類学ならびに心理学が進歩したことによってである。その双方の観点《アスペクト》を並行させながら研究しておく必要がある。両者はたがいに例解を与えあい、相互に補足しあうものであるからだ。人類学的な探究から導かれた帰結はこういうものである。すなわち神話を適切に理解するにいたるためには、私たちは探索をべつの地点から開始しなければならないということである。神話的な捉えかたの背後に、あるいはまたその基底で、一箇のより深い層が発見されたのである。その層はこれまでは見のがされ、もしくはすくなくともその重要性が十分にはみとめられてこなかったのだ。ギリシアの文学と宗教の研究者たちは、いつでも多かれすくなかれ、神話(μῦθος)というギリシア語の語源から影響を受けてきた。かれらが神話のうちに見てとっていたのはひとつの説話、あるいはいくつかの説話の体系なのであり——つまり一連の物語であって、その物語は神々のふるまいや、英雄的な祖先たちの冒険にかかわっている。それで充分であるかに思えたのは、学者たちが関心をもっていたのが主として、文献的な史料を研究し、また解釈することであったかぎりであり、またかれらの関心が向かっていたのが、高度に発達した文明の段階——つまりはバビロニア・インド・エジプト、あるいはまたギリシアの宗教であったかぎりのことだった。やがてはしかし、このような関心の圏域を拡大することが必要となったのである。多くの未開部族のあいだでは発達した神話がまったく見られないし、神々の事績をめぐる物語や、神々の系譜すらひとつもみとめられない部族も多い。にもかかわらずひとびとの示すよく知られた特性はすべて、ある種の生活形式に属していて、その生活形式には神話的な動機が深く浸透し、またそれに完全に支配されているのである。しかも、そういった動機のさまざまが表現されるのは、特定の思考や観念においてというよりむしろ行動にあってのことである。行動にかかわる要因が理論的な要因を圧していることはあきらかなのだ。神話を理解するためには、祭儀の研究からはじめなければならないとする準則が今日ではひろく受けいれられ、民族学者や人類学者のあいだで共有されていることと思われる。このあらたな方法に照らしていうなら、野生人はもはや「未開の哲学者」というかたちではあらわれない。宗教的な儀礼や儀式を執りおこなうときひとが浸っているのは、たんに思弁的な、あるいは観想的な情操というわけではない。ひとはそのとき、自然現象を冷静に分析することに没頭しているというわけにはいかない。そこでひとは情動的な生を生きているのであって、思考の生を生きているのではないのである。かくてあきらかになってきたのは、祭儀のほうがより深く、遥かに永続的に人間の宗教的生のうちで働く要素であって、その点で神話に優っているということだ。「信仰箇条が変化しても」、とフランスの学者、E・ドゥテは語っている。「祭儀は存続するのであり、それはあたかも絶滅した軟体動物の化石が、私たちが地質学的な年代を劃定するのに役だつようなものなのである[1]」。

（1）E. Doutté, *Magie et religion dans l'Afrique du Nord* (Alger, Typographie Adolphe Jourdan, 1909), p. 602.

より高次な宗教の分析によっても、この見解は確証されている。自身の代表的な著作『セム族の宗教[1]』中で、W・ロバートソン＝スミスが用いて、もっともゆたかな成果を上げた方法論的原則は、宗教的な表象を研究する正しい方途とは、宗教的な行動から研究を開始することである、というものである。この視点からするなら、ギリシアの宗教についてすら、あらたなより明るい光が当てられることになる。「ギリシアの宗教は」、とジェイン・エレン・ハリソンは、その著作『ギリシア宗教研究への序説』の序論のなかで書いていた。「一般的な概説書や、そればかりかより野心的な論稿にあってすら、主として神話、さらにいうならば、文献という媒体をつうじて見られた神話にかかわる問題とみなされている。（中略）いかなる真摯な試みもこれまでギリシアの儀礼を検討するためになされてはいない。にもかかわらず儀礼という事実は遥かにたやすく、また明確なかたちで確認することができ、さらには永続的で、またすくなくともひとしく重要なものなのである。ある民族が、じぶんたちの神々との関係でおこなうことがらはいつでも、くだんの民族がなにを考えているのかを探る手がかりのひとつ、おそらくはもっとも確実な手がかりのひとつとなるはずである。ギリシアの宗教をどのようなかたちであれ科学的に理解しようとするさい、その第一の準備作業となるのは、ギリシア宗教の祭儀を立ちいって調査することなのだ[2]」。

（1）W. Robertson-Smith, *Lectures on the Religion of the Semites* (Edinburgh, A. and C. Black, 1889).

（2）Jane Ellen Harrison, *Prolegomena to the Study of Greek Religion* (Cambridge University Press, 1903), p. vii.

この原則を適用しようとすると、しかし、大きな障害に出遭われることになった。未開の宗教の祭儀にまつわる情動的な性格については、見てとりやすいところである。にもかかわらずこの性格を科学的な仕方で分析し、記述する点にまさしく困難がある。この困難は、十九世紀の心理学が伝統的な状態にとどまっていたかぎりで、逃れがたいものなのだ。古代より、哲学者にせよ心理学者にせよ、情動に一般的理論を与えようとして努力を重ねてきている。とはいえそうした努力がすべて妨げられて、やがてはその多くが実りなく終わったのは、ただひとつ可能な接近法が、純粋に主知主義的なものであると思われたという事実に由来する。感情は、ひろく想定されていたところによるなら、さまざまな「観念」にかかわる術語で定義されるべきものと考えられていたのである。そのようにすることが、情動という事実そのものに合理的な説明を与える唯一の方途であるかのように思われていたわけである。ストア学派の倫理がもとづいていた原理は、情念を病理学的な事実とみなすものであった。情念がそこでは、精神的な病弊の一種として記述された。十七世紀の合理主義的心理学であっても、そこまで極端に走ることはしなかったものだ。すなわち情念はもはや「異常なもの」とはみなされず、むしろ自然で必然的な結果として、身体とたましいのあいだの交互作用から生まれるものと宣言されたのである。デカルトとスピノザの理論によれば、人間の感情とは、曖昧で不充分な観念のうちにその起源を有するものである。イギリス経験論者たちの心理学も、この一般的な主知主義的見解を改変するものではなかった。そこでもなお「観念」が、しかも感覚的印象の模写と理解され、論理的な観念とは考えられていないものとして、変わらず心理学的な関心の中心に位置していたからである。ドイツではヘルバルト（＊1）とその学派が、情動をめぐる機械論的な理論を提供することになった。その理論の説くところによると、情動は、知覚と表象と観念とのあいだの一定の関係へと還元されるのである。

（＊1）ヘルバルト(Herbart, J. F., 1776–1841)は、ドイツの哲学者・心理学者。

このような事情は、Th・リボー（＊1）があらたな理論を発展させるまで変わることがなかった。その理論は旧来の主知主義的な提題に対抗するもので、みずからの理論をリボーは生理学的な提題と特徴づけたのである。情動の心理学にかんするその著書の序文中でリボーが宣言するところによれば、心理学的探究のその他の部分と比して、感情の状態にかかわる心理学はなお混乱して、立ちおくれている。先取権はいつでも、それ以外の研究に与えられてきたのであって、つまりは知覚・記憶・イメージの研究が優先されているのである。リボーによれば、支配的な偏見にしたがって、情動的状態を知的状態へと近似させ、情動的な状態を後者に類比的なものとみなし、あるいは前者を後者に依存したものとしてさえ取りあつかうならば、そこから導かれうるものはたんなる誤謬にすぎない。感情の状態はたんに二次的で派生したものではなく、認知的な状態にただともなう質、様態もしくは函数といったものでもない。感情の状態は反対に、始原的で自律的なものであって、知性に還元不能で、かえって知性の外部に知性を伴うことなく存在しうるのだ。この学説がもとづいているのは一般生物学的な考察である。リボーが試みたのは、感情の状態のすべてを生物学的な条件と結びつけ、それらを生長力に満ちた生命に属する、直接的で媒介を必要としない表現とみなすことであったのである。「そうした立場からすれば、感情と情動とはもはや表面的なあらわれでもなければ、種がただ花ひらいたかたちといったものでもない。それらが投錨しているのは個人の深層であり、それらが根ざしているのは欲求と本能、すなわち運動である。（中略）情動的状態を明晰な一定の観念に還元しようと望み、もしくはそのような還元の過程をへて情動的状態を固定しうると思いえがくとすれば、それは情動的状態を完全に誤解することであり、そのいずれもあらかじめ挫折を運命づけられている」[1]。

（1）Th. Ribot, *La psychologie des sentiments* (Paris, 1896). 英訳では、*The Psychology of the Emotions* (New York, Charles Scribner's Sons, 1912), Preface, pp. viif.

（＊1）リボー(Ribot, Th.-A., 1839–1916)は、フランスの心理学者・哲学者。

おなじような見解を懐くにいたったのが、W・ジェームズと、デンマークの心理学者であるC・ランゲ[＊1]である。かれらはふたりとも、とはいえたがいに独立な考察にもとづいて、同等な結果へと到達した。両名が強調したのは、情動にあってはその生理学的な要因がもっとも重要であるしだいである。情動の真の性格を理解し、その生物学的な機能と価値とをじゅうぶん認識するためには、とふたりは宣言する。私たちは身体的な徴候を記述するところから開始しなければならない。それらの徴候は、筋肉の神経分布の変容と血管運動神経の変容とのうちに存する。ランゲにしたがえば、後者こそ第一次的なものなのであって、それは、血液循環がごく微かに変化しても、脳や脊髄《せきずい》の機能に深刻な変容をもたらすからだ。身体から独立な情動なるものは一箇の非存在であって、たんなる抽象的な存在者にすぎない。器官と運動としてあらわれるものは付随的なものではなく、その探究は情動研究の部分であるとともにその一区画なのだ。たとえば恐怖といった情動を分析するとき、そこに見いだされるものはなにか？　それは、まず主要には血流循環における変化である。つまり血管が収縮し、心臓は激しく波うち、呼吸が浅く、また速くなる。恐怖の感情がこうした身体的な反応に先行するのではなく、むしろその反応に後続するのである。恐怖の感情とは、そうした生理学的な状態が生起し、あるいはそれが生起してしまったのちに、その状態にかんして意識されるものなのだ。かりに、ある種の心理実験によって、恐怖の情動からいっさいの身体的徴候、すなわち脈拍の鼓動・皮膚の顫震《せんしん》・筋肉の脈動を除去しようとしたとしよう――そうすれば恐怖には、なにものも残りはしない。ウィリアム・ジェームズがそう表現したように、およそ分離して独立したどのような「心的素材」があったとしても、そこから情動を構成しうるものは存在しない。私たちとしては、したがって、これまで常識や科学的な心理学がともに受けいれてきた順序を、逆転させなければならないのである。「常識の語るところによれば、財産をなくすと私たちは悲しみ、そして泣く。また一頭の熊に遭遇すれば、驚いて逃げようとする。競争相手に侮辱されたときに私たちは怒り、殴りかかろうとする。ここで擁護されなければならない仮説が言おうとするのは、この継起の順序は正しくないということだ。ひとつの心的状態が他の心的状態から直接的に惹きおこされることはなく、身体的なあらわれが先ずそのあいだに挿入される必要がある。だから、より合理的な言明はこういうものとなるだろう。私たちは泣くから悲しく感じ、殴るから怒り、震えるから恐れるのであって、私たちが泣き、殴り、震えるのは、その場合に、悲しみ、怒り、あるいは恐れるからではない。身体的な状態が知覚に引きつづいて起こるのでなければ、知覚はたしかに形式的にいえば純粋に認知的なものではあるだろうが、そのような知覚は青ざめ、色あせ、情動的な温かみを欠いたものとなる。その場合なら私たちは、熊を見て、そして逃げるのが最善であると判断し、侮辱をうけて、かくて殴るのが正しいとみなすかもしれないが、とはいえ現に恐怖も憤怒も感じてはいないことになるだろう[1]」。

（1）James, *The Principles of Psychology* (New York, Henry Holt & Co., 1890), II, 449f.

（＊1）ランゲ(Lange, C., 1834-1900)は、デンマークの生理学者・心理学者。本文でジェームズからの引用によって言及されている学説は一般にジェームズ＝ランゲ説と呼ばれている。

じっさいのところ生物学的にいえば、あきらかに感情は、精神のあらゆる認知的状態とくらべて遥かに一般的な事実として、より早期の、かついっそう基礎的な層に属している。感情の状態を認知的な領域に属す術語で説明することこそが、かくてある意味では不法仮定の虚偽(hysteron proteron)である。感情の場合については、運動の状態あるいは衝動のほうが第一次的であって、感情表出のがわは二次的なのである。リボーが指摘しているとおり、感情生活の基礎、根源は運動的な神経支配と衝動のなかに求められるべきであり、快楽と苦痛とにかかわる意識のうちに求めるべきではない。「快楽と苦痛とはたんに結果であるにすぎず、原因を探究し規定するさいに、私たちにとって導きとなるとはいえ、当の原因は本能の領域のうちに隠されているのだ」。「意識の明証性」のみを信頼することは、根底的なあやまりである。つまり「意識的な部分が、できごとにあってその主要な部分」であると信じ、したがって「あらゆる感情の状態に随伴する身体的な現象は、無視可能な外在的要因であって、心理学にとっては疎遠で、かくてまたその関心の外にある要因である」と想定することが、根底的な誤謬なのである(1)。

(1) Ribot, *op. cit.*, p. 3.

このようなあらたな接近法が発展したことで、ひとつのギャップが埋められたことになる。ギャップはかつて、心理学と人類学のあいだに存在したものなのだ。伝統的心理学は精神の状態について、その観念的な側面《アスペクト》にもっぱら強調点を置いていたので、そうした心理学から人類学のほうは、ほとんどどのような助力も、じぶんのあらたな関心にかんして得ることができなかった。あらたな関心とは、神話よりもむしろ祭儀に向けられたものだからである。祭儀は事実、精神的生を運動によって表示するものである。祭儀が開示するものはいくつかの基本的な傾向・欲望・欲求・願望であって、たんなる「表象」あるいは「観念」ではない。こういった傾向が運動へと翻訳される――つまり律動的で厳粛な行動もしくは荒々しい舞踏に、他方では秩序だって規則的な儀礼的行動、さらには激しい狂躁乱舞といったものに翻訳されるのである。神話とは叙事詩的要素として未開の宗教生活に属するものであり、いっぽう祭儀は演劇的な要素として所属するものなのだ。前者を理解しようとするならば、私たちは後者から研究を開始しなければならない。それだけでとり上げるとすれば、神々や英雄たちについての神話的な物語は、宗教の秘密を私たちにあかすことはできない。それらの物語は、祭儀の解釈以外のなにものでもないからである。そうした物語が説明しようとするのは、これらの祭儀のうちに現前するものであり、そこで直接的に見てとられ、またおこなわれていることがらである。神話が付けくわえるのは、宗教生活の行動的様相《アスペクト》に対する「理論的」な見解なのである。私たちはほとんど、このふたつの様相のうちでどちらが「第一の」ものであり、どちらが「第二の」ものであるかという問題すら提起することができない。双方は分離して存在するわけではないからである。ふたつはたがいに相関して、依存しあっている。両者は相互に支えあい、相手に対して説明を与えているのだ。

さらなる一歩がこの方向へと向かって、神話の精神分析学的な理論によって踏みだされた。ジクムント・フロイトが「トーテムとタブー」をめぐるその論考を一九一三年に公刊しはじめたとき、(1)神話にかんする問題は決定的な地点に到達していた。言語学者・人類学者・民族学者たちがそれぞれ神話の理論をいくつか提出している。それらの理論はすべて、問題のなんらかの部分に照明を当てるのに有益であったけれども、領野の全体を覆うものではなかった。フレイザーは呪術のうちに一種の未開の科学を見ていたし、タイラーは神話を一箇の野生の哲学として描きとっていた。一方マックス・ミュラーとハーバート・スペンサーが神話のうちに見てとっていたのは、言語の病弊であったのである。こういった捉えかたのいっさいは、手厳しい批判にさらされることになる。かれらの反対者たちはいともたやすく、それらの理論の解れ目をあばき立てたのである。どのような理論的解決も経験的解決も、この問題についてはなお達成されていなかったのだ。だが、このような事情が、フロイト理論の出現によって一変した。そこにあらわれたのは要するにあらたな捉えかたであり、それによってひろい視界がひらかれ、より優れた見とおしが約束されたわけである。神話はもはや、孤立した事実とはみなされなくなる。神話はよく知られている現象と結びあわされ、しかもその現象は科学的な仕方で研究されえたし、経験的な検証にも耐えるものであった。かくて神話はまったく論理的なものとなり――ほとんど過剰に論理的なものとなったのである。神話はもはや、きわめて奇妙で捉えがたいことがらからなる混沌といったものではなく、いまや一箇のシステムとなったのだ。神話はいくつかの、きわめて単純な要素へと還元可能となったということである。たしかに、神話はなお「病理学的」な現象ではありつづけた。とはいえこの間、精神病理学そのものが大きな進歩を遂げている。病理学者たちはもはや、精神的もしくは神経的な疾患を、それがあたかも「国家のなかの国家」(＊1)であるかのように取りあつかうことはしない。かれらがいまや修得するにいたったのは、それらの疾患を、正常な生の過程についても妥当するのとおなじ一般的な規則のもとへと包摂することとなのである。一方の領野から他方の領野へと移行するとき、心理学者はみずからの観点を変える必要がない。かれはそのさいおなじ観察方法を使用して、同一の科学的原理にもとづいて論じることができる。もはやいかなる深い亀裂も乗りこえがたい深淵も、「正常な」心的生と「異常な」心的生とのあいだに口を開いてはいないのだ。

（1）最初に公刊されたのは、フロイトが編集する雑誌 ***Imago***, Vol. I においてであった。

（＊1）a state within the state. スピノザ『エチカ』第三部・序文に「自然のなかの人間は *imperium in imperio*（帝国のなかの帝国）ととらえられているように見える」という表現がある。

神話に適用する場合、この原理が懐胎するところには重大な帰結と見とおしが含まれていた。神話はもはや神秘のうちに包みこまれたものではない。むしろ神話は、科学的研究の明確で鮮明な光のもとに置かれうることになった。フロイトが神話の病床の傍らに立つさいの態度と感情は、通常の患者が横臥する長椅子のそばに立つときとまったくおなじものなのだ。フロイトがここで見いだしたものは、いささかも驚くべきことでも当惑することでもない。かれがそこで見てとったのはよく知られた徴候であって、それは自身が長きにわたる観察をつうじて熟知していたものとおなじ徴候なのである。私たちがフロイトのこの最初の論稿群を読んでいちばん感心することは、かれが明晰で単純な仕方でみずからの見解を展開していることである。そこには高度に複雑な理論など見あたらないのであり、そうしたものはのちにフロイトの権威のもとで、信奉者や弟子たちが導入したのだ。そこではまた独断的で自信過剰なようすも見られないのであって、そのような特徴は、のちに多くの精神分析学的著作の特徴となったにすぎない。フロイトは、古来の、永くつづいた謎を解いたなどと自負してはいないのである。かれはただ、野生人の心的な生と神経症患者のそれとのあいだに並行関係をみとめようとしているだけである――この並行関係によって、いくらかの事実があきらかにされうるかもしれず、その事実はそうでなければ、暗く、理解不能でありつづけたであろう。「読者が恐れるに及ばないのは」、とフロイトは宣言している。「精神分析学が(中略)宗教のようにひどく複雑なものを、ただひとつの源泉から引きだしてみせようとするのではないか、ということだ。ことの然らしむるところ、精神分析学がその責務にしたがって、宗教という制度のさまざまな源泉のひとつにかんして承認を獲得せんとしたとしても、精神分析学が要求するのは、いかなる意味でもこの源泉が排他的なものであることではないし、あるいは共起する諸要因のうちで第一位を占めることですらない。さまざまな研究分野を総合することによってだけ、宗教の生成についてどのような相対的重要性を、私たちが議論しようとしているメカニズムに割りあてるべきかが決せられる。しかしながらそのような仕事は、精神分析学者が手にしている手段を超えているばかりではなく、その意図をも越えているのだ(1)」。

(1) Freud, *Totem und Tabu* (Vienna, 1920, first published in *Imgo*, 1912-13), chap. IV, English trans. by A. A. A. Brill (New York, Moffat, Yard & Co., 1918; now Dodd, Mead & Co., New York), p. 165.

心理学者であるがゆえに、フロイトはじっさい、首尾一貫した神話の理論を構築するさいに、かれの先行者の多くよりも好適な立場にあった。フロイトが確信していたのは、神話的世界へのただひとつの手がかりは、人間の情動的生のうちに求められなければならないという消息である。そのうえ他方でフロイトは、情動そのものをめぐるあらたな独創的理論を展開していた。従来の理論は「たましいなき心理学」という見解に与するものであった。いっさいの情動にあって本質的なことがらは、とリボーは語っていた、心的な状態ではなく、運動的なあらわれなのである――つまり傾向と欲望であって、これが運動へと翻訳されるのだ。そのような状態を説明するため私たちは、惹きつけたり反撥したりする傾向を具えた「曖昧な「たましい《プシュケー》」」などすこしも必要としていない。私たちは心理学からあらゆる擬人的要素を排除し、それを厳密に客観的な基盤のうえに――要するに化学的ならびに生理学的な事実のうえに――打ちたてなければならない。いわゆる「たましい《ソウル》」という要因は除去される必要がある。とはいえ、それを除去したのちに「なお残るのが生理学的な傾向すなわち運動的な要素であって、それは、程度はさまざまであるけれども、もっとも下等なものから上等なものにいたるまで、それを欠くことがありえない要素なのである(1)」。

(1) 以下を参照。Ribot, *op. cit.*, pp. 5f.

けれども「たましい」にかんする構想のすべてを排除することは、けっしてフロイトの目ざすところではなかった。フロイトはフロイトで、厳密に機械論的な見解を擁護した――だが、かれが考えもしなかったことがある。それは、人間の情動的な生のたんなる化学的もしくは生理学的な原因への還元が可能である、ということだ。私たちは情動のメカニズムを「心的」メカニズムとして語ることができるし、じっさいまたそう語りつづけなければならない。とはいえ、心的な生を意識的な生と混同してもならない。意識とは全体ではなく、心的な生のちいさな、消えいりそうな一断片にすぎない。意識が心的生の本質をあらわにすることはありえず、むしろそれを仮面のうらに隠し、偽装させているのである。

　私たちの当面している論点からすれば、「無意識的なもの」へのこの訴えは、たしかに重要な一歩であった。それが要求したものは、問題全体を述べなおすことである。従来の理論の多くにあって神話は、結局のところはきわめて底の浅いものとしてあらわれていた。神話とは単純な取りちがえ(*quid pro quo*)であると宣告されていたわけである。それはすなわち連想の一般法則の誤用であって、あるいは語句や固有名のあやまった解釈であるとされたのだ。こうしたいくぶん素朴な想定が、フロイト理論によって一掃されたのである。問題があらたな仕方で接近されて、あらたな深みとともに見わたされるにいたる。神話はその根を、人間的自然のうちに深く下ろしており、神話がそこにもとづいているのは、基本的で抵抗しがたい本能であって、その本能の本性と性格はなお規定されないままである。そのうえこの問題は、たんに経験的な解答に対しては開かれてはいない。その最初の分析にあってフロイトは、一医師であり、経験的に思考する者として語っている。かれが完全に没頭しているのは、きわめて複合的で高度に興味ぶかい神経症的な症例のさまざまな研究であるかに見えた。だがその最初の研究にあってさえフロイトは、事実を蒐集することに満足していたのではない。その方法は、帰納的というよりも演繹的なものであった。探しもとめているのは普遍的な原理、そこから事実を導出することのできる原理であったのである。フロイトはたしかに、ひとりの尋常ならぬほどに鋭敏な観察者であった。かれが発見した現象は、それまで医師たちの関心を惹かなかったものであって、フロイトが展開しはじめたのは同時にあらたな心理学的技術であり、その技術はそういった現象を解釈するためのものであった。けれどもこうしたフロイトの初期の研究のなかにすら、ただ目を引くものをはるかに超えたことがらが含まれている。その研究が意図するところはだんじて、たんなる経験的一般化といったものではなかったのである。フロイトが開示しようとしたものは隠された力であり、その力は観察可能な事実の背後にひそんでいる。この目的を達成するためにフロイトは、とつぜん方法の全体を変更せざるをえなかった。かれは医師として、また精神病理学者として口を開きつづける一方で、一箇の決然たる形而上学者として思考していたのである。

　フロイトの形而上学を理解しようとするなら、私たちとしてはその歴史的起源にまで遡っておかなければならない。フロイトが呼吸していたのは、十九世紀のドイツ哲学の雰囲気である。かれがそこで見いだしたのは、人間の自然と文化とにかんするふたつの捉えかたであって、その両者はたがいに対極的なかたちで対立していた。一方をヘーゲルが代表し、他方を代表したのはショーペンハウアーである。ヘーゲルは歴史過程を、基本的には理性的で意識的な過程として描きとった。「やがてついに時が来たって」とヘーゲルは『歴史哲学講義』の序論のなかで述べている。「能動的な〈理性〉のゆたかな所産が理解されるようにならなければならない。その所産は、〈世界史〉が私たちに対して呈示するものなのだ。（中略）最初に注意しておかなければならないのは、私たちの探究する現象――すなわち〈普遍史〉――が〈精神〉の領圏に属しているということである。（中略）私たちがそれを観察している段階――すなわち〈普遍史〉――にあっては、〈精神〉がそのもっとも具体的な現実性を伴ってじぶんを呈示する」(1)。ショーペンハウアーは、ヘーゲルのこの捉えかたに挑戦し、それを嘲笑した。かれにとってヘーゲルの見解は、人間の自然とその歴史を、理性主義的かつ楽観主義的にとらえるものであって、こういった見解は理不尽であるばかりでなく、邪悪なものと思われたのである。世界は理性の所産などではない。世界とはまさしくその本質と原理とにおいて非合理的なものであって、それは世界が方向をもたない意志〈blind will〉の産物であるからだ。知性そのものはこの方向をもたない意志が生みだしたもののひとつにすぎないのであり、くだんの意志が知性を創造したのは、じぶん自身の目的に仕えさせる道具としてである。しかし私たちは、この経験的世界、感覚的経験の世界のいったいどこに、そうした意志を見いだすのだろうか。一箇の「物自体」として、それは人間の経験が到達しうる範囲を超えており、まったく接近不能なものであるかに見える。けれどもひとつの現象が存在し、そのなかで私たちは、例の意志の本性を直接的に覚知するのだ。つまり意志の力――世界のこの真の原理――が明確に見まがいようもなくあらわれるのは、私たちの性的本能にあってのことなのである。私たちとしては、これ以上の説明をなにひとつ必要としていない。そこで見いだされるものは、たやすく即座に理解されうる。それはあらゆる瞬間に、そのまったき抗しがたい強度において、感得されるからである。〈理性〉を語るさい、ヘーゲルがそうしたように、それを「実体的な威力」――「世界の主権者」――とするのは嗤うべきことである。真の主権者――つまりそれを中心として、自然の生命や人間の生命が回転しているもの――は、性的な本能なのである。ショーペンハウアーの語ったところでは、この本能が種の〈守護神〉(*Genius*)であり、それは個人を、種の目的を促進するための道具とするものなのだ。これらはすべて、ショーペンハウアーの『意志と表象としての世界』[(2)]に含まれる有名な章のなかで展開されているところである。それが私たちに与えるのはフロイト理論の一般的な形而上学的背景であって、そしてある意味ではその理論の基点である。

（1）Hegel, *Lectures on the Philosophy of History*, English trans. by J. Sibree (London, Henry G. Bohn, 1857), pp. 16f.

（2）"Über die Metaphysik der Geschlechtsliebe", *Die Welt als Wille und Vorstellung*, Ergänzungen zum vierten Buch, Kap. 44.

ここで私たちに関心があるのはただ、フロイト理論が神話的思考の研究に対して有しているその含意だけである。純粋に経験的な観点からするなら、精神分析学的な方法を神話的思考という領野に導入するさい、それは大きな困難に出遭うことになった。あきらかに、問題となることがらは直接的観察に対して開かれているものではないからだ。フロイトが使用した論拠のすべては高度に仮説的で、しかも思弁的なものにとどまっている。かれが研究した現象――つまりタブーにまつわる定めとトーテミズムの体系――

の歴史的な起源がなんであるかは、未知のままであった。この間隙を埋めるためにフロイトは、情動にかかわるみずからの一般的理論へと立ちかえる必要があったのである。かれの宣言するところによれば、トーテミズムの体系の唯一の源泉は近親相姦に対する野生人たちの懼《おそ》れにある。この懼れこそ、外婚制が導入された動機であったのだ。同一のトーテムの子孫は、だれもみな血統をおなじくしており、すなわちひとつの家族から発するものであって、その家族の内部では、もっとも離れた血縁関係であっても血縁関係は、性的な結合にとって絶対的な障害となるものとみとめられる。しかし当の問題をもっとも注意ぶかく研究してきた人類学者たちが導かれるにいたったのは、まったく異なった結論だった。フレイザーはこの主題をめぐって四巻からなる著作を著しているが、その宣明するところによると、トーテミズムと外婚制というふたつの制度はしばしば結合してあらわれるにもかかわらず、両者はじっさいには区別され、たがいに独立なものである。(1) アルンタ族のあいだでは、宗教生活と社会生活の全体がかれらのトーテミズムの体系によって規定されているけれども、その体系は結婚や相続に対してはいかなる影響も与えていない。伝承を証拠とするならば、それが遡って示すところによると、ある時代には男性はつねに、かれ自身が所属するトーテムの女性と結婚していたとさえ思えてくるほどなのだ。(2) フレイザーが長年の研究の果てに語ることのできたのは、せいぜいのところ、外婚制の究極的な起源、それとならんでまた近親相姦を排除する法則といったものは、ほとんどあいかわらず闇に閉ざされたままであるということである。(3)

(1) Frazer, *Totemism and Exogamy* (London, Macmillan & Co., 1910), I, xii. 4 vols.
(2) Sir Baldwin Spencer and F. J. Gillen, *The Native Tribes of Central Australia* (London and New York, Macmillan, 1899, reprinted 1938), p. 419.
(3) Frazer, *op. cit.*, I, 165.

フロイトはみずからの結論を急ぐあまり、こうした慎重で批判的な態度を押しつぶしてしまわなければならなかった。フロイトに強い印象を与えた事実とは、トーテミズムに属するふたつの命令――すなわちトーテム動物を殺してはならないとするものと、同一のトーテムに属する女性を性的な目的で使用してはならないとするもの――が、その内容について、オイディプスの犯したふたつの罪に一致するということである。オイディプスはその父を殺害し、その母を妻としたからである。くだんの命令は他方で子どもの最初のふたつの願望と一致している。その願望の抑圧が不十分なものであったり、あるいはそれがふたたび覚醒したりすることが、おそらくあらゆる神経症の基点を形成しているのである(1)。こうして、エレクトラ・コンプレックスとエディプス・コンプレックスとは、神話的世界に対する「開けゴマ」であると宣言されたのであった。この定式は一見したところ、すべてを説明するものであるかに見える。「転移」という精神分析学の法則にしたがえば、あらゆる組み合わせが可能となったのである。フロイトそのひとが、この法則のもたらす豊かな帰結に驚いて、それをしばしば筆にしたものである。かれが私たちに告げるところによれば、子どもの最初の願望は、多くの場合にひどく込みいった仕方で偽装され、また反転したかたちにであったにしても、ほとんどいっさいの宗教の形成のうちであらわれているのだ(2)。

(1) Freud, *op. cit.*, pp. 236f.
(2) Freud, *idem*, pp. 241ff.

ここで提起すべき第一の問題は、事実問題ではなく方法にかんする問題である。精神分析学の理論が依拠しているあらゆる事実が、確乎とした仕方で確定されたものと想定してみる。さらに、類似や類比ばかりではなく基礎的な同一性が、野生人の心的な生と、神経症患者のそれとのあいだに存在し、フロイトがみずからの論点——神話的思考の動機のすべてが、神経症のいくつかの形態、つまり強迫神経症や幻触(délire de toucher)(＊1)、動物恐怖症や強迫的制止などのうちに見いだされるものと同一であるとする論点——を証明するのに成功したものと、かりにみとめておこう。そうであってもなお問題は解決されないだろうし、むしろあらたなすがたで問題が回帰してくるにすぎないだろう。なぜならば、神話の主題を知るだけでは、神話の性格や本性を理解するのに十分ではないからである。

(＊1)一般に幻覚は錯覚(外部刺戟のあやまった知覚)から区別されて、外部の原因を持たないもの。五感に応じて、幻聴・幻視・幻臭・幻味などがあり、幻触はそのうち触覚にかかわるもの。

フロイトの方法は、管見のかぎりではまったく独創的なものであるかのようにも見える。だれもかれ以前には、問題をこの角度から見つめた者はいなかったのである。そうであるにしても、フロイトによる神話の捉えかたを、先行者たちのそれと結びあわせる共通の特徴がある。先行者の多くとおなじように、フロイトも、神話の意味を理解するさいにもっとも確実な、否そればかりか唯一の方途は、神話の対象を記述し数えあげ、配列して分類することであると確信していた。しかしながら、神話の語りだすすべてのことがらを認識して、理解したと仮定したとしても――それは私たちにとって、神話の言語を理解するのに大いに役だつものといえるであろうか。詩や芸術がそうであるように、神話は「シンボル形式」のひとつであって、すべてのシンボル形式には共通した特性があり、それはおよそどのような対象にも適用可能であるということなのだ。なにごとであれ、シンボル形式にとって接近不能あるいは浸透不可能なものなど存在しない。なんらかの対象が有する特異な性格が、シンボル形式の活動に影響を与えることはないのである。かりに言語の哲学や芸術あるいは科学の哲学が、ことばや芸術的な表象、さらに科学的な探究にとって可能な主題となるいっさいのものごとを数えあげることから開始されるものとなるとすれば、私たちとしては、言語の哲学や芸術の哲学あるいは科学の哲学を、いったいどのようなものと考えたらよいというのだろう。その場合には、決定的な限界まで到達するのを望むことはけっしてできないだろうし、それを求めることすらかなわない。あらゆるものは「なまえ」をもっているし、すべてのものは芸術作品の主題となりうる。神話にかんしてもおなじことなのだ。神話が似像をつくることができるのは「上は天に在るもの、下は地に在るもの、また地の下の水のうちに在るもの」(＊1)のいっさいについてである。こうして、神話の主題となることがらを研究することはきわめて興味ぶかく、私たちの科学的な好奇心をそそるものであるかもしれないにしても、そうした研究そのものからは、決定的な解答が生まれることはありえない。なぜならば、私たちが知りたく思うのは、神話のたんなる実質ではないからだ。知りたいのはむしろ、人間の社会的かつ文化的な生における神話の機能なのである。

（＊1）申命記（第五章八節）。

この点にかんしていえば、これまで挙げてきた理論のほとんどは不適切といわざるをえないのであって、それはくだんの諸理論がほんらい問題であるものを見てとるのに失敗しているからである。それらの理論はありとあらゆる方向へと向かっているものの、とはいえ或る意味では、歩んでいる途はすべてひとしい。比較神話学というより古い方法と、精神分析学という最近の方法とをくらべてみると、両者のあいだに見られる類似に驚くほどである。神話をめぐる自然主義的理論のうちには、太陽の神話学――これはマックス・ミュラーが導入して、のちにフロベニウスがそれを刷新したものである――

があり、エーレンライヒやヴィンクラーが代表する月の神話学があって、あるいはアダルベルト・クーンに代表される風雨の神話学が存在していた。それぞれの学派は、熱心かつ執拗にみずからのとくべつな対象に執着して、相争っていたものである。一見したところでは、それぞれセレネーとエンデュミオン、エオスとティトノス、ケファロスとプロクリス、ダフネーとアポロンをめぐるギリシアのさまざまな伝説のあいだに、なんらかの類似あるいは類比を見いだそうなどということはおよそ思いつきようもないだろう。けれどもマックス・ミュラーにしたがえば、これらの伝説の意味するところは、どれもおなじことがらなのである。つまりそれらは一箇同一の神話的主題の変奏曲の数々なのであり、その主題がくりかえし反復されていることになる。くだんの主題とはすなわち太陽が昇り、また没することであって、光と闇とのあいだの闘争なのだ。あらたな神話があらわれたとしても、そのすべては、おなじ現象を、あらたな異なる視界のなかで描きとるものにすぎない。エンデュミオンならば、それはたとえば、フォイボス〈アポロン〉という神的な性格のうちでとらえられた〈太陽〉ではなく、〈太陽〉を、日々たどっている経過のなかでとらえたものである。つまり〈太陽〉は朝まだきに〈曙光〉の胎内から昇りでて、つかの間の輝かしい経路ののちに、夕べには没して、その死すべき生へふたたび立ちもどることがけっしてない、というようにである。またアポロンに追跡されるダフネーとは、曙光でないとすればなんだというのか。曙光は大空を急ぎわたって、震えながら、明るい日の光がとつぜん接近すると消え去ってしまうのだ。おなじことが、ヘラクレスの死をめぐる伝説についても当てはまる。デイアネイラが太陽の英雄に送りとどけた外套とは、雲を表現したものである。雲は水から生まれ、ほの暗い衣のごとく太陽を取りかこむからである。ヘラクレスはそれを引き裂こうとするものの、そうしようとすれば、じぶん自身のからだをずたずたにするほかはなく、やがてしまいにはその輝くからだは、あまねく燃えさかる大火のなかで焼きつくされてしまうのである。(1)

(1) F. Max Müller, "Comparative Mythology", *Oxford Essays*, pp. 52ff. (*Selected Essays*, I, 395ff., 398ff.) ならびに *Lectures on the Science of Language* (London, Longmans, Green & Co., 1871), II, Lect. XI, "Myths of the Dawn", 506-571 参照。

大きな隔たりが、すでにまったく廃れてしまったこれらの古い自然主義的な解釈と、現代の精神分析学的な理論とのあいだにはひろがっている。それにもかかわらず、両者はその手つづきにあって背反するものではないばかりか、双方は思考の一般的な傾向としてきなじものを示しているのだ。しかもあえて言っておきたいけれども、二、三十年後には性の神話も、太陽や月の神話とその運命をひとしくすることだろう。理由は、どちらもおなじ反論にさらされる点にある。すなわち事実、しかも人類の生の全体にわたって拭いさることのできない痕をとどめた事実を説明するにさいして、それを特種で単独な動機に帰するのでは十分でない、ということである。人間の心的で文化的な生は、そのように単純で同質的な素材でなりたっているものではない。フロイトが自身の論点〔の妥当性〕を証明するにいたらなかったのは、マックス・ミュラーやその他の比較神話研究学会にあつまった学者たちと同様なのである。双方の場合にみとめられるのは、おなじ教条主義というものだ。比較神話学の研究者たちが語っていたのは太陽・月・星々であり、風や雲といったものであるけれども、かれらはそれをあたかも神話的想像力のただひとつの主題であるかのように語っていた。フロイトが変更したのはひとえに、神話的な説話の場面にすぎない。フロイトによれば、神話的説話が表現するものは、自然の偉大なドラマではない。それらが私たちに語りかけているのはむしろ、人間の性生活をめぐる永遠の物語である。有史以前から現在にいたるまで人間は、つねにひとしくふたつの基本的な願望に取りつかれている。それは父を殺害し母を娶《めと》るというものであり、その願望が人類の幼年時代にあらわれるのは、くだんの願望がきわめて奇妙に偽装され変形されながらも、個々のすべての子どもの生のなかであらわれるのとちょうどおなじことなのである。

Ⅳ　人間の社会的生における神話の機能

世の中のありとあらゆるもののなかでも、神話はもっとも矛盾に満ちて、首尾一貫しないものであるように見える。額面どおりに受けとるなら、神話は、まったく支離滅裂な糸から織りあげられた、乱雑な織物に似ているのである。私たちは、もっとも野蛮な祭儀とホメロスの世界とを繋ぎあわせるような、なんらかの絆を見いだすのを望むことができるだろうか――一箇同一の源泉にまで遡って、野生の部族の狂躁に充ちた礼拝や、アジアのシャーマンの呪術的なおこないや、イスラム教の修行僧の円舞にあらわれる狂乱といったものと、ウパニシャッドの宗教の示す静謐さと思弁的な深みとをつなぐことができるのだろうか。かくも遥かに隔たり、まったく両立不能な現象をひとつの名のもとに記述し、おなじ概念へと包摂しようとするなら、あまりに恣意的なふるまいとなるように思われる。

問題は、しかしながら、異なった角度から接近する場合には、相異なる光のもとにあらわれる。神話の主題や儀礼的な行為は、かぎりなく多様なものである。それらを数えつくし、測りつくすことはできない。とはいえ、神話的な思考と神話的な想像力を駆動する動機は、ある意味ではつねに同一である。人間の活動のすべて、人間の文化の形式のいっさいにあって、私たちが見いだすものは「多様なものにおける統一」(＊1)なのだ。芸術は私たちに直観の統一を与え、科学は思考の統一を与える。宗教と神話が私たちに与えるのは、感情の統一である。芸術が私たちに開示するのは「生ける形態」の宇宙であり、科学が呈示するのは法則と原理との宇宙である。宗教と神話が開始されるのは、生《ライフ》の普遍性とその根本的な同一性とが気づかれたときなのである。

（＊1）unity in the manifold. 全集版の編者注は、ライプニッツの概念「一における多の表出」(*expressio multorum in uno*)に言及している。後論のことば遣いからするとむしろカントの表現「多様なものの総合的統一」(synthetische Einheit des Mannigfaltigen)が、カッシーラーの念頭にあるかもしれない。

万物に浸透しているこの生命《ライフ》が、人格的形式のうちでとらえられている必要はない。〈神的なもの〉の観念を「下人格的」なもの、もしくは「超人格的」なものととらえる宗教も存在している。私たちは「プレアニミズム的」な宗教をも見いだすことができ、そこでは人格性の感覚はなお不在であるし[1]、たほう高度に発展した宗教で、人格性の要素が他の動機によって陰らされ、ついには完全に覆いかくされているような宗教も見いだされる。東洋の偉大な宗教のさまざま――バラモン教、仏教および儒教――には、この「非人格的なものへと向かう傾動[2]」があらわれているのだ。ウパニシャッドの宗教でとらえられている一如《アイデンティティ》とは形而上学的な同一性《アイデンティティ》である。つまりそれが意味しているところは、〈我《エゴ》〉と〈梵《ユニヴァース》〉の、すなわち「アートマン」と「ブラフマン」の根本的な統一なのである。未開人の信仰にあっては、そうした抽象的な同一性を容れる余地がない。そこに見いだされるのは、まったく異なったものである。それは深く熱烈な欲望であって、個人はじぶん自身と共同体の生《ライフ》、ならびに自然の生命《ライフ》とを同一化しようとする。この欲望が充足されるのは、宗教的な儀礼によってなのである。そこでは諸個人はひとつのすがたのうちに――区別のない全体のなかへと融合してゆく。野生の部族においては、男性たちが戦闘や、あるいは他のなんであれ危険な営みに従事し、いっぽう女性たちは家にとどまって、舞踏をつうじて儀礼的な仕方で男性たちに助力しようとする——こうしたことが理に悖《もと》り、理解できないことと映るとすれば、それは経験的思考と「因果法則」にかかわる私たちの基準にしたがい判断されるときである。とはいえおなじ件がただちに完全にあきらかで理解可能なものとなるのは、私たちがこの行為を、自然的《フィジカル》経験ではなく、むしろじぶんたちの社会的経験によって読みとり、また解釈する場合であろう。戦闘の舞を舞うことで、女性たちは、みずからと夫たちを同一化する。かの女たちは、夫たちの望みと恐れ、危機と危険とを分かちあう。この絆——「共感」のそれであって「因果性」の絆ではない——は、両者のあいだにひろがる距離によって弱められることなく、反対に強められるのだ。かれら両性は、不可分な一箇の有機体を形成する。すなわち、この有機体の一方の部分のなかで生起していることがらは、必然的に他方の部分に対して影響を与えるのである。数多くの積極的要求および消極的要求が掟とタブーに属しているけれども、それらはこの一般的規則を表現し、またはそれを適用したものにすぎない。その規則は男女のふたつの性に対してばかりではなく、部族の成員のすべてに対して妥当する。ダイヤク村落の住民がジャングルへと狩りに出たときには、家に残った者たちは油にも水にも手をふれることが許されない。なぜなら、そうしてしまうと、狩猟者たちはみな「ものをよく取りおとして」獲物も手から滑りおちることになってしまうだろうからだ。(3) これは因果的な絆ではなく、情動的な絆である。ここで問題となっているのは、原因と結果のあいだの経験的な関係ではなく、人間関係が感得されるその強度と深度なのである。

（1）プレアニミズムの問題については、以下を参照。R. R. Marett, "Pre-Animist Religion", *The Threshold of Religion* (London, Methuen & Co., 1909).

（2）以下を参照。A. A. Bowman, *Studies in the Philosophy of Religion* (London, Macmillan & Co., 1938), I, 107.

（3）*The Golden Bough*, Pt. I: *The Magic Art*, I, 120.（本書、八一頁の注（1）参照。）

おなじ特徴が、そのうえ、人間の血族関係にかかわる他の形式のすべてにもあらわれる。未開の思考にあって、血族の関係はたんに生理学的に解釈されるわけではない。人間の誕生は神話的な行為であって、自然的《フィジカル》な行為ではない。性行為による生殖の法則は、そこでは未知のものである。誕生は、かくしてつねに、一種の生まれかわりであると見なされるのである。中央オーストラリアのアルンタ族の考えるところでは、かれらのトーテムに属していた死者の霊は、ふたたび生まれる機会を一定の場所で待っており、その場所を通りすぎた女性のからだに入りこむことになる。(1) 子どもとその父との関係すら、純粋に身体的《フィジカル》な関係とは見なされていない。ここでもまた、因果性は実在的な同一性に置きかえられている。トーテミズムの体系にあって、現存の世代はたんに動物の祖先に由来する子孫であるばかりではない。それらの祖先が身体に宿ったものとして存在しているのである。アルンタ族がそのもっとも重要な宗教的な祝祭を祝うとき、またその「インティシュマ」(*1) の儀式を執りおこなう場合に、かれらは祖先の生活や事績、その冒険を再現《リプリゼント》し模倣するだけではない。祖先がこれらの儀式のうちでふたたびあらわれる。つまり、その現前《プレゼンス》、かれらの恵みあふれた影響が、直接に目のあたりにされ感得されるのだ。この永続的な影響を欠くときには、自然も人間の生活も停止してしまうはずである。雨は降らず、土壌は果実を実らせず、地のすべては砂漠と化することだろう。同一化の第一の行為によって主張されているのは、かれらの、人間もしくは動物の祖先との根本的一体性である――いっぽう第二の行為をつうじてかれは、じぶん自身の生《ライフ》と自然の生命《ライフ》とを同一化しているのである。じっさいこのふたつの領圏のあいだにはっきりした区別が存在することはありえない。両者はおなじ水準に存在しているのだ。なぜなら未開の精神にとっては、自然そのものが物理《フィジカル》法則に支配された自然《フィジカル》的な事物ではないからである。一箇同一の社会――生命の社会――が、有生のものと無生のものをうちに含み、それらを包みこんでいる。(2) ツニ族によるならば、自然物ばかりでなく人工物も、つまり太陽・大地・大海のみではなく、人間たちが制作した道具も生命の一箇の巨大な体系に所属しているのである。(3)

（1）以下を参照。Frazer, *Totemism and Exogamy*, IV, 59ff. and Spencer and Gillen, *op. cit.*, chap. XV.

（2）さらなる詳細については、以下を参照。E. Cassirer, *An Essay on Man* (New Haven, Yale University Press, 1944), pp. 82ff.

（3）以下を参照。Frank Hamilton Cushing, "Outlines of Zuni", *13th Annual Report of the Bureau of American Ethnology* (Washington, 1891-92), p. 9.

（＊1）降雨やトーテム動植物の繁殖をいのる儀式。

この生命が維持されるべきであるならば、それは不断に更新されなければならない。しかもこの更新ということばは、ただ生物学的な意味でのみ捉えられるわけではない。

ここでも、人類の存続が依存するのは社会的行為に対してであって、生理学的な行為にではないのである。この一般的な信念をもっとも明確に表現することがらを、通過儀礼の祭儀のうちに見いだすことができる。その祭儀は、いっさいの未開社会にあって重要で不可欠な要素なのだ。一定の年齢つまり性的成熟期に達するまで、子どもはなおたんなる「自然的《ナチュラル》」な存在とみなされ、また取りあつかわれる。子どもは母親の配慮のもとに置かれて、母親は子どもの身体的《フィジカル》な必要のすべてについて面倒をみる。しかしやがて、この自然的《フィジカル》な秩序がとつぜん逆転する。子どもは成人——社会の一成員——とならなければならない。それは人間の一生のなかでひとつの決定的な時点であって、一箇のできごととなる。それをしるしづけるものが、もっとも鞏固で尖鋭なかたちをとった、宗教的かつ儀礼的な祭典なのである。あらたな社会的存在が生まれなければならないならば、自然的存在がある意味で死ぬ必要がある。若者は、したがって通過儀礼をへて受けいれられるために、もっとも厳しい試練を通りぬけなければならない。新規参入者は家族をはなれ、しばらくまったく人里はなれた場所で暮らし、しかも最大の苦痛と残酷とに耐えなければならないのである。場合によればその者は、じぶん自身を埋葬する儀礼にさえ立ちあう必要があるのだ。かれがそうした試練のすべてに耐えぬいたとき、偉大な瞬間が訪れる。その者は、成人の交わり《コミュニオン》と、社会の大いなる神秘へ参入することが許されるわけである。この参入の意味するところは真の再生であり、あらたなより高次の生の形式のはじまりなのである。(1)

(1) さらなる詳細については、以下を参照。Spencer and Gillen, *op. cit.*, chap. VI, and A. van Gennep, *Les rites du passage* (Paris, E. Nourry, 1909).

このような生《ライフ》のサイクルは、人間社会のうちにあらわれて、そのまさしく本質を構成するものであるが、おなじサイクルがまた自然のなかにもあらわれる。四季のめぐり《サイクル》をもたらすものはたんなる自然的《フィジカル》な力ではない。それは人間の生と分かちがたく結びあっている。自然の生死は、人間の死と再生という大いなるドラマにとって切り離せないものなのである。この点にかんしては、ほとんどあらゆる宗教にみとめられる植物の成育にかかわる祭儀が、通過儀礼の祭儀に対して顕著な類似を示している。自然であれ、不断の再生を必要とする――自然もまた、生きるために死ななければならない。アティスやアドニス、オシリスの秘儀が証言しているのは、この基本的で根ぶかい信仰なのである。(1)

（1） 以下を参照。Frazer, *The Golden Bough,* Pt. IV, *Adonis, Attis, Osiris* (3d ed. New York, Macmillan, 1935) Vols. I and II.

ギリシアの宗教は、こうした原始的《プリミティヴ》な観念のすべてからひどくかけ離れたものであるかに見える。ホメロスの詩のなかにはもはや、呪術的な儀式も、亡霊も妖怪も、死者に対する恐怖も見あたらない。このホメロスの世界に対しては、ヴィンケルマンの有名な定義を適用することができるかもしれない。その定義によるなら、ギリシア人の天才をきわだってしるしづけるものは、その「高貴な単純さと、静謐な偉大さ（＊1）」なのである。しかしながら現代の宗教史学の教えるところでは、この「静謐な偉大さ」が攪乱されたことがなかったわけではけっしてないのだ。「ホメロスの描くオリュンポスの神々は」、とジェイン・エレン・ハリソンは前掲書の序論（1）のなかで書いている。「ホメロスの六歩格《ヘクサメトロス》の韻文とおなじように、未開《プリミティヴ》のものではない。この輝かしい表面の下には宗教的な観念の一層が、つまり悪や浄化、贖罪の観念からなるひとつの層が横たわっている。それらはホメロスが無視し抑圧したものであるとはいえ、後世の詩人たち、とりわけアイスキュロスにいたって、ふたたびあらわれてくるのである」。そののちギリシアの文化ならびにギリシアの宗教生活に深刻な危機がおとずれ、ホメロス的な観念のいっさいが脅かされて、完全な崩壊に直面することになる。オリュンポスの神々の単純さと静謐さが、とつぜん消え去ってしまったように見えたのである。晴朗な天空の神ゼウスや、太陽の神アポロンからはもはや力が失われ、ディオニュソスの祭儀のうちにあらわれた魔術的な力に抵抗して、これを追放することができなくなっていた。ホメロスにあって、ディオニュソスはオリュンポスの神々のあいだでどのような地位も占めていない。ディオニュソスはよそ者にして、遅れて参じた者として、ギリシアの宗教のうちに参入してきたのだ——ディオニュソスはつまり、北方からの外来神だったのである。その起源はトラキア——さらにおそらく、アジアの祭儀のうちに求められることだろう。ギリシアの宗教にはそれ以降、ふたつの相反する勢力のあいだで不断の闘争がみとめられる。この闘争をめぐって古典的な表現を与えたものは、エウリピデスの『バッカスたち』であった。エウリピデスの韻文を読めば、ほかにはなにひとつ証言を必要としないほどに、このあらたな宗教的感情がもたらした強さと烈しさ、その抗しがたい力が描かれているのである。

（1）本書、一二一頁の注（2）参照。

（＊1） noble simplicity and quiet grandeur. 全集版の注記によると、ドイツ語原文では、eine edle Einfalt, und eine stille Größe.

ディオニュソスの祭儀のうちに、私たちとしては、ギリシア人の天才を示す、ほとんどいかなる特種的な特徴もみとめることができない。そこであらわれているのは、人類にとって基本的な感情であって、その感情はもっとも未開《プリミティヴ》な儀式にも、もっとも崇高で精神化された神秘宗教にも共通したものなのだ。それは個体が有する深い欲望であって、個体はみずからの個体性の桎梏《しっこく》から解放され、普遍的な生の流れへわが身を沈め、じぶんの自己同一性を手ばなし、自然の全体へと吸収されることを望んでいるのである――おなじ欲望を、ペルシアの詩人マウラーナー・ジャラールディーン・ルーミーの詩句はこう表現している。「舞踏の力を知るものは神のうちに棲まっている」(＊1)。舞踏の力とは神秘家にとって、神へと真にいたる道である。舞踏と狂騒に満ちた儀式の示す、円舞の狂乱のただなかで、私たち自身の有限で制限された〈自己〉が消えさってゆく。〈自己〉、ルーミーがそう呼ぶ「暗き支配者」は死に、〈神〉が生まれる。

（＊1） He that knows the power of the dance dwells in God. 全集版の注記によると、ドイツ

語訳からのカッシーラーによる重訳で、ドイツ語訳文では、Wer die Kraft des Reigens kennet, lebt in Gott.

しかしながらギリシアの宗教は、こういった原始的な《プリミティヴ》感情《フィーリング》へ単純に立ちかえることができなかった。そうした情緒《センチメント》がその強さを喪ったわけではないにしても、その性格を変えたのである。ギリシアの精神とは完全に論理的な精神であり、論理に対するその要求は普遍的なものである。ディオニュソスの祭儀にあってもっとも「非合理的」な要素さえ、したがってそれが受けいれられるにあたっては、一種の理論的な説明と正当化をともなわないことは不可能であった。そうした正当化を、オルフェウス教の神学者たちが与えたのである。オルフェウス教がそこで一箇の「体系」へ変じたものは、もともとはたんに、もっとも粗野で野蛮な原始的儀式の集積であった(1)。オルフェウス教神学は、かくて、ディオニュソス・ザグレウスの物語を創造したのである。ディオニュソスは、ゼウスとセメレーの息子として描かれる――父はその子を愛し、嗣子としたけれども、ヘラに憎まれ、妬まれて、迫害される。ヘラはティタンたちを唆《そそのか》し、いまだ幼いディオニュソスを殺させようとした。ディオニュソスは、ティタンたちの手から逃れるため、いくたびも変身をかさねたが、しかし終《しま》いには、牡牛のすがたを取っているときに打ちまかされてしまう。ディオニュソスのからだはずたずたに引き裂かれ、敵たちがそれを貪りくった。その罪に対する罰として、ティタンたちはゼウスの雷火に打たれて、滅ぼされる。その灰から人間の種族が生じて、その起源にも見あうかたちで、人間のなかには、ディオニュソス・ザグレウスから派生した善なるものと、邪悪で悪魔的なティタンの要素とが綯《な》いまぜとなっているのである。

（1）ギリシアの宗教生活ならびに文化生活において、オルフェウス教が果たしたこの使命にかんしては、以下を参照。Harison, *op. cit.*, chaps. IX and X, and Erwin Rohde, *Psyche*, Pt. II, chap. X. English trans. by W. B. Harris (New York, Harcourt, Brace & Co., 1925), pp. 335ff. ディオニュソス・ザグレウスの伝説については、以下を参照のこと。Rohde, *op. cit.*, pp. 340f.

ディオニュソス・ザグレウスのこの伝説は、神話的な説話の起源ならびにその意味をめぐって典型的な例を提供するものである。ここで語りだされているのは、自然的な現象でも歴史的な現象でもない。それは自然にかかわる事実ではなく、また英雄的祖先の事績や受難の想い出でもない。それにもかかわらず、この伝説はたんなるおとぎ話ではないのである。それは事象のうちに基礎(*fundamentum in re*)を有しており、ある種の「現実」に関係している。とはいえ、ここでいう現実とは自然的なものでも歴史的なものでもなく、儀礼的な現実なのだ。ディオニュソスの祭儀のうちで目にされるものが、当の神話のなかで説明されている。ディオニュソスの祭儀は「神の顕現《テオファニィ》」とともに終幕を迎えるのをつねとしていた。ディオニュソスに仕える巫女たちが脱我《エクスタシー》にいたり、その熱狂が最高潮に達すると、かの女たちは神の名を呼んで、じぶんたちのなかに神がすがたをあらわすことを懇願する。

おお、ディオニュソスよ、なんじのすがたを顕現したまえ！　牡牛のかたちか、龍にせよ、多頭の怪物にせよ、さもなくば、四肢のまわりにまばゆい焔《ほのお》をともなう獅子のかたちにしても、なんじのすがたを目にもあらわしたまえ！(1)

そして神は祈りを聴きとどけ、求めを受けいれる。神がすがたをあらわし、みずから祭儀に参加するのだ。かれはその崇拝者たちと聖なる狂乱を分かちあい、じぶんのための犠牲にえらばれた獣にみずから襲いかかって、血のしたたるその肉を攫《つか》みとり、それを生のままで貪るのである。

(1) Euripides, *Bacchae*, VV. 1017ff. English trans. Arthur S. Way (Loeb Classical Library, Cambridge, Mass., Harvard University Press, 1930), III, 89.

これらのすべては粗野で幻想に満ち、常軌を逸して理解しがたい。しかし神話の機能とはまさに、こうした狂躁的な祭儀にあらたな転回を与えることであったのだ。オルフェウス教神学にあって、脱我状態《エクスタシー》はもはやたんなる狂気として理解されるのではなく「ヒエロマニア」つまり神聖な狂気となった。その狂気のうちで、たましいは肉体をはなれ翼をひろげて、神との合一をめざして一直線に飛びたってゆく。(1)〈ひとつの〉神的な存在が分散し、この世界における多数の事物や多数の人間たちへと分かれていたのは、悪の力のしからしむるところであり、すなわちティタンたちがゼウスに叛逆したことによってであった。とはいえ、合一が喪われたわけではなく、それは原初の状態に恢復されることだろう。合一が可能となるとすれば、それは人間がみずからの個体性を犠牲として捧げて、じぶん自身を生命の永遠の結合から隔てる障壁のいっさいを打破することによってなのである。

（1）以下を参照。Rohde, *op. cit.*, pp. 257ff.

ここで私たちが手にしているものは、神話にあってもっとも本質的な要素のひとつである。神話とはただたんに知性的な過程をへて生じるものではない。それが発出するのは、人間の深い情動からなのだ。けれどもその一方でこうした理論が、情動的な要素だけをひたすら強調するとすれば、それはひとつの本質的な点を見のがしている。神話を、たんなる情動として記述することはできない。神話とは感情の表現であるからだ。感情の表現は感情それ自体ではない——それは一箇のイメージへと転化された情動なのである。ほかでもなくこの事実が、根底的な変化を含意している。それまで漠然と曖昧に感受されていたものが明確な形態をとり、受動的な状態であったものが能動的な過程となるということである。

この変容を理解するために必要なのは、ふたつのタイプの表現を截然と区別することである。すなわち自然的《フィジカル》な表現とシンボル的な表現のふたつが、それにほかならない。ダーウィンは、人間と動物における情動の表現をめぐって古典的な著作を著している。

私たちがこの著作から学びうるのは、表現という事実にはきわめて広汎な生物学的基礎があるということだ。表現とはだんじて人間の特権ではなく、ひろく動物界の全域に及ぶ。動物の生にあってより高次の段階に昇ってゆくことで、表現は不断に強度と多様さを獲得してゆく。R・M・ヤーキースの言によれば、人間の情動的な表現のなかで主要なカテゴリーは、そのすべてではないにせよ多くがチンパンジーの行動のうちでも表出されている。チンパンジーの情動的表現は、それが複雑かつ可変的であることにおいて魅惑的であり、同時にまたひとを当惑させるほどである(1)。より低次の動物の有する情動、それに対応する表現であっても及ぶ範囲はきわめて広汎なものである。通常は人間にのみ帰せられてきた現象、たとえば赤面したり蒼白になったりすることすら、動物の世界でも確認されうる(2)。じっさいもっとも低次な有機体であっても、なんらかの手段を具えることで一定の刺戟間で識別をおこなって、それぞれに対して異なった反応をしているはずである。そうした有機体が生き延びてゆくことが可能となるためには、それらが行動するさいに、有利なものと不利なもの、有益なものと有害なものとを識別しえなければならないだろう。すべての有機体は、一定のものを「探索して」、ある一定のものを「回避する」。動物ならじぶんの獲物を探しもとめ、その敵から逃れる。これらのすべては本能と運動衝動からなる複雑なネットワークによって調整されており、そのためには意識的な活動をすこしも必要としない。リボーの指摘するとおり、有機的生命の第一期とは、原形質的・生体的・前意識的な感受性に属するそれである。有機体には、その「記憶」があり、つまり一定の印象とか正常な変様、あるいはなんらかの病的な変様などを保存している。「おなじように、低次の無意識的な形態――有機的感受性――といったものも存在し、それが、より高次の、意識的な情動的生の準備となり、その略図となる。生体的な感受性は意識的な感情に対して、有機的記憶がその語の通常の意味における記憶に対するのとおなじ関係にある(3)」。より高等な動物たちにあってはさらに意識が介在してきて、それが支配的な役割を演じはじめるにせよ、私たちとしてはそれを擬人法的な仕方で、つまり知覚とか「観念」とかいった語によって記述することはできない。動物の行動を決定しているものは、むしろなんらかの「情動的な質」であるように見える。その質が動物のうちに「なじみ深さ」や「うす気味悪さ」という感情、魅了や反撥といった感情を引きおこすのだ。「以下のようなことがらが、容認されてよい仮説ではなかろうか」、とW・ケーラーは、チンパンジーの心理学をめぐる一研究のなかで自問している。「事物の一定のかたちや輪郭には、それ自身のうちに不気味さや恐ろしさといった質があるとして、その理由は、私たちの内部にあるなんらかの特殊なメカニズムが、それらの事物に一定の質を生じさせうるからではなく、むしろ私たちの一般的な本性とたましい《プシュケー》をみとめたうえで、一定の形態は不可避的に恐ろしさという性格を具え、他の形態は優美さや不恰好さ、あるいは精気に満ちているとか、決然としているとかいった性格を具えているからである」[4]。こうしたさまざまな情動的質を認知することは反省という作用を前提とするものではない。かといってそれを、動物が有する個体的な経験から説明することもできない。小鳥は生後ただちに、タカやヘビに対して恐怖を示す。この恐怖は、とはいえなおきわめて未分化なものである。若鶏が恐怖でうずくまるのは、猛禽が現前するときばかりではない。他の大きな相手がじぶんたちの上空を飛んでいる場合でも同様なのである。こういった本能的な情動には、すこしも特種化がくわわっていない。それが関係づけられているのは、危険な性格をおびた対象の特殊なクラスに対してではないからである。

(1) Robert M. Yerkes, *Chimpanzees. A Laboratory Colony* (New Haven, Yale University Press, 1943), p. 29.

(2) 以下を参照。Angelo Mosso, *Fear*, Authorized English trans. by E. Lough and F.

Kiesow (London and New York, Longmans, Green & Co., 1896), pp. 10ff.

（3）Ribot, *op. cit.*, pp. 3f.

（4）以下を参照。W. Köhler, "Zur Psychologie der Schimpansen", *Psychologische Forschung*, I (1921), 39, English trans. by Ella Winter, *The Mentality of Apes* (London, Kegan Paul; New York, Harcourt, Brace & Co., 1925), App., p. 335.

あらたな一歩が、人類への進化にともなって踏みだされる。なによりもまず、情動のいっさいが遥かに特種化されたものとなるのだ。情動はもはや、昏《くら》く漠然とした感情ではなく、対象の特殊なクラスをそれぞれ指示している。しかしながら、ここにはなおべつの特性が存在しているのであって、その特性は人間の世界以外のどこにも見いだされるものではない。その世界にももちろん、人間の反応とはいえ、まだ原理的には動物の反応と異ならないものが無数に存在するとしても、この事情にかわりはない。ひとが侮辱に応えるのに眉をひそめ、あるいはこぶしを固める場合、その者がふるまう仕方は動物のそれとまさにまったくおなじものだ。動物ならば歯をむき出しにすることで、敵の現前に対するものなのである。けれども、一般的にいえば、人間の反応は、これとはまったく異なったタイプに属している。それを動物的な反応から区別するのは、人間の反応が帯びるシンボル的性格である。[1] 人間の文化が勃興し発展してゆくなかに私たちとしては、意味にかかわるこの根底的な変化を一歩一歩あとづけてみることができる。人間が発見してきたのは表現のあらたな様式なのである。それはつまりシンボル的な表現にほかならない。シンボル的表現こそ、人間のあらゆる文化的な活動にわたるその公分母である。すなわち、神話と詩、言語・芸術・宗教、また科学のいっさいということだ。

（1）この問題をめぐるより詳細な議論については、以下を参照。E. Cassirer, *An Essay on Man*, chap. III, pp. 27ff.

右に挙げた諸活動は、それぞれにきわめて相異なったものであるけれども、それらが充たす課題はひとつのおなじものである。すなわち、客観化するという課題にほかならない。言語において私たちが客観化するものは、感覚的知覚である。言語的に表現する作用《アクト》そのものにあって、私たちの知覚はあらたな形式を身にまとう。そこでは、知覚はもはや孤立した所与ではなく、知覚はその個別的な性格を脱ぎすてて、一般的な「名称」によってあらわされるクラス概念へともたらされる。「命名」という行為《アクト》はひとり、たんに規約的な記号を出来あいの事物——すでに知られた対象——に付加するというだけのものではない。それはかえって、対象をとらえることそのものにとって一箇の必要条件である。つまり、客観的な経験的現実という観念にあって必要な条件であるということなのである。(1)

（1）より立ちいった議論にかんしては、以下の拙論を参照。"Le langage et la construction du monde des objets", *Journal de psychologie normale et pathologique*, XXXe Année (1933), 18-44.

ところで神話は、この経験的現実からひどくかけ離れている。それればかりではない。神話はある意味では、当の現実とはなはだしく矛盾したものである。神話が築きあげているのは、まったく空想的な世界であるかに見える。それにもかかわらず、神話にすらなんらかの「客観的」な側面があり、一定の客観的な機能がある。言語によるシンボル化は感覚的印象の客観化へと導き、神話が担うシンボル化が導きいれるのも感情の一箇の客観化なのである。呪術的な祭儀や宗教的な儀式にあってひとは、深い個人的欲望や激しい社会的衝動の圧力のもとで行為する。ひとがそうした行為を遂行する場合、その動機は知られておらず、行為はまったく無意識的なものである。しかしこれらの祭儀が神話へと転化するなら、そのときあらたな要素が立ちあらわれる。ひとはもはや、なんらかのことを為すというだけでは飽きたらない——かくてひとは、そのものがなにを「意味」しているのかという問いを提起し、なぜなのか、どうなるのか、を問いもとめ、それらのものごとがどこから由来し、どのような終局へと向かうのかを理解しようと試みる。ひとがこういった問いのすべてに対して与える解答は、首尾一貫しない、バカげたものであるように思えるだろう。とはいえここで問題なのは、その解答というよりも、むしろ問いそれ自身なのである。人間がじぶんの行為を怪しみはじめるとき、そこでただちに、あらたな決定的一歩が踏みだされることになる。ひとが踏みいれたあらたな道は、人間をついには、無意識的で本能的な生から遥かはなれたところへと連れだすにいたることだろう。

なんらかの情動を表現することにはすべて、いくらか鎮静効果があることは、よく知られている事実である。こぶしの一撃によって私たちの憤怒は和らぎ、わっと泣きだせば、悲嘆や悲哀が慰められることだろう。こうしたいっさいは、生理学的かつ心理学的な理由からたやすく説明することができる。生理学的にこの件を説明してくれる原理は、ハーバート・スペンサーが「神経拡散の法則」と名づけたものだ。ある意味ではこの「拡散の法則」が、あらゆるシンボル的な表現に対してもまた当てはまる。とはいえそこで私たちが出逢うのは、まったくあらたな現象なのである。私たちが身体的に反応する場合、急激な爆発につづいて起こるのは休止の状態である。かくて、ひとたび情動が消えさると、それは永続的な痕跡などなんら残さず終息するにいたる。他方で私たちがじぶんの情動をシンボル的な作用《アクト》によって表現するときには、事情はまったく異なってくる。そういった作用はいわば、二重の力を具えているのだ。束縛する力と解除する力がそれである。ここでもまた情動は外部に向かうのであるが、しかしそれは拡散されることなく、その反対にむしろ集中される。身体的な反応にあっては、特定の情動に対応する肉体的な運動がしだいに広範なものとなって、それによって覆われる範囲はいっそう広いものとなってゆく。スペンサーによるならば、この拡張と分散は特定の法則にしたがっている。最初に、発声器官の微細な筋肉と顔面のちいさな筋肉が触発される。やがて感情が過剰になると、神経の解除によって脈管システムも触発されるようになる(1)。一方シンボル的表現の意味するところは、軽減ではない。それが意味するのは、強化なのである。そこに見いだされるのはたんなる外部化ではなく、凝集化なのだ。言語・神話・芸術・宗教のなかで、私たちの情動はたんなる行為《アクト》に転じるだけではない。それは「作品」へ転じてゆく。そうした作品は消えさることがない。それらは持続し、存続する。身体的反応が私たちに与えうるものは、迅速だが一時的な慰めであるにすぎない。これに対してシンボル的な表現ならば、それは青銅よりも永続的な力（*momentum aere perennius*）となるだろう。

（1）詳細にかんしては、さらに以下を参照。H. Spencer, *Principles of Psychology* (New York, D. Appleton & Co., 1873), vol. II, sec. 495–502.

客観化ならびに凝固が有するこの力がとりわけてあきらかとなるのは、詩と芸術にあってのことである。ゲーテがこの天分を、みずからの詩作の本質的な特性とみなしていた。「かくて開始されたのが」、とゲーテは『詩と真実』（*Dichtung und Wahrheit*）のなかで、みずからの若き日々について語りながら書いていた。「例の傾向なのである。その傾向から、私としては、全生涯をつうじて逸れることができなかったのだ。つまり、ひとつの形象《イメージ》や一篇の詩にいっさいを、すなわち私を歓ばせ、あるいは苦しめ、あるいはまたべつの仕方で私をとらえたすべてを変えてしまうという傾向である。かくて私は、そうしたことがらについてじぶんで折りあいをつけ、かくてまた外的なものごとにかかわるじぶんの捉えかたを匡《ただ》して、それらについてこころを落ちつけてもきたのである。そうした能力は、だれにもまして私に必要なものだった。生まれついた傾向によって私は、一方の極から他方の極へとたえず旋回していたからである。私の作品は、いくらかは知られるにいたったものについていえば、すべてみな大きな告白の一断片にすぎないことになる(1)」。

(1) Goethe, *Dichtung und Wahrheit*, Bk. VIII. English trans. by John Oxenford (London, G. Bell & Sons, 1897), I, 240.

神話的な思考や想像力のなかで私たちが出逢うものは、個人的な告白ではない。神話が客観化するのは人間の社会的経験であって、個人的経験ではない。たしかに、後代ともなると個人が制作した神話も見いだされるし、たとえば有名なプラトンの神話などならそうである。しかしそこには、純正な神話の有するもっとも本質的な特性のうち、そのひとつが欠落しているのだ。プラトンは完全に自由な精神によって神話を創りだした。つまり、プラトンは神話の力に支配されることなく、じぶん自身の目的、すなわち弁証法的かつ倫理学的な思考という目的にしたがい、神話を領導した。純正な神話ならば、こういった哲学的な自由を所有していない。形象は、神話がそのうちで生きているものであって、それが形象として知られているものではないからである。神話の形象はシンボルと見なされているのではなく、現実と考えられている。この現実をひとは拒否し、また批判することはできず、それは受動的な仕方で受けいれられなければならない。しかしながら、必要となる最初の一歩がすでにあらたな道にむかって踏みだされたのであり、その道を辿って私たちはやがてあらたな目標に導かれることだろう。というのも、純正な神話であっても、そこでは情動がただ感受されているというわけではないからだ。情動は「直観され」ており、つまり「形象へと変えられ」ている。それらの形象は粗野にしてグロテスクで、空想的なものではある。とはいえまさしくそうであるがゆえに、そうした形象は未開人にとって理解可能なものなのだ。それがかれらに与えうるものは自然の生命をめぐる一箇の解釈であり、みずからの内的な生にかんするひとつの解釈だからである。

　神話は、あるいは宗教は一般にたんに恐怖の所産にすぎないとは、くりかえし言明されてきたところである。しかしながら、人間の宗教的な生にあってもっとも本質的なものは、恐怖という事実ではなく、恐怖のメタモルフォーゼなのである。恐怖は、普遍的な生物学的本能である。それを完全に克服したり、抑圧したりすることは不可能である一方、その形態を変化させることはできる。神話を満たしているのはもっとも暴力的な情動であり、もっとも恐怖に満ちたヴィジョンである。とはいえ、神話のなかでひとはあらたな、しかも異質な技術つまり表現する技術を学びはじめる。そしてこの技術が意味するのは、人間にもっとも深く根ざしているいくつかの本能、希望と恐怖のさまざまを組織化することなのである。

この組織化する力がもっとも強力に立ちあらわれるのは、人間がその最大の問題に直面するときである——すなわち、死の問題ということになる。死をもたらす原因を問いたずねることは、人類にとって第一の、もっとも切実な問いのひとつであった。死をめぐる神話はいたるところで——それこそ、人類の文明の最低次の形式から最高次の形式に達するまで語られている[1]。

（1）たとえば、トロブリアンド諸島の現地人のあいだに見られる、死をめぐる神話を見よ。これについての報告は、以下にある。B. Malinowski, *Myth in Primitive Psychology* (London, Kegan Paul, 1926), pp. 80ff.; (American ed. New York, W. W. Norton, 1926), pp. 60ff.

人類学者たちは、「宗教のミニマムな定義」と呼ばれるものを発見するために、多くの努力をかさねてきた――その定義とはつまり、宗教的生にあって基礎的で本質的な事実を包括するはずのものである。さまざまな学派は、この事実の本性にかんしてたがいに同意するにいたっていない。タイラーは、アニミズムのうちに宗教哲学の基礎を見てとって、それは野生人の宗教から文明人のそれにまで及ぶものと見なしていた。これに対して後代の著者たちが宗教のミニマムな定義として提出したものが、いわゆる「タブー－マナの公式[*1]」である[1]。ふたつの見解は、ともに多くの異論にさらされることになった。それにもかかわらず異論の余地がないと思われるのは、宗教がそのそもそもの起源からして、「生と死をめぐる」一箇の問いであった、という事実なのである。「あらゆる信仰の根幹には、人間のたましいや死後の生、さらに〈宇宙〉における霊的な要素が結びついている」。それでは、とマリノウスキーは問うていた。「この根幹とはなんであろうか。私が思うに、一般的にアニミズム、祖先崇拝、あるいは精霊と幽霊への信仰といった用語で記述される現象は、その根幹となるものを、死に対する人間の統合的な態度のうちに有しているのだ。死（中略）という事実は、つねに人間の悟性を戸惑わせ、人間の情動的な体制を根本的にかき乱すものである。（中略）かくてそこに宗教的啓示が介入してきて、死後の生、たましいの不死性、また生者と死者とのあいだの交わりの可能性を肯定する。この啓示が生に意味を与えて、地上における人間の存在が儚いものであることと結びあった、矛盾と葛藤とを解決するのだ[2]」。

（1） Marett, *The Threshold of Religion*（参照すべきは p. 37, n. 1）.
（2） B. Malinowski, *The Foundations of Faith and Morals*, Riddell Memorial Lecture（London, Oxford University Press, 1936; pub. for the University of Durham）, pp. 27f.
（＊1） いわゆるプレアニミズムの主張で、タブーによって守られた超自然的なマナの存在の意識に、宗教の起源をみとめるもの。

プラトンは『パイドン』のなかで、哲学者の定義を与えていた。その定義によると、哲学者とは、もっとも偉大で困難な技術を修得した者、すなわちいかに死ぬべきかを知っている人間のことである。近代の思想家たちは、プラトンからこの思考を継受している。かれらの宣言するところによれば、自由へといたる道が人間に残されているとすると、それはひとり、人間の精神から死の恐怖を取りのぞくことにある。「死ぬことを修得した者は、奴隷のなんたるかを忘却する。いかに死ぬべきかを知ることによって、私たちはいっさいの隷属と拘束から解放されるのである」(1)。神話は、死の問題に対して、合理的回答を与えうるものではすこしもなかった。しかしながら神話こそが、哲学よりも遥か以前に人類の最初の教師となり、教育者となった。すなわち、人類の幼年時代にただひとり死の問題を提起し、それを解決することができたのであり、それはしかも未開の精神にとって理解可能なことばによってなされたのである。「私に向かって、死を説きあかそうとするな」。冥府にあってアキレウスは、オデュッセウスにそう語った(2)。しかし、ほかでもなくこの困難な仕事を、神話は人類史上にあって遂行しなければならなかったのだ。未開人には、死という事実と折りあいをつけることができなかった。じぶんの個人的存在が破壊されることを、避けがたい自然的《ナチュラル》現象として受容することが不可能だったのだ。他方この死の事実こそが、神話によって否定されて「説明しつくされるにいたる」事実にほかならない。死の意味するところは、と神話は教える。人間の生の消滅ではなく、生の形式における変化である。存在のひとつの形式が、他の形式へと交換されるにすぎない。生と死とを隔てるものは、なんら明確で截然とした境界ではなく、両者をわかつ境界線は曖昧で不明瞭なものなのである。生死というふたつのことばは、たがいに交換されることすらあるだろう。「いったい、だれが分かることだろう」、とエウリピデスは問うている。「かりにこの世の生がほんとうは死であり、死が逆に生であるとしても」。神話的思考にあっては、死の神秘が「イメージに変えられ」て——そして、この変容によって死は、耐えしのぶに困難な自然的《フィジカル》事実であることを止め、理解可能で受忍可能なものとなるのだ。

(1) Montaigne, *Essays*, I, 19, in "Works", trans. by W. Hazlitt, revised ed. by O. W. Wight (New York, H. W. Derby, 1861), I, 130. Montaigne, *Essais*, texte établi et présenté par Jean Pattard, Liv. I, chap. 20 (Paris, Fernard Roches, 1931), 117 ; "Qui a apris à mourir, il a desapris à servir. Le savoir mourir nous afranchit de toute subjection et contrainte".

(2) Homer, *Odyssey*, Bk. XI, v. 488.

第Ⅱ部　政治理論の歴史における神話との闘争

V　初期ギリシア哲学における「ロゴス」と「ミュトス」

国家をめぐる合理的理論は、ギリシア哲学とともに開始された。他の分野とおなじくこの場面でも、ギリシア人は合理的な思考の開拓者だったのである。ツキュディデスがはじめて、歴史の神話的な捉えかたに対して攻撃をくわえる。「伝説的なもの」を排除することが、かれにとって第一の、また主要な関心のひとつだったのだ。「私の歴史にはロマンスが欠けていることによって、その興趣がなにほどか殺がれてしまうのではないかとも懼れている。しかし、それを有益なものと評価する者たちが、過去にかかわる精確な知をもとめて、未来を解釈するにさいしてそこから助けとなるものを抽きだそうとする探究者であるなら、私としては満足しよう。未来とは、人間的なことどもの経路にあって、過去の反映ではないにせよ、過去に似かよったものにちがいないからである。

私が歴史を書きしるしたのは永久につづく財宝としてであり、つかの間の賞賛を得ようとしたのではないのである」[1]。とはいえギリシア人たちの歴史をとらえる仕方がもとづいていたのは、あらたな事実と、先行するそれより遥かに深く包括的なものとなった心理学的洞察ばかりではない。ギリシア人が発見したのはまたあらたな方法であって、その方法によってギリシア人たちには、問題をまったくあたらしい光のもとで見ることが可能となったのだ。政治を研究するまえに、ギリシア人が研究していたのは自然であった。この自然という領域で、かれらはその最初の偉大な発見をなしとげたのである。前梯となるこの一歩が欠けていたならば、ギリシア人たちが神話的な思考の威力に挑戦することは不可能だったことだろう。自然のあらたな捉えかたが共有された地盤となって、人間の個人的な生とその社会的な生とがあらたに捉えかえされたことになる。

（1）Thucydides, *The Peloponnesian War*, Bk. I, chap. XXII, English trans. by Richard Crawley (Everyman's Library, New York, E. P. Dutton & Co., 1910), p. 15.

勝利は一撃のもとに勝ちとられたものではない。ここでも見いだされるのは、おなじくゆっくりと進む方法的な手つづきであって、それはギリシア精神のもっとも特徴的な相貌のひとつなのである。それはあたかも個々の思想家が、あらかじめ立てられた戦略的なプランに従っていったものであるかにも見える。陣地がひとつまたひとつと攻略されてゆき、もっとも堅固な要塞も撃ちこわされて、最後に神話的な思考の牙城が、その基礎にいたるまで揺るがされることになる。あらゆる偉大な思想家たち、さまざまな哲学的学派のすべてがこの共通の課題にたずさわった。最初のギリシア思想家、すなわちミレトス学派の思想家たちを、アリストテレスは「古い自然学者たち」と呼んでいる。自然(physis)がかれらの注意を引いた唯一の対象だったのだ。自然に対するその接近方法は、神話が自然現象を解釈するそれとは正反対のものである。たしかに、初期のギリシア思想にあっては、思考のふたつの類型のあいだの境界線がなおさほど明確には規定されておらず、曖昧で漠然としたものだった。タレスが語ったところによれば、「万物は神々で満ちており[1]」、また磁石は生きているのであって、その証拠に磁石には鉄片をうごかす力がある[2]。エンペドクレスが描写するところにしたがうなら、自然とはふたつの相反する力――すなわち愛と憎しみの力――のあいだの激しい闘争である。あるときにはいっさいの事物は愛によってひとつに結びついて、べつのときにはすべては憎しみの反撥によってべつべつの方向へと生みだされる[3]。疑いもなく、これらは神話的な捉えかたなのである。じっさい、ある卓越したギリシア哲学史家が著した著書のなかでは、ギリシアの自然哲学が、科学的な精神というよりむしろ神秘的な精神のなかで懐胎されたものであるしだいを証示することが試みられている。(4) とはいえ、問題をめぐるこのような見解はミスリーディングなものである。なるほど、神話的な要素がただちに克服されえなかったことはたしかであるけれども、そういった要素を相殺し拮抗させる、あらたな思考の傾向があらわれていたのであって、しかもその傾向はたえず発展し、不断に重みをくわえていったのである。ミレトス学派に属する思想家たち――タレス、アナクシマンドロス、アナクシメネス――が探究していたのは、事物のはじまり、すなわち「始原」である。それは、思考のあらたな傾向というわけではない。真にあらたなものであったのは、ほかでもなく「はじまり」(archē)ということばをめぐって、かれらの与えた定義である。あらゆる神話的な宇宙開闢《かいびゃく》説において、始原が意味するところは原初的状態であって、それは遥か記憶にも留められない、神話的な過去に属するものであった。こうした宇宙開闢説はその影を薄くしてゆき、消えさって、他のものがそれに置きかえられ、取ってかわった。初期ギリシアの自然哲学者たちは始原をまったくべつの意味で理解し、また定義する。かれらが問いもとめていたものは偶然的な事実ではなく、実体的な原因である。はじまりとは、たんに時間における開始ではなく「第一原理」であって、それは年代的なものであるよりもむしろ論理的なものである。タレスにしたがえば、世界は水であったばかりではなく、水である。水はいっさいの事物について、その不滅で永続的な要素なのである。水あるいは空気という要素から、あるいはまたアナクシマンドロスの「無際限なもの《アペイロン》」から、事物は発展してゆく。それはしかも偶発的な仕方で、超自然的な行為者の気まぐれや思いつきにしたがうのではなく、規則的な秩序を示しながら、一般的規則にしたがってゆくのだ。このような、変わらず侵すことのできない規則という概念は、神話的思考にとってはまったく無縁なものであったのである。

（1）Aristoteles, *De anima*, Bk. A. 5 411^{a} 7.

（2）*Idem*, Bk. A. 2 405^{a} 19, 以下を参照。H. Diels, *Fragmente der Vorsokratiker* by W. Kranz (5th ed. Berlin, Weidmannsche Buchhandlung, 1934), 11 A 22.

（3）以下を参照。Empedokles, Fr. 17, in Diels, *op. cit.*, I, 315.

（4）以下を参照。Karl Jöel, *Der Ursprung der Naturphilosophie aus dem Geiste der Mystik* (Basel, 1903).

とはいえ自然は、結局のところ神話的世界にあってその周辺であるにすぎず、中心ではない。より大胆な企てであり、いっそう大きな知的勇気を必要とするそれは、この中心を攻撃すること――すなわち、神話的な神々の捉えかたに対して攻撃をくわえることだった。ふたつの対立する力がギリシア哲学をかたちづくっていた――つまり、「存在」の哲学と「生成」の哲学である。その両者が、この攻撃にさいして力をあわせたのだ。おなじ論拠をエレア学派の思想家とヘラクレイトスが用い、それがホメロスの神々に対して向けられた。ヘラクレイトスが臆するところなく語ったのは、ホメロスは偉人録から削除され、鞭打たれるべきだということである。ホメロスは神的なものを捏造したからである。(1) 詩人たち、神話を紡いだ者たちがその想像力によって、神性が有する本性のまわりにヴェールを張りめぐらせた。そのヴェールの背後に、哲学者たちは真実の相貌を発見しようと試みる。詩人たち、神話を紡いだ者たちが屈服するにいたったのは、人間に共通する誘惑に対してであった。つまり、かれらはみずからの神々を、じぶんたち自身の形象《イメージ》にあわせて制作したのである。エチオピア人たちは、とクセノファネスは語る。かれらの神々を、色黒で獅子鼻にし、トラキア人たちは神々に、蒼い目と赤い髪を与える。牛や馬、あるいはライオンに手があり、その手をもって絵を描くことができたなら、馬は馬に似た神々のかたちを描き、牛は牛に似た絵を描くことだろう。(2) クセノファネスがこの神話的な想像を拒否する理由は二重であって、ひとつは思弁的なもの、いまひとつは宗教的なものである。思弁的思想家としてクセノファネスは、神々の複数性は不可解で矛盾していると強調する。アリストテレスの『形而上学』の一節では、クセノファネスが「熱烈に〈一者〉を擁護した最初の者」と呼ばれている。(3) エレア学派の基本的な教条にしたがえば、「存在」と「一性」とは互換可能な語である。すなわち「存在者と一とは置きかえられる」(*ens et unum convertuntur*)。(*1) かりに神が真の存在を有するなら、神は完全な一性をもたなければならない。多くの神々が存在して、かれらはたがいに争いあい、争闘と確執を繰りかえしていると語ることは、思弁的な見地からすれば悖理であり、宗教的もしくは倫理的な見地からするなら瀆神なのである。ホメロスやヘシオドスは、死すべきものたち〔人間〕のあいだで恥ずべき不名誉なことのいっさいを、じぶんの神々に帰していた。つまり、盗みや姦通、またたがいに騙しあうこと等である。こういった疑似‐神たちに対して、クセノファネスは、じぶん自身のあらたな崇高な宗教的理想を対置する。要するにその神性の捉えかたは、神話的で擬人的な思考の限界のすべてから解きはなたれていたのである。かくて〈唯一〉の神、神々と人間たちとのあいだでもっとも偉大な神が存在する。そのすがたも思考も、死すべきものたちとは似ていない。神はあらゆるものを見、すべてのことを思考し、いっさいのものごとを聞く。かくてまたなんら労することもなく、ありとあらゆるものを、みずからの精神のうちなる思考をもって震撼させるのだ。(4)

（1）Heraclitus, Fr. 42, in Diels, *op. cit.*, I, 160.
（2）Xenophanes, Frs. 15, 16, in Diels, *op. cit.*, I, 132f.
（3）Aristoteles, *Metaphysica*, Bk. A. 5 986^{b} 21.
（4）Xenophanes, Frs. 11, 23-25, in Diels, *op. cit.*, I, 132, 135.
（＊1）この定式はスコラのもの。トマス『神学大全』第一部第一一問第一項参照。

　このようにして、ミレトス学派は物理的な自然にかんして、ヘラクレイトスならびにエレア学派の思想家たちは神的な自然をめぐって、あらたな捉えかたを導きいれた。とはいえ、それは最初の前梯的な段階を刻むものであったにすぎない。もっとも巨大で、もっとも困難な課題についてはなお手をつけられていなかったのである。ギリシア思想はあらたな「自然学」とあらたな「神学」を創造し、ギリシア思想によって自然の解釈と神性の捉えかたは根底的に変更された。だが合理的な思考が、かくていたるところで勝利をおさめたとしても、神話がいまだ議論の余地なくそのもっとも堅固な砦を手中にしているかぎりでは、その勝利は依然として不安定で不確実なものだった。神話が本当のところなお打倒されていないとすれば、それは、神話が人間界に対して完全な影響力を有し、人間がみずからの本性と運命について抱く思考と感情を支配しているかぎりでのことであった。

私たちがここで遭遇している歴史的なパラドクスは、ホメロス的な神々の批判にあって見られたそれとおなじものである。問題を解くことができたのは、ひとえに、ふたつのまったく異なる、正反対の知的な力を結びあわせる思考の担う総合的で集中的な努力だった。この場面でも、他の分野でそうであったのとおなじように、ギリシア思想の統一性は弁証的なそれであったことがあかされる。ヘラクレイトスのことばで表現するならば、その統一性が反対の緊張の調和（*παλίντροπος ἁρμονίη*）からなり、弓や竪琴について見られるような調和なのである。[1] ギリシアの知的文化の発展にあって、ソフィストとソクラテスの思想のあいだで見られたほどの強い緊張、深い抗争はおそらく存在しない。しかしながらこの抗争にもかかわらず、ソフィストとソクラテスは一致して、一箇の基本的な要請をみとめていた。両者がともに確信したところによるなら、人間本性をめぐる合理的な理論こそが、どのような哲学的理論にとっても第一に渇望されるものであるということだ。ソクラテス以前の思考において論じられてきたその他の問題のすべては、二次的で従属的なものであると宣言されたわけである。それ以来、人間はもはや宇宙のたんなる一部分とは見なされず、宇宙の中心となったのだ。人間が、とプロタゴラスは語る、万物の尺度である。この提題は、ある意味で、ソフィストとソクラテスの双方にとって妥当する。哲学を「人間化」し、宇宙論と存在論とを人間学へと転回させることが、両者に共通した目標だったのである。にもかかわらず、目的そのものをめぐっては一致していながら、両者はしかしその手段と方法にかんしてはまったく同意することがなかった。ほかならぬ「人間」という語を、ソフィストとソクラテスのそれぞれがふたつの異なった方向、正反対のものですらある方途から理解し、解釈していたからである。ソフィストにとって「人間」とは、個々のひとびとを意味していた。いわゆる「普遍的」人間――すなわち哲学者がいうところの人間――は、かれらにとってたんなる虚構にすぎない。ソフィストたちが魅入られていたのは、人間的な生、わけてもその公共的な生が示す、不断に移りかわってゆく光景である。まさしくそこでこそかれらはじぶんの役割を演じて《プレイ》、その才能を顕示《ディスプレイ》しなければならない。ソフィストたちが直面していたのは、喫緊の、具体的で実践的な課題のさまざまであった。そうしたいっさいにとって、人間をめぐる思弁的あるいは倫理学的な一般理論はなんの役にも立ちようがない。ソフィストはそうした理論を、じっさいに助けとなるどころかむしろ障害となるものと考えた。かれらは人間の「本性」などには立ちいることなく、人間の実践的な関心に集中する。人間の文化的・社会的・政治的な生には数多くのものがあり、多様なそれがある。まずはこの件が、ソフィストたちの学的な好奇心を喚起したのである。かれらがなさなければならなかったのは、多様で高度に複合的なこれらの活動のすべてを組織化し統制して、思考の一定の水路へと導くこと、またそうした活動に対して正当な技術的規則を見いだすことである。ソフィストの哲学と、かれら自身の精神にあってももっとも特徴的なことがらは、その驚嘆すべき多面的な能力であった。かれらはあらゆる課題に堪えうるものとみずから感じ、じぶんにとっての問題すべてにあらたな精神をもって接近し、伝統的な概念、一般的な先入見、さらに社会的な慣習といった障害のいっさいを突破したのである。

(1) Heraclitus, Fr. 51, in Diels, *op. cit.*, I, 162.

ソクラテスの問題とソクラテスの展望は、これとはまったく異なるものであった。その対話篇『テアイテトス』の一節でプラトンは、ギリシア哲学を喩えて、ふたつの大軍が遭遇し、たがいに絶え間なく戦っている戦場に比している。一方には「多」の党派が、他方には「一」のそれが見いだされる。つまり一方の側には「流転の者たち」が、他方の側には万物を固定し、あらゆる思考を安定させようとするひとびとが見いだされるのである。(1)これがほんとうならば、ソクラテスがギリシア思想と文化との歴史において占める位置は明白である。ソクラテスにとって最初の主要な努力は、安定化へと向けられたものだった。クセノファネスやその他のエレア学派の思想家たちとおなじように、ソクラテスは「一」を擁護する決然たる戦士だったのだ。しかしソクラテスは、たんなる論理学者でも弁証法論者でもない。かれがなによりも関心を抱いていたのは、〈存在〉の一性《ユニティ》や思考の体系的統一《ユニティ》ではない。かれが問いもとめていたのは、意志の一体性《ユニティ》なのである。ソフィストたちはきわめて才能に恵まれ、また多彩な関心を持っていたにもかかわらず——あるいはおそらくは、その多彩な才能と関心のゆえに——、この問題を解くことができなかった。ソフィストたちがたえず動きまわっているのは、問題の周辺であったにすぎない。かれらはけっして、人間の本性《ネイチャー》と行為という、問題の中心に立ちいることがなかったのだ。ソフィストが想いおよびもしなかったことがある。それは、このような中心が存在し、かつその中心を哲学的な思考が劃定しうるということである。ここにソクラテスの問いかけが開始される。ソクラテスにしたがうなら、ソフィストたちが見てとっていたものは、たんに人間的自然《ネイチャー》の散り散りとなった残骸にすぎない。事実ほとんどありとあらゆる問題が、紀元前五世紀の有名なソフィストたちの著作中では論じられている。ゴルギアス、ヒッピアス、プロディコス、アンティフォンが取りあつかっていたのは、たがいにひどく異質な主題であった。かれらが著した論文は、数学的あるいは科学的な問題、歴史や経済学、修辞学や音楽、言語学、文法また語源学へと及んでいる。こういった百科全書的な知識を、ソクラテスはすべて斥けて破棄してしまった。そうしたさまざまな知識の分枝にかんしてソクラテスが告白するところは、みずからの完全な無知である。かれが知っているのは、ただひとつの技術であるにすぎない。すなわち、人間のたましいを形成する技術、人間へと接近し、人間を説得して、生がなんであり生がなにを意味するかを、じぶんは理解していないのをみとめさせる技術である。それは言いかえれば、人間に真の目的を見てとらせ、かれがそれに到達するよう助力することにほかならない。

（1） *Theaetetus*, 181 A.

あきらかにソクラテス的な無知は、いかなる意味でもたんに消極的な態度ではない。無知があらわすものは、反対に、人間の知識と人間の行動とをめぐるきわめて独創的で積極的な理想なのである。ソクラテスの懐疑主義とも呼ばれるものは、ただの仮面にすぎないのであって、その背後にソクラテスは、かれの例の逆説的《アイロニック》な仕方でじぶんの理想を隠している。ソクラテスの懐疑主義が意図しているところは、多くの多彩な方途で展開される知識を破壊することであり、そういった知識こそ、ただひとつそれだけが重要なことがらを曖昧にし、その働きを阻害しているのだ。ことがらとはつまり、自己をめぐる人間の知にほかならない。理論的な分野でも倫理学的なそれにあっても、ソクラテスの努力は、明瞭にするばかりではなく、強化し集中させようとする努力なのであった。ソクラテスにしたがうなら、根本的なあやまりは、「智慧」あるいは「徳」――ソフィアもしくはアレテー――にかんして、それを複数形で語ることにある。ソクラテスが力をこめて否定するのは、複数の知が存在し、あるいは複数の徳が存在するということなのである。

ソフィストの言明するところによれば、人間には異なった身分が存在するのに応じて、それだけ多くの「徳」が存在する。男性にとっての徳が存在し、べつの徳が女性に対して存在する。また子どもには子どもの徳が存在し、成人には異なる徳が存在するし、自由人と奴隷には、それぞれべつの徳が存在する、ということだ。こうしたすべてをソクラテスは拒絶した。ソフィストの提題が正しいとしたならば、人間の本性はじぶん自身と一致しないものであることになるだろう。すなわち徳は多様で首尾一貫せず、ばらばらなものとなる。いったいどうやって、そうしたばらばらでたがいに不整合なものが、真の統一へともたらされることができるだろうか。徳には部分があるのだろうか、とソクラテスは、プラトンの対話篇『プロタゴラス』のなかで問うている。徳は、身体的《フィジカル》なものごととおなじような仕方で——身体には口・鼻・眼・耳とかが、人間の顔の部分として存在するわけである——部分をもつものなのだろうか。ひとは、ひとつの徳であっても——勇気であれ、正義であれ、節度であれ、敬虔であれ——、徳の全体をもつことなく、所有することができるのだろうか(1)。智慧や徳は、いかなる部分ももたない。智慧や徳をばらばらにしてしまえば、ほかでもないその本質が破壊されることになるだろう。

私たちはそれらを、不可分の全体として理解し、定義しなければならないのである。

（1）Plato, *Protagoras*, 329 D, E.

ソクラテスとソフィストたちとのあいだの基本的な差異はまた、神話的思考に対する両者の態度のうちにもあらわれる。ことがらを額面どおりに受けとめるなら、その場面で私たちとしてはようやく、ソクラテスとソフィストの思考とをつなぐ絆を見いだすかのように見える。双方がどれほど対立しているにしても、ともに共通の目的のために戦ったということだ。つまり両者ともにそれを批判し、純化しなければならなかったのが、ギリシア民衆の伝統的宗教観なのであった。とはいえこの闘争にあっても、両者の戦略は大きく異なったものであった。ソフィストたちがあらたに発明した方法は、神話的な物語《テイル》について「合理的な」説明を与えることを約束するものである。この分野にあってもかれらがふたたび示したものは、その精神の融通性と適応性なのであった。ソフィストは、アレゴリーによる解釈というあらたな技術の大家となったのである。この技術によって神話のすべては、たとえそれがどれほど奇妙で奇怪なものでも、とつぜん「真理」――自然的あるいは道徳的な真理――へと転じうる。(1)　一方ソクラテスはこうした逃げ道を拒絶して、嘲笑した。ソクラテスにとっての問題は、べつの遥かに深刻なものだったのである。プラトンの対話篇『パイドロス』の冒頭で語られているのは、ソクラテスとパイドロスが散歩しながら、イリソス川辺の気もちよい場所に向かうようすである。パイドロスはソクラテスに聞いた。このあたりで、古い伝説によれば、ボレアスがオレイツィアを連れさったというじゃありませんか。パイドロスがつづけて尋ねたのは、ソクラテスはこの物語《ストーリー》がほんとうのことであると信じるか、ということである。もし私が、とソクラテスは答える。賢いひとびと(ソフィストたち)とおなじようにそれを信じないとしても、私としては困るところもないのだけれどもね。私だって、とても賢そうな説明を与えるのはたやすいのだよ。こう言えばよい。ボレアスの疾風、つまり北風がね、遊び仲間と遊んでいたオレイツィアを岩から吹きとばしたんだね。それでオレイツィアは死んでしまい、そこで、ボレアスに連れさられたと言われることになったんだ。「でもね、パイドロス。私が思うに、こうした説明は一般的にいえば大したものではあるけれども、それを発明したのは、ひどく賢く、入念な者であったとはいっても、その者はかならずしも羨望にあたいするわけではない。どうしてかというとね、それはほかでもないのだが、そのようにしたからには、かれはケンタウロスのすがたを説明しなければならない。それから、キマイラのかたちもね。さらにその者に群がり襲いかかってくるものたちといったら、そういった生き物のぜんぶ、ゴルゴンやらペガサスやら、たくさんの奇妙で想いもよらない異形の性質のものなのだ。だれであれそれらを信じず、粗野な智慧を振りかざして、それぞれありそうなかたちで説明しようとでもすれば、そのためにたくさんの手間ひまをかける必要がある。しかし私にはそんな暇はまったくないのだ。そのわけはね、友よ、こういうことだよ。私としてはまだ、デルフォイの神託にあるように、みずから自身を知ることができない。じぶんがいまだそれを知らないのに、どうでもよいことを探究するのは、私には嗤うべきことのように思われる。だから私としては、こういったことがらは切りすてて、それらについての慣習的な信仰を受けいれる。これはさっき言ったとおりさ。私が探究するのはそういったものではなく、私自身なのだ。じぶんはテュフォンよりも複雑怪奇で凶暴な怪物なのか、それとも神的で穏やかな定めを生まれながらに与えられた、より高貴で単純な動物なのかを知るためにね(2)」。これが、真のソクラテス方法であって、かれの偉大な弟子によってそれが理解され、解釈されたとおりのものであった。神々や英雄たちの所業をめぐる古い伝説を恣意的に変形したり、それらを再解釈することによって神話を「合理化」することは期待できない。そうしたすべては、むだで不毛な試みにすぎない。神話の力を克服するために私たちが発見し、発展させなければならないのは「自己知」というあらたな積極的な力である。私たちとしては、神話的な光においてではなく、倫理的な光のなかで、人間本性の全体を見てとることを学ばなければならない。神話はたしかに、人間に多くのものごとを教えてくれるものかもしれない。けれども神話が答えをもたないただひとつの問いがあるとすれば、それがソクラテスによれば真に重要な問い、すなわち善と悪にかんする問いなのだ。ソクラテス的な「ロゴス」だけが、ソクラテスの導入した自己吟味の方法のみがひとり、この基礎的で本質的な問題の解決へ導きうるものなのである。

（1）本書の第I章、七五頁以下参照。

（2）Plato, *Paedrus*, 229 C ff. English trans. by H. N. Fowler (Loeb Classical Library, Harvard University Press, Cambridge, Mass., 1933), I, 421.

Ⅵ　プラトンの国家篇

ギリシア文化を形成した偉大な知的傾向は、すべてプラトンの学説へ継受された——とはいえ、そのどれひとつとして元来のすがたを保ってはいない。それらのことごとくをあらたなかたちに鋳直したのは、プラトンの天才である。〈存在〉をめぐるみずからの理論にあって、プラトンはエレア学派の思想家たちにしたがった。プラトンは、つねにこのうえない崇敬と賛美の念とともに「父なるパルメニデス」と口にしている。しかしそれでもプラトンは臆することなく批判し、しかもひどく尖鋭で透徹した仕方で展開されたその批判は、エレア学派の論理の基本的原理に及んでいる。人間のたましいにかんする理論においてさらにプラトンが遡ったのは、ピタゴラス学派とオルフェウス教団の観念であった。とはいえここでもまた私たちとしては、エルヴィン・ローデの説に同意して、プラトンはひたすら「前代の神学者たちの足跡を辿った」にすぎず、かれは事実〔たましいの〕不死性をめぐるその教説を、そうした源泉から借りてきただけである、と言ってすませるわけにはいかない。(1) プラトンがみずからの理論をすすめて、イデアにかんするじぶんの教説に基礎づけたとき、プラトンとしては、ピタゴラス学派によるたましいの定義を訂正せざるをえなかったのである。(2) プラトンの精神が独立したものであったことは、おなじくまたソクラテスに対するその態度のうちにもあらわれた。プラトンは、ソクラテスのもっとも忠実で献身的な弟子であり、その方法も基本的な倫理学的観念もともに受けいれている。しかしその初期にあっても、つまりいわゆる「ソクラテス的対話篇」においてすら、ソクラテスの思想とは異質なひとつの要素が存在していた。ソクラテスがプラトンに確信させたのは、哲学が人間の問題から開始されなければならないということである。とはいえプラトンによれば、このソクラテスの問いに答えるためには、私たちは哲学的な探究の領野を拡大しなければならない。人間にかんする充全な定義を見いだしうるとすれば、それは私たちが、人間の個人的生という限界から解きはなたれるときである。人間の本性は、この狭隘な区域ではあかされないということなのだ。「小文字」で個人のたましいのうちに書きこまれ、それゆえほとんど読みとりがたいことがらがあきらかとなり、理解されうるようにもなるとすれば、それが人間の政治的で社会的な生という、より大きな文字のうちで読みとかれるときにかぎられる。この原理が、プラトンの『国家』の出発点である。(3) 以来、人間をめぐる問題の全体が変容した。すなわち、政治学こそが心理学への鍵であると宣言されたのである。これが最後の決定的な一歩として、ギリシア思想の発展のため必要となったものなのである。ギリシア思想は自然を征服する企てから開始されて、引きつづき倫理的な生の合理的な規範と基準とを問いたずねた。その思想がついに、国家をめぐる合理的な理論をあらたに要請するにいたったのである。

（1） Erwin Rohde, *Psyche*（本書、一六四頁の注（1））を参照。その p. 468ff.
（2） Plato, *Phaedo*, 85 E ff. を参照。
（3） *Republic*, 368 を参照。

プラトン自身の知的発展のうちに、この段階のさまざまがすべて映しだされていた。最近の文献のなかで、プラトンの哲学の真の性格をめぐって主張される見解はたがいにひどく異なっている。学者たちのうちの一群が確信するところによれば、プラトンとはなによりもまずひとりの形而上学者であり、一箇の弁証法論者である。かれらは、プラトンの〈論理学〉のうちに、プラトン体系の中心的な部分、その核心を見てとっている。他の者たちがこれと正反対の見解を力説して私たちに告げるには、政治や教育へのプラトンの関心が、そのそもそものはじまりからプラトン哲学の主要源泉であり、その大いなる形成力なのであった。[1] ヴェルナー・イエーガーは、その著『パイデイア』のなかで前者の見解をきびしく批判している。イエーガーによれば、論理学でも知識の理論でもなく、ポリテイア〔国家〕とパイデイア〔教育〕こそがプラトンの仕事のふたつの焦点とみなされるべきなのである。教育《パイデイア》は、とイエーガーは語る。ただ外的な環として、プラトンの仕事を取りまとめるものではない。かえって、その真の内的統一を構成するものなのだ。この点にかんしていえばルソーのほうが、十九世紀の実証主義よりプラトンの『国家』をめぐって遥かに正しい捉えかたを手にしていた。ルソーは、くだんの著作が問題とするのが、その標題からそう想われるかもしれないような、政治システムではなく、『国家』は教育にかんして、書かれたかぎりでの最初の論攷であると言っていたからである。[2]

（1）第一の見解として私が言いおよんでいるのは、Paul Natorp, *Platons Ideenlehre* (Leipzig, 1903; 2d ed. increased by an important appendix, Leipzig, Felix Meiner, 1921)である。第二の見解については、Julius Stenzel, ***Platon der Erzieher*** (Leipzig, Felix Meiner, 1928)ならびにWerner Jaeger, ***Paideia*** (New York, Oxford University Press, 1943), Vol. II.

（2）Jaeger, *op. cit.*, II, 200, 400f.

当面は、議論の多いこの問題の細部にこれ以上たち入っておく必要はない。正当な解答を見いだそうと思えば、私たちとしては、プラトンの個人的な関心とその哲学的な関心とを区別しなければならない。プラトンは貴族の家柄出身で、その一族はアテナイの政治生活において相応の役割を演じていた。青年時代にかれはなお、アテナイの国家指導者のひとりとなろうとする希みを懐いていたようである。けれどもはじめてソクラテスに会ったとき、プラトンはこの望みを捨てた。かれはそれから弁証法の探究者となり、このあらたな課題にこころ奪われて、ある時期には政治的な問題などはいっさい忘れ、みずからの野心のすべてを断念したかにも見える。しかしながら弁証法そのものが、プラトンを政治へと連れもどしたのである。プラトンがはっきりと悟りはじめたのは、自己知へのソクラテス的要求を実現しうるためにひとは、根本的な問題に目を閉ざし、政治的な生の性格と射程への現実的な洞察を欠いたままであってはならないということだ。個人のたましいは社会的な本性と結びあわされており、一方を他方から分離することができない。私的な生と公的な生は、たがいに依存しあっている。後者が邪悪なものとなり腐敗してしまえば、前者が発展して目的に到達することも不可能なのである。プラトンが『国家』のなかに差しはさんでいるもっとも印象的な記述は、不正で腐敗した国家のなかで個人がさらされるあらゆる危険にかかわるものである。「最良なものの腐敗こそ最悪である」(*Corruptio optimi pessima*)。――もっとも善良で高貴なたましいが、とくにこういった危険に陥りやすい。「お分かりのとおり、このことばが当てはまるのは、なんであれ種子とか生育するもの、植物であれ動物であれおなじことであって、それが適切な養分とか気候とか土地とかに恵まれないならば、それに生気があればあるほど、そのものがもつはずの質を欠くことになるだろうということだ。邪悪なものは、そのどちらでもないものに対してよりも、善いものにとっていっそう危険な敵となる。だから当然、自然の劣悪な条件はとりわけ純良な性質を具えたものと合わないわけで、純良なものこそそれらのなかでも、性質について取るに足りない順番のものよりも悪くなるのである。（中略）そこで、以下のようになるだろう。哲学者に対して私たちが要請した気質にかんしても、正しい教育が与えられるなら、そういった素質が成長し、みごとに花ひらくにちがいあるまい。しかしその植物が劣悪な土壌に播かれ、栽培されるなら、正反対の欠点をことごとく発展させるにいたるだろう。なにか奇蹟でも起こって、助からないかぎりはね」[1]。これがプラトンの基礎的な洞察であって、その洞察を手にすることでプラトンは、最初は弁証法の探究にしたがいながら、やがて政治の探究へと連れもどされたのであった。およそ哲学を改革することを希むならば、私たちはまず国家を改革するところからはじめなければかなわない。私たちが人間の倫理的生の変革を望むとすれば、それがただひとつの方途である。正しい政治的秩序を見いだすことが、最初のもっとも喫緊の問題なのである。

(1) *Republic*. 491. English trans. by F. M. Cornford (Oxford, Clarendon Press, 1941), p. 194.

私としては、とはいえ、プラトンが国家を「哲学者の真の故郷[1]」とみなしたとするイエーガーの提題を受けいれることはできない。国家《リパブリック》が「地上の国家《ステイト》」を意味するならば、この判断はプラトンそのひとによって反駁される。プラトンにとって、聖アウグスティヌスにとってそうであるように、哲学者の故郷は神の国(*civitas divina*)であり、地の国(*civitas terrena*)ではない。それでもプラトンはこうした宗教的傾向がじぶんの政治的判断に影響を与えることを許さなかった。かれが政治思想家となり政治家となったのは、みずからの傾向性によることではなく義務に発するところである。(＊1)そのうえでプラトンはこの義務を、かれのもとに集う哲学者たちの精神に注入したのであった。みずから好むところの道にしたがうならば、かれらは政治的な生よりも思弁的な生を遥かに選好したことだろう。それでも、哲学者たちは地上に召還されなければならず、必要であれば国家《ステイト》生活に参与しなければならない。哲学者とはたえず神的な秩序に親しんでいる者なのだから、かれらが〔天上から〕降下して、政治の闘技場《アリーナ》へと立ちかえるのは、容易ならざるわざとなるだろう。「人間というものは、その思考が真の実在へと固着しているかぎり、下界を見下ろし、人間のことがらに目をとめ、かれらの争論にくわわって、その嫉妬と憎悪のとばっちりを受けるような暇をもたないものだ。かれが観想するのは、不変の調和した秩序の世界であり、そこでは理性が支配し、なにものも悪しきことをなしえず、また悪しきことを蒙ることもない。(中略)こうして哲学者というものは、世界の神的な秩序とつねに交流しながら、その秩序をじぶんのたましいのうちで再現し、かくて人間がそれをなしうるかぎり、神に似たものとなるだろう。(中略)その場合かれがじぶん自身ばかりでなく、他の者たちの性格をも成型するように強制されており、公的ならびに私的な生の範型を、みずからの目でとらえた理想と一致してかたちづくることをも強制されていると考えた、としてみよう。そうであるなら、かれには、ふつうの人間のうちに存在しうる、節度や正義、さらにありとあらゆる徳に対応するものをつくり出す手ぎわが欠けているなどということはないだろう(2)」。

（1）Jaeger, *op. cit.*, pp. 258ff.
（2）*Republic*, 500, Cornford trans., p. 204.
（＊1）「傾向性」は inclination,「義務に発する」は from duty で、それぞれカントの Neigung, aus Pflicht にあたる。なおカント倫理学においては、義務に発する行為と義務に適合する(pflichtmäßig)それが区別され、前者のみが倫理的なもの、後者はたんに法的なものにすぎないとされる。

プラトンの思考のうちにはふたつの傾向、すなわち一方で経験的世界のあらゆる限界を踏みこえようとする傾向があり、他方でプラトンをこの世界にふたたび導いて、それを組織化し、合理的に規制しようとする傾向があるけれども、その両者のあいだの抗争はけっして解消されることがない。私たちが見るところでは、プラトンの生涯のどの時期であれ、このふたつの力の一方が、もう一方に対する決定的な勝利をおさめたことはない。ふたつの傾向がつねに存在しつづけ、相互に補いあい、またたがいに闘いあっているのである。『国家』を書きおえ、政治的な改革者となりおおせたあとでさえ、プラトンは、形而上学的な思想家ならびに倫理学的な思想家としては、この地上の国家に完全に安んじることがだんじてなかったのだ。プラトンが目にしたのは、この人間的秩序に避けがたく含まれるあらゆる邪悪さであり、そこに内在する欠陥のいっさいである。不可能なことがあるとすれば、それは、とプラトンは『テアイテトス』のなかで語っている。邪悪さが取りのぞかれるということであって、なぜならつねに善に対しては、それに対立するなにものかが存在しなければならないからである。他方、邪悪さは神々のうちにその場を占めることができないのだから、それは死すべき本性をもつ者たちとこの地上とのまわりに、避けようもなく彷徨しているほかはない。「だから私たちとしてはこの地上から、神々の棲みかへと逃れるべく努めなければならない。それもできうるかぎり速やかにね。そして、そのように逃れることは〈神〉と似た者となることであり、それも能うかぎりそうすることなのだ。さらに〈神〉と似た者となるとは、義《ただ》しく神聖に、また賢明になることなのである」(1)。とはいっても、神秘的合一(*unnio mystica*)を、つまり人間のたましいと〈神〉とのあいだの完全な合一をもとめるその深い希求にもかかわらず、プラトンは、プロティノスや、新プラトン学派に属するその他の思想家たちがそうであった意味では、けっして神秘主義者とはなりえなかった。かれのうちにはつねにもうひとつの力が働いていて、その力が、神秘的な思想の力と感情とのあいだで平衡を保つようにさせていたのである(2)。プラトンは、いかなる神秘的な脱我《エクスタシー》もみとめず、脱我によって人間のたましいが、〈神〉との直接的な合一に到達しうるしだいを承認しなかった。最上の目標、すなわち〈善〉のイデアの認識にいたるのは、そうした方途によってはなく不可能である。そのためには、注意ぶかい準備と、ゆっくりした方法的上昇を必要とする。その目的が到達されうるとすれば、それは一回的な跳躍によってではない。そのまったき美しさにおける〈善〉のイデアは、人間のたましいがとつぜん恍惚に捕らわれることによっては観られることがありえない。そのイデアを観てとって、それを理解するためには、哲学者は「より長い途」(3)をえらばなければならず、その道が哲学者を導いて、算術から幾何学へ、幾何学から天文学へ、数学から弁証法へといたらせるのである。[4] これら中間的な段階について、そのどれひとつとして蔑ろにされてはならない。プラトンの内なる神秘的精神は、その論理的精神によっても政治的精神によっても検閲されていた。プラトンの論理がかれに指定したものは一定の秩序――すなわち規則にしたがう上昇と下降であった。その倫理学と政治学がプラトンに命じたのは、「天上の国家」からつねに人間の地上の国家を振りかえり、その要求を満たして、その国家の必要を気づかうことだったのである。

（1）*Theaetetus*, 176 A. Trans. by H. N. Fowler（Loeb Classical Library［本書、二〇五頁の注（2）参照］）, II, 128 f.

（2）プラトン主義と神秘主義の関係にかんしては、以下を参照。Ernst Hoffmann, "Platonismus und Mystik im Altertum", *Sitzungsberichte der Heiderberger Akademie der Wissenschaften, Philosophisch-historische Klasse*, 1934-35, 2. Abhandlung（Heiderberg, Carl Winters Universitätsbuchhandlung, 1935）.

（3）*Republic*, 504 B.

（4）*Idem*, 525ff.

この「定言命法」、秩序と限度をもとめるその要求が、神話的な思考に対するプラトンの態度を規定している。そうした基本的な傾向のもっとも明確な表現がみとめられるのは、その対話篇『ゴルギアス』においてである。プラトンの指摘するとおり、ロゴス・ノモス・タクシス——理性・法・秩序——という三対が、自然的《フィジカル》な世界と倫理的な世界の双方について、その第一の原理となる。この三対こそが、美・真理・道徳性をかたちづくるのだ。それは、芸術のなかに、政治のうちで、学にあって、そして哲学において あらわれる。規則性と秩序とが家の内部に見いだされるなら、それは善く、かつ美しい家だろう。それが人間の身体のうちにあらわれているとき、私たちはそれを健康とか強靭とかと呼ぶことになる。おなじものがたましいのなかにあらわれているなら、節度(sōphrosynē)あるいは正義とも呼ばれるのである。それぞれのものの徳《アレテー》は——それが道具であれ、身体であれ、もしくはまたたましいであっても、どのような生き物であっても——、偶然によって生じるのではなく、おのおのに割りあてられた正しさの秩序あるいは技術によって生じる。「だから賢人たちが私たちに告げるところによれば、天と地、神々と人間は、交わりと友愛・秩序・節度、また正義によって結びあわされている。そしてこれが、ひとびとがこの世界の全体を秩序(kosmos)のなまえで呼んで、無秩序とか放縦とかは呼ばない理由なのである」。この普遍的秩序の原理が、はっきりと目にもあざやかにあらわれてくるのは幾何学にあってのことである。そこでは秩序が「幾何学的ひとしさ」、つまり幾何学的な立体を構成する諸要素の正しい均衡という概念によって表現される。(1) 私たちがこの原理を幾何学から政治へと移すならば、真の国制を見いだすのにそれだけで充分なのだ。プラトンはただの一度として、政治的な生を切りはなされた領邦、〈存在〉の孤立した部分とは考えたことがない。プラトンが政治的生のなかに発見するのも、〈全体〉を支配しているのとおなじ根本的な原理である。政治的な秩序《コスモス》は遍在する宇宙《コスモス》のシンボルにすぎず、そのうちでももっとも特徴的なひとつにほかならない。

（1） *Gorgias*, 506 E ff. Translated by W. R. M. Lamb (Loeb Classical Library〔本書、二〇五頁の注(2)参照〕), pp. 467ff.

この件によって私たちは、ただちにプラトンの神話的思考への批判のまさに中軸へと導かれることになる。一見したところプラトンは、ギリシア民衆の宗教をめぐる見解について、さほど独創的ではないように見えるだろう。プラトンの語るところはすべて、ギリシア哲学のそもそものはじまりから繰りかえし反復されてきたことがらであった。神性の基礎的な性格はその善性と一性にあると語ることでプラトンは、たんにクセノファネスの議論を要約しているにすぎない(1)。とはいえプラトンは、あらたな、きわめて特種的な特徴を一点つけくわえるのだ。かれが強調するところによれば、人間がじぶんの神々にかんして、真のより適切な捉えかたを発見しないかぎり、人間はみずから自身の人間的な世界を秩序づけて支配するのを望むことができない。神々はたがいに争い、相互に騙しあっているものである、と伝承にしたがって考えるかぎり、都市国家《ポリス》の病弊は治まることがないだろう。なぜならば、ひとが神々のうちに見るのは、ひとえにじぶん自身の生の投影にすぎないからであって――そして、逆もまた真だからである。私たちは人間のたましいの本性を、国家の本性のうちに読みとり――また私たちがじぶんたちの政治的な理想を形成するのも、神々にかんするみずからの捉えかたに沿ってのことである。一方が他方を含意し、かつ条件づけている。国家の支配者である哲学者にとって、したがって、かれの仕事をこの点から開始することが決定的に重要なのだ。辿られなければならない最初の一歩は、神話的な神々を、プラトンが最高の知として描きとったもの、すなわち「〈善〉のイデア」により置きかえることなのである。

（1）本書、一九二頁以下参照。

このことで、プラトンの『国家』の示すもっとも逆説的な特徴のひとつが説明される。詩に対するプラトンの攻撃は、その批判者にとっても注釈者にとっても、つねに躓きの石であった。プラトンが詩を攻撃した事実とその仕方ばかりでなく、この攻撃が置かれた場所もまた奇妙で尋常ではない。現代の著作家であれば、詩と芸術に対するみずからの異論を、政治を論じる著作のなかに挿入しようなどとは、だれも思いつきもしないことだろう。私たちなら、このふたつの問題のあいだになんの関連も見てとりはしない。くだんの関連があきらかとなるとすれば、とはいえ、双方を結びあわせる環を想いおこす場合なのだ。つまり、神話という問題である。いうまでもなく、私たちとしてもプラトンを詩に敵対する者とみなすことはできない。かれは、哲学史をつうじて最大の詩人である。その芸術的な価値において、プラトンの対話篇の多く——『パイドン』『饗宴』『ゴルギアス』『パイドロス』——は、ギリシアの偉大な芸術作品に劣るものではない。『国家』そのものにあってさえ、プラトンは、ホメロスの詩に対するじぶんの愛着と深い讃嘆を告白するのを差しひかえることができなかった。けれども当面の場面についていえば、プラトンはもはや個人として語っているのではなく、個人的な傾向によって論が影響されることをみずからに許していない。プラトンがそこで語り、思考しているのは立法者としてであり、立法者としては、芸術の社会的・教育的な価値を評価し判断しなければならない。「きみもぼくも」と、アディマントスに語りかけながらソクラテスは言う。「さしあたりは、詩人ではなく国家《コモンウェルス》の創設者なのだ。そうした者としてぼくたちの仕事はじぶんで物語《ストーリー》を創りだすことではなく、ひとえに、詩人が物語を造るさいにしたがわなければならない大体の輪郭と、踏みこえることが許されない限界をはっきりさせることだ(1)」。どのような詩人も、つまり叙事詩人・抒情詩人・悲劇詩人であれ、超えることが認容されないそうした限界とはいかなるものか。プラトンが闘い拒絶するものは、詩それ自体ではない。詩の有する神話創造機能なのである。プラトンにとっても、またそれ以外のすべてのギリシア人にとっても、このふたつのことがらを切りはなすことはできなかった。記憶もされない時代このかた、詩人とは真に神話作者であったのだ。ヘロドトスがそう言っていたように、ホメロスとヘシオドスが神々の系譜を創って、そのすがたを描きとり、神々の職掌や権限を区画したのである(2)。プラトンの『国家』からするなら、ここにこそ真の危険がひそんでいる。詩をみとめることは神話をみとめることを意味しており、しかし神話をみとめるならば、いっさいの哲学的な努力はその効力を失って、プラトンの国家のまさしく礎を掘りくずすこととならざるをえない。詩人たちを理想国家から追放することによってだけ、哲学者の国家を、破壊的な敵対勢力の侵入に対して防衛することができる。プラトンとしても、神話的な物語《テイル》のいっさいを禁じたわけではない。年若い師弟の教育にあっては、それらが欠くことのできないものであるとみとめさえしている。しかしこれらは、厳格な統御のもとに置かれなければならない。今後それらの物語は、より高次の規準によって測られなければならない。つまり「〈善〉のイデア」によってである。このイデアが神的な本性の本質であり、その核心そのものであるとするならば、神を悪の創始者ととらえることは不合理なものであることになる。そのように神をとらえて、これを語り歌い、あるいはそれが聴かれることは、韻文であれ散文であれもはやあってはならない。それは敬虔さを欠いて、それじしん矛盾した、さらに国家にとって危険なものである、と宣言されるのである。(3)

(1) *Republic*, 379 A. Cornford trans., p. 69.
(2) Herodotus, *History*, II, 53.
(3) 以下を参照。*Republic*, 380. Cornford trans., p. 70

とはいえ右に挙げたことがらはすべて、プラトンの提題についてその消極的な側面を示したものにすぎない。それまでギリシアの生の形式と、ギリシアの文化の形式を規定してきた至上にして崇高な力に替えて、それをいったいどのように補償することが可能であっただろうか。プラトンは、ホメロスやヘシオドス、ピンダロスやアイスキュロスの作品に対してなにを代置しえたのだろう。神話の喪失は、じっさい償いがたいものであるかにも見えた。『イリアス』や『オデュッセイア』と、また偉大なギリシア悲劇と対抗することは、あらかじめ失敗へと定められている目論見であるように思われた。それにもかかわらず、プラトンはこの試みから撤退しなかったのだ。というのも、プラトンは神についてあらたな捉えかたを手にしており、そのような捉えかたは、プラトンの考えるところ、それ以前のギリシア的な理想のいっさいより遥かにまさっているものなのである。

プラトンよりかなり以前に、国家を改革しようとこころざした、深い政治的な智慧に恵まれた思想家や政治家たちがギリシアにはあらわれていた。そのような意味では、ソロンをもって「アテナイの政治的文化の創始者(1)」と名ざすことができるだろう。プラトンと政治思想のこれらの最初の開拓者たちを分かつのは、プラトンの与えた解答というよりむしろその問いそのものであった。くだんの解答そのものについていえば、私たちはそれをひどく手厳しく批判することもできるだろう。プラトンの学説は、かれ自身は永遠のものであり、普遍的なものであると考えていたにしても、その学説が、偶然的な側面を多くともなうのを特徴としていることは、今日ではみとめるにたやすい。それらは、ギリシアの社会的生の特種な条件に依存しているのである。プラトンによる人間のたましいの三分法、それに対応する社会的階級の区分、また財産の共有制、あるいは妻子の共有制をめぐる見解――これらはすべて深刻な異論にさらされている。しかしどれほど異論があろうと、プラトンの政治的な著作の根本的な価値と功績とが減じるわけではない。その著作の偉大さは、プラトンの導きいれたあらたな要請に由来する。この要請を忘れることは許されないのだ。それは、政治思想の将来の展開の総体に刻印を留めているからなのである。

（1）イエーガーの『パイデイア』（本書、二一〇頁の注（1）参照）中の「ソロン」をめぐる章を見よ（*Paideia*, 1939, I, 134-147）。

プラトンが社会的秩序をめぐるその研究を開始したのは、正義の概念を定義し、分析することからであった。国家は、正義を執行する者であるという以外のなんの目的も、それ以上の目標も有していないのだ。とはいえプラトンの言語にあって正義という語が意味するところは、通常のことばとおなじものではない。プラトンの正義が意味するのは、より深く包括的なことがらである。正義は、人間のそれ以外の徳と同一の次元にならぶものではない。それは、勇気や節度のように特種的な質もしくは固有性ではないからだ。正義とは、秩序・規則性・統一性・適法性をめぐる一般的な原理なのである。個人の生の内部で、この適法性は、人間のたましいの有する相異なる能力のすべてが調和していることとしてあらわれる。たほう国家の内部でそれが立ちあらわれるとき、正義は相異なる階級のあいだの「幾何学的な均衡」というかたちを採り、その均衡にしたがって、社会的な制度のそれぞれの部分はおのおの当然うけ取るべきところを受けとり、社会的秩序を維持するのに協働している。このような捉えかたを提起したことによって、プラトンは、〈適法的国家〉の〈理念《イデア》〉の創始者となり、その最初の擁護者ともなったのである。

プラトンがはじめて提出したものは国家をめぐる一箇の「理論」であって、それは多種多様な事実の知識ではなく、一貫した思考の体系として提起された。政治的な問題が、〔前〕五世紀にあっては知的な関心の中心にある。しだいしだいに「智慧」(sophia)が政治的智慧となりおおせてゆく傾向があったのだ。有名なソフィストたちはすべて、じぶんたちの学説が、政治的な生に対する最善の、そのうえじっさい不可欠な手引きであると考えていた。「私の語るところを聴く者は」、とプロタゴラスは、その名を負ったプラトンの対話篇のなかで言う。「じぶん自身の家をよく整えることを学び、国事にかんしてもっともよく語って、また行為することができるだろう(1)」。プラトンより遥かに先だって、「最善の国家」という問題がしばしば熱心に議論されていた。プラトンは、しかしこの問題にかかずらうことはしなかった。プラトンが問いもとめていたものは最善の国家ではなく「理想」国家である。このことから根本的な差異が生じる。プラトンによる知の理論にあってその第一原理のひとつは、経験的真理とイデア的真理との根底的な区別を強調することである。経験が与えるものはせいぜい、ことがらにかんする正しい思いなし《オピニオン》であるにすぎない。それはほんとうの知識《エピステーメー》ではない。このふたつのタイプ、すなわちドクサとエピステーメーとの差異を抹消することはできない。事実は変異可能であり、偶然的であるいっぽう、真理は必然的で不動なものである。或るひとが政治家であるというときに、その意味は、かれが政治的なものごとをめぐって正しい思いなし《ドクサ》を形成し、したがってプラトンのことばでは、神々の賜物《たまもの》(*θεία μοῖρα*)と呼ばれる天賦の才能を持っている、ということでありうる。しかしながらそのことによって、当の或るひとが確乎たる判断を与えることが可能となるわけではない。そのひとには「原因の理解」[(2)]が欠けているからである。

(1) Plato, *Protagoras*, 318 E.
(2) *Meno*, 97 A ff., 99 E.

こうした原理にしたがってプラトンは、国家を改革しようとする実際的な試みにすぎないものを、ことごとく拒絶せざるをえなかった。プラトンの企てはまったくべつな課題を含むものだったのであり、要するにかれは国家を理解しなければならなかったのだ。プラトンが問い、また尋ねたものは、人間の政治的・社会的な生にかかわる、ばらばらの偶然的な事実をひたすら集積するといったことではなく、あるいはその経験的な研究といったものでもない。そういった事実を総括し、それらを体系的な統一へともたらすことを可能とするイデアであった。プラトンの確信するところでは、思考のこうした統一的な原理を手にしていない場合には、私たちの実際的な試みのいっさいは失敗を運命づけられているのだ。存在しなければならないのは、政治の「理論」であって、経験的な指示を可能とする、ひとえに定型的な仕事ではない[1]。たんなる経験は、とプラトンは宣言する、弁証法的で概念的な基礎を欠いているとき、すべて空虚で無益である[2]。ひとがみずからの第一原理を知らず、かくてまたその結論がじぶんでもなんであるかが分かっていないものから組みたてられている場合、出来あい《コンヴェンション》のことがらがそのように寄せあつめられたものがいつか学《サイエンス》となりうるなどと、いったいどうして考えることができるだろう[3]。プラトンが『ゴルギアス』のなかで語っているように、真の政治が通常の政治的実務や日常業務から区別されるのは、医術が料理術から区別されるのと同様である。料理術はまったく理論的ではない仕方で(ἀτέχνως)仕事に取りかかるけれども、たほう医術は、治療するひとの体質や、その処置を可能とする原因を探究し、それらのことがらのいずれに対しても説明を与えることができるのである[4]。

(1) エムペイリアー（経験）とテクネー（知識、理論）とのあいだの区別にかんしては、以下を参照。*Republic*, 409 B; *Gorgias*, 465 A ff., 501 A.

(2) *Symposium*, 203 A; *Republic*, 496 A, 522 B f.

（3） *Republic,* 533 B.
（4） *Gorgias,* 501 A.

「原因」(aitiai)と「第一原理」を求めるこの衝動が、プラトンによる根底的《ラディカル》な改革を導くことになる。ひととなりとしても実践的側面からしても、プラトンを急進的《ラディカル》な人物と語ることはできない。私たちとしてはプラトンをむしろ保守的な人物と呼んだほうがよいし、あるいはかれを反動的であると批難することもできるかもしれない。けれども、それは決定的な問題ではない。プラトンの問題は知的な革命であって、政治的なそれではなかった。かれは、それぞれ特種なポリスの国制を批判することからはじめたわけではない。『国家』のなかでプラトンが私たちに与えているのは一箇の体系的な概観であって、その概観は一方で統治の相異なる形態のすべてに、他方ではそれらの形態に応じる「たましい」の精神的態度にかかわる。名誉心に富む人性《ネイチャー》、寡頭制的なそれ、また専制的な人性が存在する。そしてこれらのおのおのは特殊な国制に対応する——すなわち、名誉政治・金権政治・賤民政治・専制政治に応じているのだ[1]。それらのいっさいは一定の規則によって規定されており、どの国制にしても、その徳と悪徳、長所と短所、建設的な原理と、堕落や衰徴につながる、めいめいに固有な欠点を具えている。国制の興亡をめぐるそのような理論にあってプラトンは、政治現象の鋭敏な観察者として語っているのだ。その記述は、きわめて「現実主義的」なものなのである。プラトンは、じぶんの個人的な偏愛や反感を隠そうともしていない一方、そうした思いはまったくプラトンの判断に対して影響を与えず、それを曇らせることもない。ただひとつ、プラトンがなんとしても拒絶し、批難するものがあるとすれば、それは専制的なたましいと専制的な国家にほかならない。これらはプラトンにとって最悪の腐敗と退廃なのである。その他の形態にかんしていえば、かれが与えるのはきわめて注意ぶかく立ちいった分析であって、その分析が示しているのは完全に開かれた一箇の精神である。プラトンは、アテナイ民主制の欠点のいっさいを執拗に批判するけれども、他方でかれは、スパルタの国家がほんとうの範型であることを受けいれようともしない。プラトンが探しもとめている範型は、経験的で歴史的な世界の遥かかなたに存在する。どのような歴史的現象であっても、国家の理想的な範型に対しては不充分なものなのだ。なぜなら、プラトンが『パイドン』で述べているところによれば、さまざまな現象はその原型とおなじで「あろうと努める」けれども、それに到達することがなく、原型とひとしく在ることは不可能だからである。(2) プラトンがほんの一瞬たりとも考えることができなかったことがあるとすれば、それは、与えられた経験的事実と、〈適法的な国家〉にかかわるみずからの〈理念《イデア》〉とを同一の次元に置くことである——その国家とはつまり、正義の国家にほかならない。これは、プラトン主義の基本原理を否定することを意味するだろう。『法律』の一節でプラトンが宣言しているとおり、スパルタ的な勇気の理想を称えたテュルタイオスの詩は書きあらためなければならず、軍人の勇気に対し栄光を帰することが、より気高く崇高なものに対するそれと置きかえられなければならない。(3)「プラトンはスパルタに対して敬意を懐き、そこから多くのものを借りてきているにもかかわらず」、とイエーガーは語っている。「プラトンの教育国家はじっさいのところ、スパルタの理想に対する最高の賛美となるものではなく、その理想に対してかつて加えられたもっとも深刻な打撃となるものである。それが予言者のように予見しているのは、スパルタの理想が抱えこむ弱点なのである(4)」。

(1) 以下を参照。*Republic*, 543 ff.
(2) *Phaedo*, 74 D.
(3) *Laws*, 665, 666.

（4） Jaeger, *op. cit.*, II, 329 f.

こうしたことがらのすべてを理解するために私たちが想いうかべておく必要があるのは、プラトンが解決しなければならなかった問題は、他のどのような政治的な改革者の問題ともひどく異なっていたということである。プラトンはただたんに、ひとつの政治システムや統治形態を、べつの、より良いそれに置きかえるというわけにはいかなかった。プラトンが政治的思考のうちに導入する必要があったのは、あらたな方法であり、あらたな要請であったのだ。国家にかんする合理的な理論を創出するためには、大木に斧を当てなければならない。すなわち、神話の力を打ちくだく必要があったのである。しかしここでプラトンは最大の困難に直面する。問題を解くことを可能とするために、プラトンはある意味で、じぶん自身を乗りこえて、みずから自身の限界を踏みこえてゆかなければならなかった。プラトンは、神話の魅惑のすべてを感じとっていたからである。プラトンはきわめて豊かな想像力に恵まれており、その想像力によってかれは、人類史にあってもっとも偉大な神話作者のひとりともなりえたのである。私たちは、プラトンのつくった神話を考えることなしに、その哲学について考えることができないほどである。それらの神話のなかで――つまり「天上界の場所」や洞窟の囚人や、たましいによるみずからの未来の運命の選択、死後の審判などの神話にあって――プラトンは、かれのもっとも深遠な形而上学的思考と直観とを表現していた。最後に、そしてプラトンは、みずからの自然哲学をまったく神話的な形式のもとに与えてみせたのである。つまりプラトンは『ティマイオス』のうちで、造物主《デミウルゴス》とか善悪の世界霊魂、世界の二重の創造などの捉えかたを導入した、ということである。(＊1)

(＊1) プラトンはその理説を論理(ロゴス)によって説き、また神話(ミュトス)を介して解いた。『メノン』では、イデアが経験に先だつものであることを、幾何学上の定理の証明を例に取ってロゴスの面から説き、またいわゆる「想起」(アナムネーシス)説に依拠したミュトスを展開することで補強する。想起説はとりわけ『パイドロス』で、たましいの不死性と「天上界の場所」(あるいは「天のかなたの領域」)とに結びつけられた。一般にプラトンの主著ともされる『国家』でも数々のミュトスが語られているが、とりわけよく知られているものは、第二巻の「ギュゲスの指輪」(これを指にはめると、ひとに見られずに不正を働くことができる)、第七巻の「洞窟の囚人」(イデアを直視しえない人間は、洞窟に繋がれて、影だけを見させられている囚人のようなものであると説く説話)、第一〇巻の「エルの物語」(死後の審判と、輪廻転生にさいしての運命の選択をめぐる説話を含む)である。『ティマイオス』は特異なる対話篇で、中世期にもっとも重視されたプラトンの作品であるけれども、全編にわたって世界創造をめぐる物語（ミュトス）が展開されている。本書、二三五頁、二七九頁以下の本文を参照。

とある思想家が、神話的な概念や神話的な言語を、その形而上学や自然哲学のうちにかくも易々ともち込むことを許しながら、そのおなじ思想家が政治理論を展開するにあたってはまったく異なった口調で語りだすといったことを、いったいどのように説明すればよいのだろうか。なにしろ、後者の領域でプラトンは神話の公然たる敵対者となったからである。もしも私たちの政治システムのうちに、神話が入りこむことを黙認してしまうならば、とかれは宣言する。じぶんたちの政治的・社会的な生を再建して改革しようとする、私たちの希望のいっさいが失われてしまう。ただ、二者択一があるのみだ。倫理的な国家観と神話的な国家観とのどちらかを、私たちは選択しなければならない。〈適法的な国家〉つまり正義の国家にあっては、神話の観念、すなわちホメロスやヘシオドスの神々を受けいれる余地は残されていない。「私たちとしてはじぶんの子どもたちに、なんであれ無造作にだれかがたまたま作りあげた物語を聞かせ、子どもたちが成人したときに懐くべきものと私たちの考えるそれとしばしば正反対の観念を、かれらのこころに抱かせるがままにしておく、とでもいうのだろうか。否、だんじて否である。ならば、こう思うのだが、私たちがまずなすべきは、寓話や伝説をつくる者たちを監督して、意に満たないものをことごとく斥けることである。そのうえで乳母や母親たちを説きふせて、その子どもに、私たちが良しとするものだけを物語らせ、子どもたちのたましいをそうした物語をつうじて成型することを、いまかの女たちは、子どもの手足を撫でて強靭でかたちのよいものとしようとしているけれども、これにも増して、考えさせるだろう」。かりに私たちが依然として、天上における戦争とか、神々のたがいに対する陰謀であるとか闘争であるとか、巨人たちの闘いとか、神々や英雄たちがその友人や一族とおこなった数えきれぬ争いとか、そうしたものごとを語りつづけるというのなら、秩序や調和、統一といったものを、じぶんたち自身の人間界のうちに私たちが見いだすことは絶えて在りえないことだろう[1]。

（1）以下を参照。*Republic*, 377f. Cornford trans., pp. 67f.

神話をこのようにとらえることには、もうひとつ重要な帰結がともなっている。神話的な神々を棄てさるとすれば、私たちは突然みずからの拠って立つところを喪失してしまうかに思える。私たちはもはや、社会的な生にとって絶対不可欠な要素であるかに見える空気、つまり伝統という大気のうちで生きていない。あらゆる未開社会にあって伝統は、至高にして不可侵の掟である。神話的思考は、それ以外の、あるいはそれよりも高次な権威を承認することがない(1)。そこで最高の敬意を払われているのは、シラーの『ヴァレンシュタイン』(*Wallenstein*)のことばをもってするならば、「永遠に昨日なるもの」である。すなわち、

　つねに存在し、かわらず立ちかえってきて、
　今日つうじたからには、明日もまたつうずるもの(2)

なのだ(*1)。「永遠に昨日なるもの」の威力を破壊することが、プラトンの政治理論にとっては第一の、主要な課題のひとつとなった。しかしながらここでプラトンは、もっとも強力な抵抗に打ち克たなければならなかったのである。近代哲学においてさえ、しかも合理主義の偉大な闘士すらこう口にするのを、私たちとしてはしばしば耳にするところ

である。すなわち慣習と習慣が政治的生をまさしく構成する要素であって、その不可欠な条件である、ということだ。「じぶんに固有な道徳性をもとめて戦うことは」、とヘーゲルは、自然法を取りあつかう学問的な方法にかんする論文のなかで語っていた。「無益であり、ほかでもないその本性からして到達不可能なことがらである。道徳性にかんしていえば、古代のもっとも賢明なひとびとが口にした常套句だけが真実のものなのである――すなわち、道徳的であるとは、みずからの国の道徳的な伝統に合致して生きることなのだ」(3)。かりにこれが真実であるとするならば、私たちとしてはプラトンを、古代のもっとも賢明なひとびとのうちに数えあげることができないことになるだろう。なんとなれば、かれが変わることなく拒絶し攻撃したものこそ、こうした見解であるからである。プラトンの宣言するところによるなら、伝統のうえにじぶんたちの道徳的・政治的な生を構築することは、流れる砂地のうえにそれを築きあげようとすることを意味する。伝統の有する威力にすぎないものを信頼する者、実際的な慣例のみにしたがって事をすすめようとする者はだれであれ、とプラトンはその『パイドロス』のなかで言っている。目の見えない者のようにふるまい、闇のうちで手さぐりしてすすむほかはない。しかし、たしかなことがある。学的方法(technē)によってなにか研究を試みようとする人間ならば、目が見えず、また口がきけない者になぞらえられるべきではない。そうした人間には、導きの星がなければならない——つまり、その思考や行動を導く原理をもたなければならない。(4) 伝統にはこの役割を演ずることができない——伝統それ自身は目が見えないからだ。伝統とは、みずからが理解することも正当化することもできないような規則にしたがうことなのである。伝統を絶対的に信じていることは、だんじて真の道徳的な生の規準たりえない。『パイドン』のなかでプラトンが、軽蔑と皮肉をこめて語っているのは或る種のタイプの人間であって、その者たちは、じぶんのことを義しく正当であると考えているのであるけれども、そのじつただたんに道徳性をめぐる因襲的な規則のすべてを受けいれ、小心翼々としてあらゆる成文法規にしたがっているだけのことなのだ。そうした者たちはおとなしく害のないやつらであるけれども、とプラトンは言う、一方より高次の真に意識的な道徳性という観点からするならば、ほとんどなんの価値もない者たちなのである。オルフェウス教やピタゴラス学派によるたましいの輪廻の教説を受けいれ、人間の死後そのたましいは前世のふるまいに応じた生き物のうちに封じこめられることになると考えるならば、私たちとしては、不法や専制や、強盗の生をえらんだ者たちは、オオカミやタカやトビのからだに移りすむと言わなければならない。他方、因襲的な道徳性の規則にしたがい、本性と習慣により社会的で市民的な徳を守ってきたひとびとは、ミツバチやキバチやアリといった、社会的で従順な種へとふたたび移りすむことになるだろう[5]。

（1）本書の第Ⅳ章、一五三頁以下参照。

（2）Schiller, ***Wallensteins Tod***, Act I, Sc. 4. コールリッジ訳による。

（3）以下を参照。Hegel, "Werke", ed. Ph. Marheinecke (2d ed.), I, 389. ヘーゲルにかんするより立ちいった議論については、本書・下、第XVII章参照。

（4）***Phaedrus***, 270 D, E.

（5）***Phaedo***, 82 A, B.

（＊1）全集版の注記によれば、カッシーラーによる引用(Whatever was, and ever more returns/Sterling to-morrow, for to-day 'twas sterling)は、コールリッジによる翻訳のとおりではない。おなじ注記にしたがってドイツ語原文を示せば、以下のとおりである。Was immer war und immer wiederkehrt/Und morgen gilt, weil's heute hat gegolten!

とはいえ、もうひとつの障害が取りのぞかれ、いまひとりの敵に打ち克たなければならなかったのであって、そうすることではじめてプラトンは、〈適法的な国家〉にかかわる自身に固有な理論を樹立することができたのだった。つまりプラトンは、伝統の力ばかりではなく、これとは正反対の力とも戦わなければならなかったのである――それは、因襲的で伝統的な基準のいっさいを拒絶して、政治的かつ社会的な世界をまったくあらたな基礎のうえに築きあげようとする理論のことである。〈権力国家〉という観念が、ソフィストの理論のすべてにわたって支配的なものとなっていたのだ。それはかならずしも公然と承認され、擁護されていたものではないとはいえ、一般的な感覚と暗黙の合意からすれば、そうした国家観こそがひとり、「最善国家」をめぐるむだで余計な議論のいっさいに終止符を打つことができる、とみなされていた。「力は正義である」とする提題が、そのもっとも単純で説得力のある根底的な定式だったのである。それは「知者たち」、すなわちソフィストたちのみならず、実際家にも、つまりアテナイの政治家たちにも訴えるものだった。そうした定言を攻撃し破壊することが、プラトンの理論にとってその主要な関心であったのだ。

最初の攻撃は『ゴルギアス』中の、ソクラテスとカリクレスの対話のなかでなされ、第二の攻撃がくわえられたのは『国家』第一巻におけるソクラテスとトラシュマコスの論争にあってのことである。プラトンは、みずからの対立者の提題をすこしでも弱めるようなことはだんじておこなわない。その反対であって、対立する提題に与えられるのは最大の強さであり、十分な説得力なのである。それでもなおくだんの提題は、ほかでもないその極点と絶頂とに達することで、最終的にみずからを論駁するはこびとなる。プラトンの方法は、一種の心理学的な帰謬法(*reductio ad absurdum*)と称することができるかもしれない。あらゆる欲望や情念の本性とその目的はなんだろうか？　そうプラトンは尋ねる。あきらかに、私たちとしても欲求するために欲求するわけではない――なんらかの目的をめざし、その目的を達成しようとするのだ。けれども権力欲にとって、およそいかなる達成も可能ではない。権力への意志が有する、ほかでもないその性格と本質とは、まさにそれが尽きるところがないということである。それはけっして安らうことがなく、むしろ癒しがたい渇きなのである。この情念のうちでじぶんの生を費やす者たちが比することのできるものがあるとすれば、それはダナオスの娘たちということになるだろう。かの女たちは底の抜けた樽に水を満たそうとしたのだ。権力への嗜好は、例の基本的悪徳にあってもっともあきらかな実例であり、プラトンのことばでそれは「貪欲《プレネクシア》」――すなわち「ますます多くをもとめる飢え」と謂われる。ますます多くをもとめるこの熱望は、限度《メジャー》のいっさいを凌駕し、あらゆる尺度《メジャー》を破壊してしまう

——そして限度、正しい均衡、「幾何学的なひとしさ」こそが、私的かつ公的な生における健全さの規準であるとプラトンが宣言している以上、ここから帰結するところは、権力への意志が他のすべての衝動に優越することになれば、必然的に腐敗と破壊へと導かれる、ということなのである。「正義」と「権力への意志」が、プラトンの倫理・政治哲学にあって相対立する両極なのだ。正義は元徳(cardinal virtue)であって、それ以外のすぐれて高貴なたましいの質のすべてを包含しており、いっぽう権力への貪欲さがうちに含んでいるのは根本的な欠陥のいっさいである。権力はだんじて、それ自体における目的とはなりえない。なんとなれば、善なるものと称されうるものがあるとすれば、それは究極的な満足、一致と調和へと導くものにかぎられるからである。他のいかなる思想家も、〈権力国家〉がじっさいになんであり、またなにを意味するかをめぐって、プラトンが『ゴルギアス』で示したほどに明瞭な洞察を獲得したことがなく、またプラトン以外のどのような著作家であれ、〈権力国家〉の真の本性と性格にかんして、かれがそうした以上に明晰かつ印象的で透徹した記述を与えたことがない(1)。

(1) *Gorgias*, 466 B ff.

プラトンの哲学が由来するのは、ふたつの異なる源泉からではあるけれども、そのふたつの源泉が合流することで、ひとつの力づよい思考の流れをかたちづくっている。プラトンはソクラテスの弟子として出発した。かれはソクラテスの提題を受けいれて、「幸福」こそがすべての人間のたましいにとって最高の目的であると考える。他方でプラトンがソクラテスとともに強調したのは、「幸福の追求」が快楽の追求ではないということである。このふたつのことがらは、たがいに鋭く対立している。幸福《ハピネス》にあたるギリシア語は「エウダイモニア」であって――エウダイモニアが意味しているのは、「善きダイモン」を所有することだ。このソクラテス的な定義に、プラトンはあらたな側面を付けくわえた。『国家』の末尾でプラトンは、たましいがじぶんの将来の生を選択することについて有名な叙述を与えている。そこでも神話的な動機が、まさにその反対のものに転じられているのである。神話的思考にあって人間は、善き、あるいは悪しきダイモンに所有されている一方、プラトンの理論においては人間がみずからのダイモンを選択する。この選択が、人間の生とその将来の運命をさだめる。人間はもはや、超人的で神的な、あるいはダイモン的なものが有する鋼鉄のごとき力に捕らえられてはいない。人間は自由な行為者であって、みずから全責任を引きうけなければならないのだ。「責めは選択した者にあって、〈天〉に責めはない」[1]。プラトンにとって幸福、エウダイモニアとは、内的な自由を意味している――つまり、偶然的で外的な環境には依存しない一箇の自由である。その内的自由はかえって調和に、つまり人間自身の存在における「正しい均衡」に依存している。「理性」(phronēsis)は節度と中庸(sōphrosynē)の条件であり――そして、この中庸がひとり、人間の人格とその行動のいっさいに対して、正しい気質を与えることができるのである[2]。

（1）*Republic*, 617. Cornford trans., p. 346.
（2）*Gorgias*, 506 C ff.

右で述べたことのすべては厳密な意味でソクラテス的なものであるとはいえ、それは同時にまた、ソクラテスのすべての倫理学的観念を遥かに超えでたものである。ソクラテスの理想を、プラトンは、あらたな領域に、すなわち政治的な生の領域へと移しいれたのだった。プラトンの導きいれた、個人のたましいと国家のたましいとのあいだの並行関係からするなら、国家もまたおなじ責務のもとにあることはあきらかである。じぶんの運命を受けいれるのではなく、国家はそれを創造しなければならない、ということだ。他者たちを支配しようと思うなら、まず学ばなければならないのは、みずからを支配することである。とはいえこれは倫理的な目標であって、たんなる物質的な力を発揮することによっては達成されえない。アテナイ政治の指導者たちの根本的なあやまりは、かれらがこの点をまったく見あやまってしまった点にある。かれらは、国家の福祉を物質的な幸福と同一視したのである。きわめて偉大で高貴なひとびと、ミルティアデスやペリクレスといった者たちですらこの誤謬を免れていない。かれらは、経世や政治的な指導という真の課題に堪えることができなかったのだ。そうした者たちが目的を逸してしまったのは、「市民のたましいをより善くすること(1)」に成功することがけっしてなかったからである。個々の人間ばかりでなく、国家もまたみずからのダイモンを選択しなければならない。これがプラトンの『国家』にあってもっとも偉大で革命的な原理である。「善きダイモン」を選ぶことによってのみ、国家はそのエウダイモニア、つまりその真の幸福を確保することができる。私たちはこの最高次の目標の達成をたんなる偶然に委ねるわけにはいかないし、それが幸運な一撃によって見いだせるものと期待するわけにもいかない。社会的な生にあっても、個人的な生においてとおなじように、理性的な思考(phronēsis)が指導的な役割を果たす必要がある。理性的な思考が、私たちに道を示して、最初の一歩から最後の一歩にいたるまで、その道を照らしださなければならない。国家の福祉は、その物質的な権力を増大させるところにはない。「ますます多く」を手にしようとする欲望が、国家の生にあって危険きわまりないことは、個人的な生においてそうであるのと同様である。もしも国家がこの欲望に屈従してしまうならば、それは国家のおわりのはじまりなのである。国家の領土を拡大すること、隣国に対して優位をたもつこと、軍事力や経済力を昂進させること、こうしたいっさいは国家の滅亡を転じることができず、それらはむしろ滅亡を加速するのだ。国家の自己保存は、その物質的な繁栄によって確保されうるものではなく、なんらかの憲法を維持することで保障されうるものでもない。成文憲法や法文化された憲章であっても、ほんとうの拘束力を有しうるのは、それが市民のこころのなかに書かれた憲法の表現である場合だけである。この精神的な支えを欠く場合には、国家の強さとは国家に内在する危険にほかならない。

（1）*Gorgias*, 503 B ff.

右に述べたことのいっさいがふたたび私たちに示すものは、プラトンの思想の不抜の統一である。その哲学的な教説のうちに、私たちは後代の思想家たちが導入した特殊化を見いだすことはできない。プラトンの全著作は、おなじ鋳型によってかたどられたものだったのである。弁証法・知識の理論・心理学・倫理学・政治学、これらすべては一貫し、不可分なひとつの全体へと融合している。その全体に刻まれているのは、プラトンの哲学的な天才とその人格の刻印なのだ。この件はまた、神話的な思考に対するプラトンの態度についても当てはまる。神話に対するプラトンの戦いは、弁証法をめぐるその構想と、ほかでもないその定義に由来するものであった。対話篇『ピレボス』にあってプラトンは、あらゆるものは、それがなんであれふたつの異なった相反する要素からつくられていると指摘する。つまり「限定」(peras)と「限定なきもの」あるいは「不定のもの」(apeiria)がそれである。弁証法の課題は、このふたつの相反する極のあいだの深淵に橋を架けること、すなわち限定なきものを限定し、不定のものを一定の尺度へと引きもどし、限界なきものに限界を設定することにある(1)。哲学と弁証法にかかわるこの定義を受けいれるなら、あきらかになることがらがある。それは、プラトンがなぜ神話をみずからの『国家』から、すなわち教育体系から排除せねばならなかったか、ということだ。世界のうちのありとあらゆるもののなかで、神話こそがもっとも放埒で極端なものである。神話は、あらゆる限界を踏みこえ蹂躙する。それは常軌を逸した法外なものであって、しかもその本性と本質においてそうであるほかないものなのである。この不羈《ふき》の力を、人間の世界、政治の世界から追放することが、『国家』の主要な目標のひとつなのであった。プラトンの論理学と弁証法は、私たちの観念や思想をどのように分類し体系化するかを教えてくれ、つまりは正しい区分と下位区分との仕方を教えてくれる。弁証法とは、プラトンの語るところでは、ものごとを分割する技術であるけれども、その分割は類によって、事物の自然な結合にしたがいなされるのであって、どのような部分も破壊しないよう分割されるという点で、悪しき彫刻家のやりかたとはちがうのだ。(2)倫理学は私たちに、どのようにして情動を支配すればよいか、つまり、いかにして情動を、理性と節度とをつうじて中庸へともたらすのかを示す。政治学とは、人間の行為を一体化し組織化して、それらを共通の目的に向けさせる技術である。かくてプラトンは、個人のたましいと国家のたましいとのあいだに並行関係を見いだしたけれども、これはけっして言説におけるたんなる比喩ではなく、あるいはただの類比でもない。それは、プラトンにあって根底的な傾向を表現するものなのである。すなわち多様なものを統一しようとする傾向であり、私たちの精神、その欲望や情動、私たちの政治的・社会的な生、これらの混沌《カオス》のすべてを秩序《コスモス》へ、もしくは秩序《オーダー》と調和へともたらそうとする傾向にほかならない。

（1）*Philebus*, 16 D ff.

（2）*Phaedrus*, 265 E.

Ⅶ　中世の国家論の宗教的ならびに形而上学的な背景

プラトンによる〈適法的な国家〉の理論は、人類の文化にとって永続的な財宝となった。それが、深く、恒久的な影響を及ぼすことができたのは、その理論が特殊な歴史的条件や、とくべつな文化的背景に結びつけられてはいなかったからである。プラトンの理論は、ギリシア的な生や政治が崩壊したのちにも、生きのこりつづけたのである。七世紀のちに聖アウグスティヌスは、くだんの問題を、プラトンが遺したままのかたちでとり上げることができた。その著作の標題〔神の国〕そのものが〔プラトンから〕借りられたものなのだ。「天上界には、ひとつの範型が置かれている」、とプラトンは『国家』のなかで語っていた。「それは、その範型を見たいと思い、それを見て、じぶんのうちに創りあげようとする者に対してである。とはいえ、その範型がどこかに現実に存在するのか、あるいはいつか現実に存在するようになるのかは、まったく問題ともならない。この範型こそがただひとつの国家《コモンウェルス》として、当の者たちがその政治におよそ参与することのできるものだからである(1)」。

（1） Plato. *Republic*, 592. Cornford trans., pp. 312f.

中世の文化は、しかしながら、ギリシア思想から直接に帰結したものではない。キリスト教が台頭するとともに、一箇のより強大な力があらわれて、それ以来、人間の理論的かつ実践的な関心のいっさいを呑みこむようになる。プラトンの理想国家は、空間と時間を超えたものであって、「ここ」と「いま」とを持たなかった。それは範例（paradeigma）であったのであり、つまりは人間の行為に対する基準と範型を意味しているのであって、特定の存在論的な身分をともなわず、現実のうちに場所を占めることがない。聖アウグスティヌスとしては、こうした結論を受けいれるわけにはいかなかった。キリスト教思想にあっては、「理想的な」世界と「現実的な」世界が、たがいに対して、ギリシアの思弁においてそうであるのとおなじ関係を取りむすぶことはできない。感覚的経験の世界、すなわち流れさり変化してゆく現象の世界は、叡知的世界を表現し、またそれを模倣するばかりではなく、くだんの叡知的世界の帰結であり所産なのである。キリスト教に受けいれられるさいに、「分有」(methexis)というプラトン的なカテゴリーは、創造と受肉の教義へと変化させられることになる。アウグスティヌスの教説にあっては、プラトンのいうイデアが神の思考となったのだ。こうした変容とともに、古代哲学のあらゆる概念は根底的な変化を蒙らざるをえなかった。「あなたたちは、私たちがそれに向かってすすむべきものを、あたかもヴェールをとおしたように見ている」。アウグスティヌスは、『神の国』のなかでそうしるして、新プラトン主義の哲学者たちに語りかけている。「変わることなき〈神の御子〉が受肉したことで、私たちは救われ、またじぶんたちが信じるものに近づくことを許されるのであるけれども(中略)、これこそあなたたちの認めようとしないものである。あなたたちはどうにか(中略)おぼろげな眼によってであれ、私たちの住むべき国を見ているとはいえ、そこにいたる道を知らない。(中略)しかしながら、あなたたちがこの真理に黙ってしたがうために求められているのは、ほかでもなく謙遜であって、しかもこれこそまた、あなたたちを従わせるのが、ひどくむずかしいところなのである。(中略)それがまさに、傲慢な者の悪徳なのだ。学識ある者にとって、プラトンの門を出て、キリストの弟子となることが、一箇の堕落である。キリストが〈聖霊〉によって、漁師のような者にも考え、また語ることを教えたのは、「はじめに〈ことば〉があり、そして〈ことば〉は神とともにあって、〈ことば〉は神であった」ことなのである(1)」。

（1）St. Augustine, *City of God*, Bk. X, chap. XXIX, English trans. by M. Dods, "The Works of Augustine" (Edinburgh, T. and T. Clark, 1871ff.), I, 423-426.

これが、キリスト教思想のもたらした大いなるメタモルフォーゼであった。すなわち、ギリシアの「ロゴス」がキリスト教の「ロゴス」へと転換したのだ。アウグスティヌスが憧憬しているのはべつの世界——ギリシアの知的文化の世界の遥かかなたにある世界なのである。プラトンが描きとった理想国家のうちにすら、アウグスティヌスは不動の中心、憩うべき目標を見いだすことができない。国家は、それがもっとも完全な国家であろうと、私たちの願望を満たすことができない。人間にとって、ただひとつ存在する真の平安は、神のうちなる平安である。"*Fecisti nos ad te domine*" と、その『告白』の冒頭でアウグスティヌスは語っている。"*et inquietum est cor nostrum, donec requiescat in te*" ——「あなたは私たちをあなたに向けて造られた。それゆえ私たちのこころは、あなたのうちで安らうまで憩うことがない」。地上や天上のことがらを知りつくしていながら、あなたを知らない者は不幸である一方、あなたを知っている者ならば他のなにごとも知らなくとも幸福である。(1) プラトンの理論によれば、ひとは「より長いまわり道」をえらぶことではじめて、善のイデアに到達し、その本性を理解することができるのであった。えらばれなければならないその途とは、算術から幾何学へ、幾何学から天文学、和声学、さらに弁証法へとつながる路のことである。(2) アウグスティヌスが拒絶するのは、この長く迂遠な道である。キリストの啓示はアウグスティヌスに、より善く、しかも確実な方途を教えていた。「善とは」、とかれは言う。「たましいのために求められるべきものであるかぎり、たましいがそれを判断しながら、そのうえを飛翔しうるような善ではなく、愛することでそれに依るべき善である。そして、これが神でないというなら、なんでありうるだろう。それは善き精神でも、善き天使でも、あるいは善き天でもなく、善にして善なるものなのである」。(3) 多くの学、もしくは数多の智慧があるのではない。ただひとつの智慧が存在し、そこには言いつくされぬ無限の知的財宝が含まれ、そのうちに目には見えない、変わることのない原因がひそんでいて、目に見え、変わりゆくものどもはその原因によって創造されたのだ。(4)

(1) *Confessions*, Bk. V, chap. IV, 7.
(2) *Republic*, 521 C-531 C.
(3) *De trinitate*, Bk. VIII, chap. III. Dods trans., VII, 205.
(4) *City of God*, Bk. Xi, chap. X, 3. Dods trans., I, 450

アウグスティヌスをプラトンから区別するものは、かくて、哲学的な構想ではなく、その人生観なのである。哲学者として、かれはプラトンの仕事《ワーク》に対して多大な賞賛の念をいだいていた。「ソクラテスの弟子のなかでも」、とアウグスティヌスは語っている。「プラトンがひとり異彩をはなち、それはほかの者たちから遥かに抜きんでているのであって、かれらのすべてを蔽いかくすほどであったといっても過言ではない(1)」。それにもかかわらずアウグスティヌスはだんじて、「プラトン主義者」とはなりえなかった。プラトンの著作《ワーク》をめぐるかれの知識は乏しい。かれはギリシア語を解さなかったし、だからまた対話篇を原典で読むこともできなかった。アウグスティヌスはある種の屈折レンズをとおして、プラトンの教説を観ていたのである。つまり、キケロや新プラトン主義の著作家たちの媒体を介して、ということだ(2)。しかしながら、たとえアウグスティヌスがプラトンの全著作につうじており、それらを深く研究していたとしても、みずからの判断を変更することはなかっただろう。アウグスティヌスの宣言しているところによるならば、どのような学識も哲学的な思弁も、それが私たちを第一の目標、すなわち神の知へと導くものではないかぎりは無益で空しいものである。「神とたましいが」と、かれは書いていた。「私が知りたいと熱望するものである。そのほかにはなにも望まないのか？　まったくなにも」[3]。

（1）*Idem,* Bk. VIII, chap. IV. Dods trans., I, 310.

（2）以下を参照。Ernst Hoffmann, "Platonism in Augustine's Philosophy of History", *Philosophy and History, Essays Presented to Ernst Cassirer* (Oxford, Clarendon Press, 1936), pp. 173–190.

（3）*Soliloquia,* Lib. I, cap. I, 7.

これらのことばが、ある意味で、中世哲学全体に対する手がかりとなっている。哲学とは知への愛である。しかしながら中世の体系にあって、ふたつの異なった愛をともに容れる余地はない。すなわち、知への愛と神への愛とのふたつである。一方は他方に依存している。「主を畏れることが智慧のはじまりである」(*1)。プラトンがみずからの正義の理想を定義し、それを規定しようとしたとき、かれはそれを幾何学の用語で語って、正義とは「幾何学的な均衡」であると記述した。しかも幾何学とはプラトンにとって、或る永遠で不変なものを意味していたのである。幾何学的な真理とは、だれかによって「造られた」ものではなく、それはたんに「存在する」だけである。幾何学とは永遠に存在するものにかんする知であって、或るときにはこれに、あるいはあれになり、また存在することを止めるものをめぐる知ではない(1)。こうした類比が倫理学と幾何学とのあいだになりたつとするなら、倫理法則の「起源」について語ることはできない。倫理法則は起源をもたない。それらはつねにそれがあるがままに存在してきて、つねにまたおなじものでありつづける。この点でプラトンは、ギリシア思想とギリシア文化の一般的な傾向とまったく一致している。プラトンがその哲学的言語で表現するものは、ギリシアの偉大な悲劇詩人、アイスキュロスやソフォクレスが確信していたところとおなじものなのだ。「書かれざる掟《ロー》」、すなわち正義の法《ロー》は、時のなかにはじまりをもたない。それは、人間や神々の力によって創造されたものではないのである。

昨日、今日なったものではなく、それは
ひとの生きるあらゆる時をつうじておなじものであって、それが
どこから来たものか、だれも知る者はない(2)

(1) *Republic*, 527. Cornford trans., p. 238.
(2) Sophocles, *Antigone*, vv. 456ff. Gilbert Murray trans. (London, George Allen & Unwin, 1941), p. 38.
(＊1) 箴言(第一章七節)。

永遠の非人格的な法という、このギリシア的な捉えかたは、中世のキリスト教思想家にとっては受けいれがたく、理解できないものであった。かれらが第一義的に関心をもっていたのは、思弁的な問題を解決することではない。理論的意味では、中世のキリスト教思想家たちはギリシア思想の継承者であり、またたんにそうありつづけたにすぎなかったけれども、かれらがみずからの活き活きとした霊感を見いだしえたのは、そもそも理論的な領域においてのことではない。キリスト教思想家たちがかれらの哲学的な構想と宗教的な理想とを汲みとってきた、もっとも深く支配的な源泉は、ユダヤ教の一神

教なのであった。ギリシア思想家の哲学的な一神教とユダヤ教の預言者の宗教的な一神教のあいだには、両者の接触する多くの点もみとめられることだろう。キリスト教思想家たちはしばしば、双方が完全に調和していることを強調している。マルシリウス・フィチヌス〔フィッチーノ〕などは、プラトンを「アテナイのモーセ」と呼ぶのがつねだったのである。

それにもかかわらず、法《ロー》をめぐるモーセの捉えかたとプラトンのそれとを、おなじ平面にならべることは不可能である。両者はきわめて異なったものであるばかりではなく、たがいに両立することができない。モーセの律法《ロー》はひとりの立法者を前提としている。この立法者が存在し、律法を啓示して、それが真理であり、それが妥当し、権威を有することを保障することがないなら、律法には意味が欠けていることになる。こういった観念は、ギリシア哲学のうちに見いだされるものとは遥かに隔たっているのだ。ギリシアの思想家、すなわちソクラテスやデモクリトス、プラトンやアリストテレス、ストア学派やエピクロス学派が展開した倫理学的な体系には、どれも共通した特徴がある。それらはことごとく、ギリシア思想にあって一箇同一の基本的な主知主義を表現するものなのである。私たちが道徳的なふるまいの規準を見いだすべきなのは、理性的思考によってであって、また理性、ひとり理性のみが、当の基準にそれにふさわしい権威を与えることができる。こうしたギリシア的な主知主義と対比する場合、預言者の宗教を特徴づけるものは、その深く断乎とした主意主義にほかならない。神とは一箇の人格である――その意味するところはひとつの意志なのだ。それがどのようなものであれ、論証や推論といったたんに論理的な方法によっては、私たちはこの意志を理解することができない。神がじぶん自身を啓示しなければならず、私たちに語りかけなければならず、神がみずからの命令を知らしめなければならない。預言者たちは、これ以外の種類の神性との交わりをいっさい拒絶している。ひとは、身体的な動きを演じることや、儀礼や祭儀によって、神的なものとふれることができない。神を知るただひとつの方法は、神の命令を成就することであり、神と交わる方途はたったひとつであって、それは祈禱や犠牲ではなく、神の意志に服従することなのである。「これが、私がイスラエルの家に立てる契約である」、とエレミヤは語っている。すなわち「私は私の律法をかれらのうちに置き、そのこころのなかに書きいれる[1]」。「かれがなんじたちに告げたのは、おおひとびとよ」、とミカも言う。「なにが善いことであるかである。主がなんじたちに求めるところは、ただ正しくふるまい、慈しみを愛し、へりくだってなんじの神とともに歩むことではないのか？」[2]。ここで神は、ギリシア思想にあってはそうであったように、叡知的な世界の頂点、知の最高の対象として、つまり〈善〉の知としては述べられてはいない。神自身から、その意志の啓示から、ひとは善と悪を学びしらなければならないのであって、弁証法からではないのである。

（1） Jeremiah 31. 33.
（2） Micah 5. 8.

このふたつの傾向が葛藤しあいながら、その葛藤はスコラ哲学の全体をつらぬいて、聖アウグスティヌスからトマス・アクィナスへといたる過程を、幾世紀にもわたって規定している。「神学者」と「弁証法論者」とのあいだの不断の闘争は、その歴史的起源を遡ってみればあきらかとなり、また理解可能なものとなる。くだんの起源は、ギリシア思想から借りいれてくる必要があった思弁的要素と、ユダヤ・キリスト教的啓示の内容、その倫理的・宗教的な意味とのあいだの緊張にあったのである。理論的な面からいうなら、キリスト教思想には、真の独創性を主張することがまったくできない。教父たちはひとりとして、哲学者としては発言しなかったし、教父のうちのだれも、あらたな哲学的原理を導入することを意図してもいない。とはいえ、まさにキリスト教の教義とその注解が教会の教父たちによって定式化されたとき、その定式があらわにしていたのは、ギリシア思想による深い刻印なのである。[1] ヘレニズムはつねに、中世哲学にあってもっとも強力な要素のひとつでありつづけた。しかしながら、ヘレニズムがこのように永続的な影響を与えているにもかかわらず、中世文化とは、ギリシア文化から根本的に相違したものなのだ。継受されたかに見える要素であっても、それが中世的なシステムのうちに組みいれられるにいたるには、その意味が深刻な変化を蒙らなければならなかった。そうした変化は、宗教的・倫理的生という分野にあらわれるばかりではない。理論的な構想のいっさいにあっても、変化はそれに劣らずあきらかである。スコラの思想家たちは、知をめぐって、分離して独立した理論を展開することはなかった。この点についていえば、かれらは、ギリシアの伝統に全面的に依存しなければならなかったのである。そうした主題をめぐるスコラの思想は、一種の折衷主義にすぎないかに見える——つまり、プラトン、アリストテレス、ならびにストア学派の構想を混淆したものということである。とはいえこの場面でも私たちとしては、ただの模倣あるいは再生産を語ってすませるわけにはいかない。完全にあらたな特徴がなにかひとつ付けくわえられたというわけではないけれども、あらゆるものがあらたな形態を採ることになったのだ。なによりそれは、いっさいがあらたなパースペクティヴのもとで眺められ、あらたな一箇の中心に関係づけられたからである――すなわち、宗教的な生という中心がそれである。

（1）以下を参照。E. Gilson, *La philosophie au moyen âge* (Paris, Payot, 1922), pp. 5ff.

アウグスティヌスが、こうした思想のみちゆきを最初に、また古典的な仕方で目撃した人間である。その知識論には、プラトン的な要素が浸透している。プラトンの想起(anamnēsis)説がアウグスティヌスの教説にその刻印を彫りこんでいるのである。かれは、プラトンの『メノン』に登場する、若年の奴隷の例を引用することを好んだ。その者はじぶん自身の努力と、純粋に理性的な思考過程のみを辿って、基礎的な幾何学的真理のいくつかを発見することに成功したのだ。学ぶとは想起することを意味する。それは「思いおこし、想いだされると言われること以外のなにものでもない」(*nec aliud quidquam esse id quod dicitur discere quam reminisci et recordari*)[1]。人間のたましいが、外界の対象からなにごとかを学ぶことはできない。たましいが知り、学ぶいっさいのものは、たましいだけで知られ、かつその内部の源泉から知られ、また学ばれる。自己知がかくて第一の、不可欠な一歩となる。自己知は、外界の実在をめぐる知のすべてに対して前提条件となるばかりではなく、また神についてのあらゆる知にとっても前提条件となるのである。"*Noli foras ire, in te ipsum redi; in interiore homine habitat veritas*"と、アウグスティヌスは語る(「なんじの外へと出てゆくことなく、なんじの内へと立ちかえれ。人間の内部に真理は宿る」)(2)。これはまったくのところ、ギリシアの古典的伝統の精神に、つまりソクラテス、プラトン、またストア主義の精神にしたがうことである。とはいえこのあとにつづくことばが、鋭い差異をしるしづけるものなのだ。たしかに、真理は人間の内部に宿っているけれども、そこに見いだされるのは、ただ可変的で、定常的なものではない真理だけである。不変の、絶対的な真理を見いだそうと思うならば、ひとはじぶん自身の意識と存在との限界を踏みこえてゆかなければならない。人間は、自己自身を超越しなければならないのである。「みずからの本性が可変的であることを見いだしたならば、なんじ自身をも踏みこえよ。(中略)理性の光そのものが点じられるかなたへと向かえ」(*Si tuam naturam mutabilem inveneris, transcende et te ipsum ... illuc tende, unde ipsum lumen rationis accenditur*)(3)。こうした超越とともに、いっさいの弁証法の方法、すなわちソクラテスやプラトンの方法がまったく変容させられる。理性がその自立と自律とを放棄するのだ。理性はもはやじぶん自身の光をもたず、それが輝くのはただ光を借りて、それを映しだすことによってだけである。この光が消えさるならば、人間的理性は効力を失い、力なきものとなる。

（1）Augustine, *De quantitate animae*, cap. XX, 34.
（2）Augustine, *De vera religione*, cap. XXXIX, 72.
（3）*Ibid.*

ギリシアの古典的な思考は、かくして根本的に変容するにいたったが、ことのしだいのもっとも明確な表現を、アウグスティヌスの論攷「教師について」(*De magistro*)にみとめることができる[1]。そこでアウグスティヌスはまさに、純粋に人間的な智慧という理想と、人間の教師といった概念に異を唱えているのである。キリスト教の観点からするならば、唯一の教師、人間のふるまいについてばかりではなく、また人間の思考にかんする教師は、ひとり神のみである。神にあって、そして神においてだけ、私たちは真の教師(*magisterium*)を見いだす。およそいかなる知であっても、つまり感性界の知識であれ、数学的あるいは弁証法的な知識であれ、いっさいの知がもとづいているのは、この永遠な光の源泉による照明なのだ。思考や論証という理性的な過程はすべて、このような照明〔の結果〕であり、かくてまた神の恩寵の作用なのである。神は「真理の父、智慧の父（中略）叡知ある光の父」（*pater veritatis, pater sapientiae, ..., pater intelligibilis lucis*）であり、「私たちを目ざめさせ、照明でみたす父」（*pater evigilationis atque illuminationis nostrae*）、つまり叡知的な光の父であり、私たちにもたらされる照明の父である。(2)

（1）"Patrologia Latina", ed. Jacob Migne, Tom. 32, col. 1193-1220.

（2）以下を参照。Augustine, *Soliloquia*, Lib. I, cap. I, 2; また、*De civitate Dei*, Lib. X, cap. II.「理性的あるいは叡知的なたましいは（中略）それ自身にとって光であることはできず、他の真なる光を分有することによって光り輝く」（... *animam rationalem vel intellectualem ... sibi lumen esse non posse, sed alterius veri luminis participatione lucere*）。

知識の理論におけるこうした根底的な変化を、たんに論理的な仕方で説明することは不可能である。論理的にいうならば、アウグスティヌスの照明説にはつねに大きな悖理が残されていた。スコラ哲学の多くの思想家たちは、その教説にはらまれる逆説的な性格をじゅうぶん意識している。かくしてかれらは、アウグスティヌス主義の原理を修正しようとしたのであり、かくしてまたついにそうした原理が投げすてられ、人間の知をめぐるあらたな捉えかたによって置きかえられることになる。それは、トマス・アクィナスがアリストテレスの権威のもと導きいれたものなのであった。アウグスティヌスの理論が、とはいえ、きわめて明確で透明なものになるとするなら、それは私たちが、その理論のたんなる論理的あるいは思弁的な根拠を問いもとめるのではなく、歴史的起源という方途から当の理論に接近しようとする場合だろう。アウグスティヌスは、イデア界にかんするプラトンの教説についてなら、その前提のいっさいを受けいれることができた。アウグスティヌスが、かの『訂補録』(*Retractationes*)のなかで指摘しているように、プラトンは、叡知界の真理と実在性をめぐるその根本的な捉えかたにあっては正当である。異をとなえるべきはプラトンの捉えかたそのものではなく、プラトンがみずからの思考を表現する用語である。それらの用語は、キリスト教の、いいかえれば教会のことばと適合するものではないからだ。(1) アウグスティヌスが論理学や幾何学について口にし、事物の永遠な原型であるイデアをめぐって語って、また最高の霊的な善を自然界を照明する太陽の光にくらべ、さらにいっさいのものがそれを分有し、そこから万物が美を引きだしてくる数や形相の力を賛美する場合、[2]私たちはしばしば、プラトンそのひとが語るのを聞いているかのように思うものである。そこには、とはいえ、大きな抹消しがたい差異がいぜんとして存在する。アウグスティヌスの用語はどれにしても、その宗教的な経験が意味するところにしたがって読まれ、解釈されなければならない。この件こそが、アウグスティヌスが使用する概念のすべてに、まったくあらたな意味とは言えないにしても、あらたな色彩を与えているのである。

（1） Augustine, *Retractationes*, Lib. I, cap. III.

（2） 以下を参照。Augustine, *De libero arbitrio*, Lib. II, cap. XVI, 42; *De vera religione*, cap. XXX, 56.

かの *itinerarium mentis in deum*, すなわち人間のたましいの神への道程[1]は、中世の思弁的な思想家たちによって描きとられたものであるが、それはプラトンが描くところの、叡知的世界へのたましいの上昇とは大いに異なっている。プラトンは、人間の知の最初の要素から出発する。その歩みはたゆみなく前進しながら、算術から幾何学へ、そこから立体幾何学と天文学へ、さらには数学と天文学から弁証法へとつながってゆく――そして最後に、最高の知つまり善の知へといたるのである。ひとり哲学者、すなわち弁証法論者のみが行程のすべてを歩みとおして、感性界から叡知界へと辿りつくことができる。しかも哲学者に対してさえ、〈善〉のイデアがその本性のいっさいと、そのまったき意味とを開示するわけではない。ソクラテスが『国家』のなかで善にかんして語りはじめるときでも、かれは手さぐりをするようにためらいながら語っているのだ。ソクラテスにしても、善の本質を定義することを約束できない。かれはただ、善の結果を示しうるにすぎない。「〈善〉をめぐっても説明していただければ、私たちとしてもじゅうぶん満足なんですがね」、とグラウコンは言う。「正義や節度や、その他もろもろの徳についてならご説明いただいたようにね」。「そうなれば、私としても」、とソクラテスは答えた。「満足するどころの話ではないのだがね。でも、それは私の力にあまると懼れるんだよ。およそ最善の決意をもってそうしようとしても、醜態をさらしては嗤われるという破目になりそうだ。だからしばらくは、善のほんとうの意味という問題については、これを措いておこう。ともあれ私としてはそれが善であると念《ビリーフ》っているものまで到達するために必要となる努力は、いまの私たちの探究にとっては、分をわきまえないものということになるのではなかろうか。そうはいっても私が想いえがくところ〈善〉の子どもであるもの、それにきわめてよく似ているものにかんしては（中略）あなたに話してみよう」(2)。プラトンの叙述にしたがうと、本質的な形相、あるいは絶対的な〈善〉は、最後にようやく知覚されるものであるうえに、そうすることさえひどく困難なものである(3)。そういった躊躇《ちゅうちょ》や留保のいっさいは、アウグスティヌスの精神と著作にあってはことごとくすがたを消している。その照明説がアウグスティヌスに示したのは、あらたなみちすじであった。プラトンの善が神と同一のものとみなされ、その神、預言者の神とキリスト教が啓示する神は、私たちからかけ離れたものでも、あるいは私たちにとって接近不能なものでもない。神とははじまりにして終わりであり、神のうちで私たちは生き動いて、じぶんの存在を手にしているのだ。

（1）Bonaventura, *Itinerarium mentis in deum*（1259）を見よ。
（2）*Republic*, 506. Cornford trans., p. 212.
（3）*Idem*, 517. Cornford trans., p. 226.（*μόγις ὀφθεῖσα*.〔苦労してようやく見られた。〕）

こうした見解がアウグスティヌスの哲学の全体をつらぬき、それに特種な性格を与えている。アウグスティヌスが中世哲学の創始者となったのは、みずからの個人的《パーソナル》な宗教的経験を知的世界全体の中心に据えることによってであった。預言者たちは、倫理的な律法について語った。かれらが宣言するところ、この律法は人格的《パーソナル》な立法者の存在を欠いては無意味であって、理解することもできない。アウグスティヌスとしてはこうした捉えかたを、倫理的な領域から理論的な領域のすべてへと移しかえるのである。神とは智慧の全体である。神をつうじて私たちはいっさいを知り、神を欠いては私たちはなにも知ることがない。「智慧なる神よ、なんじのうちで、なんじからはじめて、なんじをとおして、すべての智慧あるものは智慧あるものとなる。(中略)叡知的な光である神よ、なんじのうちで、なんじからはじめて、なんじをとおして、およそ叡知に輝く者は叡知に輝く」(*Deus sapientia, in quo et a quo et per quem spiunt, quae sapiunt omnia.... Deus intelligibilis lux, in quo et a quo et per quem intelligibiliter lucent, quae intelligibiliter lucent omnia*)(1)。「それがなんじ(たましい)になしうることであるならば、目にも留めて見よ」と、アウグスティヌスは語っている。「神が真理であることを。(中略)なにが真理であるかを、問いもとめてはならない。なんとなれば、そうすればただちに、物体的な心像が諒闇となり表象が雲海となって、行く道に立ちはだかり、静けさを掻きみだすことだろう。その静けさとは、私が真理を口にしたそのときには、なんじにまず閃いていたものなのだ。なんじは、もしもなしうることならば、はじめの煌《きら》めきのうちに立ちとどまるようにしなければならない。その煌めきとは、〈真理〉と、なんじに語りだされたときに、いわば電光によるかのごとくになんじの目を眩ませたものなのである(2)」。

(1) *Soliloquia*, Lib. I, cap. I, 3.
(2) *De trinitate*, Bk. VIII, chap. II. Dods trans., VII, 204.

福音、つまり「喜ばしき音信」こそ、アウグスティヌス、その弟子と後継者が、哲学者の有するこの世の智慧に対立させたものだった。哲学体系の努力のすべては、不和と懐疑のうちに終わるほかはなかった。アウグスティヌスがその論攷「アカデメイア派論駁」(*Contra academicos*)で指摘しているように、新アカデメイア学派の懐疑主義を導きいれたものは、プラトンの知識論にほかならなかったのである。だれであれ、キリストによる啓示以前には、真理の世界を動かすアルキメデスの支点を見いだすことができない。賢人中の賢人であったソクラテスですら、みずからの無知を告白せざるをえなかった。あらたな宗教的視点からすれば、ソクラテスのこの異論に根拠がないわけではない。ソクラテスは、キリスト教徒に属するその崇拝者たちから、つねに最高の敬意を払われていた。そうした者たちは、ソクラテスがじぶんの基礎的な倫理的原理を見いだしえたのは特別な啓示が存在したからであり、さもなければそのようなことは不可能だったとすら考えた。ルネサンス人たちもまた、ソクラテスは真の聖者であると語った。「聖ソクラテスよ、われらのための祈りたまえ」と、エラスムスは言う。だがソクラテスそのひとはだんじて、霊感をうけた教師のように語りはしなかった。かれがみずからを吟味し、他者たちを吟味する仕事を開始したのは、デルフォイの神託を受けてのことであったけれども、ソクラテスは自身を、アポロンやその他どのような神性の代弁者とみなしていたわけでもない。かれの確信するところによれば、真理にかんしては、それが神的なものであれ人間的なそれであれ、いかなる教師も存在せず、すべての個人がじぶんでみずからの道を発見しなければならない。つまり、問答という弁証法的なみちゆきをつうじてだけ真理を手にすることができるのだ。ギリシアの弁証法の捉えかたは、どのような種類のものであれ、啓示された真理に対して真っ向から対立している。私たち自身が発見したのではない真理とは、およそいかなる真理でもない。プラトンにしたがえば、「学ぶ」といわれる過程は、私たちがまったくあたらしい真理を獲得することを意味するものではない。私たちはただ、以前に所有していたものをふたたび取りもどすにすぎない。私たちがもういちど見いだす知識は、私たち自身のものなのである。[1] アウグスティヌスは、ギリシア哲学の前提のいっさいを受けいれながらもその結論は拒絶した。かれによれば、ただひとつ穏当で妥当な結論は、智慧について人間の教師を探しもとめても空しい、というものである。ソクラテスやプラトンという権威から転じて、アウグスティヌスはより高い神の〈ことば〉の権威に身をまかせる。すなわち、「この地上のだれをも、あなたたちの父と呼んではならない。あなたたちの〈父〉は、ただひとりであり、すなわち天なる〈父〉である。またあなたたちは教師と呼ばれてはならない。あなたたちの〈教師〉もただひとり、すなわちキリストである」[2]。「尋ねられたかたは教えられた。（中略）これが、神の変わることのない徳であって、その久遠の〈智慧〉である」[3]（*Ille autem qui consulitur docet, ... id est incommutabilis Dei virtus atque sempiterna Sapientia*）。

（1）*Phaedo*, 75 E, 76 D, E.

（2）マタイ伝（第二三章九、一〇節）。Augustine, *De magistro*, XIV, 45, 46を見よ。

（3） *De magistro*, XI, 38.

中世文化はしばしば、その深い統一性と同質性のゆえに称えられてきたし、またこのことは正しい。一見したところ、そこに欠けているのはすべての抗争であり、あらゆる矛盾と不一致であって、それらは近代の文明に烙印を捺してゆくことになる。中世にあって、人間的な生の形式のいっさい――学問、宗教、道徳的な生と政治的な生――は、おなじ精神によって貫かれ、浸透されていた。それにもかかわらず忘れることのできないのは、中世の生がたがいに抗争しているふたつの知的な力、道徳的な力の所産であることだ。そうした裂け目を架橋し、思考と感情との対立しあう要素を結びあわせるためには、偉大なスコラ哲学の思想家たちのすべてに帰せられる、英雄的な努力を必要とした。問題は、最終的にいえば、トマス・アクィナスの体系において解決されたように思われる。しかしながらトマス・アクィナスの神、つまり聖書とキリスト教が啓示する神は、どのような意味でも、プラトンやアリストテレスの神とおなじものではない。スコラ哲学の思想家たちにこの基本的な差異を忘却する傾向が見られたのは、かれらが古典的テクストを、現在の私たちのようなやりかたで読むことがなかったからである。スコラの思想家は歴史的な真理については配慮するところがなかった。かれらが知り、またみとめていたのは、シンボル的な真理にかぎられていたのである。スコラの思想家たちは、批判的あるいは文献学的な基準を解釈にかんして有してはおらず、かれらが使用したのは、アレゴリー的で霊的な解釈という中世の方法であった。そういった方法によってかれらは、道徳的意味（*sensus moralis*）、比喩的意味（*sensus anagogicus*）、神秘的意味（*sensus mysticus*）を、古典的な著作家たちから読みとろうとしたのであった。

中世期をつうじて対話篇『ティマイオス』が、プラトン主義にかんして、唯一のとはいわないにしても主要な源泉でありつづけた。しかも『ティマイオス』におけるプラトンの思考と文体は、この種のシンボル的解釈にとってきわめて好適なものであることは、はっきりしていたのである。キリスト教的な啓示をかたちづくるさまざまな要素のすべてをそこに発見することはたやすかった。プラトンは『ティマイオス』の冒頭で、世界は、それが目にも見え、手でふれられ、物体をうちに含むものであるかぎりでは創造されたものであり、創造されたものは必然的に一箇の原因を有していなければならない、と宣言していたではないか。かれは、「父であり造り手である者」をこの宇宙について見いだすのはきわめて困難であって——そしてたとえその者を見つけだしたにせよ、万人にそれを告げしらせることは不可能である、と語っていたではないか。[1] こうしたいっさいは、より高くいっそう優れた啓示にかんする、すなわちキリストの受肉についての預言というものではないだろうか。

（1） *Timaeus*, 28 C, 37 C.

中世の思想家たちが、プラトンのテクストをこのように読み、そのように解釈したのは、理解できるばかりでなく、じっさいそれは避けがたいところでもあった。とはいえさらにくわえて驚くべきは、同様の見解が現代の学者たちによってもなお主張され、擁護されているということである。かれらはプラトンの全著作にかんして十分な知識をもち、批判的で歴史的な解釈のための近代的な方法のすべてを手にしているにもかかわらず、ということだ。かれらがまた私たちを説得しようとして、言いつのってきたところによると、根底的にいえば、同一性ではないにしても完全な調和が、プラトンの「造物主《デミウルゴス》」と旧約聖書の人格神とのあいだに存在している。けれどもこの提題は、およそ維持することができない。なによりまずあきらかなのは、プラトンがその『ティマイオス』で展開しようと意図しているのは、けっして首尾一貫した一箇の「神学」ではない、ということである。神性をめぐるプラトンの真の捉えかたを知るためには、かれのその他の著作を研究する必要があるのであるが、それらの大部分は、中世の思想家には知られていなかったのだ。プラトンが『ティマイオス』で与えているのは、哲学的ないしは神学的な体系ではまったくない。かれ自身は、私たちにくりかえし、そのような見解に対して警告している。プラトンが私たちに告げるのは、じぶんが提供することのできるのはただ「蓋然的な思いなし」であるにすぎない、という件である。「生成に対して存在が有している関係とは」、とプラトンは語っている。「信念に対する真理の関係とおなじである。ということなら、神々や宇宙の生成をめぐるさまざまな思いなしのうちで私たちがなんらかの考えを挙示したとして、その考えがまったくあらゆる観点から精確でたがいに一貫したものとならないにしても、驚いてはならない。他のどのものに劣らないくらいの蓋然性を具えたものを示しうるならば充分としなければならない。なぜなら、憶えておく必要があるのだが、語り手である私にしても、それを判断しようとするあなたがたにしても、死すべきものにすぎないからだ。私たちとしては、ありそうに思える譚《はなし》を受けいれ、それ以上は求めるべきではない、ということさ(1)」。こうしたことばは、あたかもプラトンはここであらたな宗教の預言者のように語っているふうには聞こえない。かれはじっさいに、その創造譚が骨休めの仕事といったもの、つまり「賢く、適度な暇つぶし(2)」たることを要求しうるものにすぎないとすら語っている。思索する者が基礎的な宗教上の真理を啓示しようという場合なら、それを暇つぶしなどとは呼ばないことだろう。プラトンのデミウルゴスは宇宙論的な概念であって、倫理的ないしは宗教的な概念ではない。デミウルゴス崇拝なるものについて語りだすとするなら、それはバカげたはなしということになるだろう。

(1) *Timaeus*, 29 B f.; cf. 48 D-E. Jowett trans., III, 449, 468.
(2) *Idem*, 59 C-D, *loc. cit.*, p. 480.

ほかにもさらに重要な理由があって、私たちには、プラトンのデミウルゴス神話と旧約聖書の一神教とのあいだに、およそいかなる並行関係を考えることも許されていない。プラトンのいうデミウルゴスは、創造者ではなく「工匠」である。デミウルゴスは世界を無から創造するわけではなく、かたちのない素材にかたちを与え、規則性と秩序を導きいれるにすぎない。その力は無際限なものではなく、「必然性」によって制限され、くだんの必然性が創造の行為に対立し、その裏をかくことになる。「創造とは混合のことであり、必然性と知性とがそれを造りあげる。知性の側が支配する力なのであって、必然性の側を説きふせて、被造物の大部分を完成へともたらし、そのようにして（中略）知性の与える影響が必然性を上まわったそのときに、宇宙は創造されたのである」[1]。

（1） *Idem*, 47 E f., *loc. cit.*, p. 467.

プラトンの宗教を、その本来の意味で理解しようと思うなら、『ティマイオス』で与えられた叙述のみで満足するわけにはいかない。そこで見いだされるものは、ただの副産物にすぎず、副産物が示すものといえば、プラトンの宗教思想の周辺部であって、中心部ではない。中心部分は、『国家』第六巻でプラトンが〈善〉のイデアを記述するところに見いだされなければならないのである。古代でも近代であっても、〈善〉のイデアはしばしば、プラトンのデミウルゴスと同一視されてきた[1]。とはいえ、プラトンのテクストと思想とをより仔細に分析してみれば、そうした同一視は不可能であることが判明する。論理的にいっても、また形而上学的にみても、〈善〉のイデアはデミウルゴスとおなじ次元に存在していない。デミウルゴスは神話的な概念であるけれども、いっぽう〈善〉のイデアは弁証法的な概念である。前者は「ありそうな思いなし」の領圏に属しているが、後者が所属しているのは真理のそれである。デミウルゴスは人格的な行為者として描かれているのであって、かれはつまり「名工」であり、あるいは「工匠」なのである。〈善〉のイデアの場合は、けっしてこのようにとらえられることができない。他のすべてのイデアとおなじように、〈善〉のイデアには客観的な意味と真理がある。それは原型であり、範型であって、それにしたがって神的な名工がみずからの作品をかたちづくるものである。〈善〉のイデアを見やりながらその者は世界をつくり、そのさいかれは、じぶんの作品が可能なかぎり、永遠なる典型の完全さに近づくことを切望している。プラトンのデミウルゴスは善いものであるけれども、それはけっして「〈善〉そのもの」ではない。デミウルゴスは〈善〉自体ではなくその代理人であり、管理者であるにすぎない。プラトン体系にあってこの件は一箇の基本的な差異を意味しているのであって、この間の消息は『ティマイオス』そのもののなかで明晰に表現されているところである。「世界がじっさいに美しく、その工匠が善なるものであるならば、工匠が永遠なるものに注視していたはずであることはあきらかである。他方で、それを口にすることが冒瀆とならざるをえないことのほうが真理であったならば〔右のとおりではないということなら〕、創られたものに注視したということになってしまうだろう。だれであれ見てとることのできるように、工匠は永遠なるものに注視したのである。世界はさまざまな被造物のうちでももっとも美しく、〔それを造った〕工匠はもろもろの原因のうちで最善のものだからである」(2)。〈善〉のイデアはこうした「原因」として描きとられることができない。それは形相因もしくは目的因ではあるけれども、作用因ではない。〈善〉のイデアが属するのは存在の領圏であって、生成の領圏ではない。それらふたつの領圏のあいだには尖鋭な分断があり、ほんとうの深淵が存在する。一方から他方へ移行することは不可能なのだ。〈善〉のイデアは実際いっさいのものの「根拠」と記述されようし、またされなければならない。とはいえその根拠は、人格的な、いいかえるなら個別的な意志ではない。イデアに人格性を帰するとすれば、それは一箇の語義矛盾なのである。イデアとは普遍的なものであって個別的なものではないからだ。『国家』中の有名な比喩にあって、プラトンが私たちに告げるところによるなら、〈善〉のイデアが、叡知界のうちで占める位置は、感性界において太陽が占めるそれとおなじである。太陽が、視覚と可視的な事物に対して有している関係は、〈善〉そのものが叡知界のなかで、知性と叡知的な対象とに対して担っている関係と同一なのである。太陽なら、私たちが目にする事物を可視的なものとするばかりではなく、またそれらを存在させて、生育させる。この件は知の対象にかんしても同様なのであり、それらの対象もまた〈善〉からじぶんが知られうるための力と、みずからの存在そのものと実在性とを引きだしてくるのだ。[3] だがしかし、プラトンのことば遣いのなかで、実在、真なる存在が意味するものはだんじて経験的な実在性ではない。〈善〉は、プラトン体系にあって、認識根拠(*ratio cogoscendi*)であるとともに存在根拠(*ratio essendi*)ではあるけれども、生成の根拠(*ratio fiendi*)ではない。なんとなれば、いかなるイデアであっても、有限な経験的事物を産出すること、つまり生みおとすことはできないからである。そうした発生について語るとすれば、それは比喩的意味において言われているだけなのであって、存在論的な意味にあってのことではない。

(1) 現代の学者のなかでこの見解を主張してきたのは、テオドール・ゴムペルツである。以下に挙げるかれの著書を参照のこと。*Griechische Denker*, Bk. V, chap. XIX. English trans. by G. G. Berry (London, John Murray, 1905), III, 211f.
(2) *Timaeus*, 29 A, *loc. cit.*, p. 449.
(3) *Republic*, 507, 508. Cornford trans., pp. 214f.

アリストテレスの見解は、これとはまったく異なっているように見える。アリストテレスは、現象界と叡知界とのあいだをプラトンのように切断することをみとめない。前者の体系のなかで神は、作用因であるとともに目的因でもある。神は第一動者でありながら、みずからは動かされない。だから、アリストテレスの神とキリスト教の神とのあいだに並行関係をみとめることは、遥かに容易だったのである。トマス・アクィナスはじっさい、アリストテレスの神学と形而上学の全体を受けいれるのに、なんの困難もおぼえなかった。とはいえトマスがそれを受容することができたのは、ひとえに、アリストテレスの教説をトマス自身の意味で解釈して、その著者にじぶんの個人的な宗教的感情をことごとく注ぎこむことによってである。アリストテレス自身の著作を研究してみると、まったく異なった描像がみとめられよう。アリストテレスの神は、ギリシア的な主知主義が生んだ最良の、古典的な実例である。たしかにアリストテレスの『自然学』や『形而上学』のなかでは、神への愛が第一の運動原理として描かれている。神が世界を動かすのは機械論的な刺戟によるのではなく、精神的な誘因によって――愛される対象が愛する者を動かすのとおなじ意味で――である。目的因が運動が引きおこすのは、それが愛されることによってであり、さらに目的因が動かすものによって、それは他のすべてのものを動かす。第一の動者が、かくて必然的に存在しなければならない。かくてまた第一動者が必然的であるかぎり、それは善いものであって、またその意味で第一の原理である。他方この第一動者は、自然的な意味においても倫理的な意味にあっても不動のものである。第一動者は人間の願望にとって近づきがたく、それが人間の欲望に従属することもありえない。それらのいっさいを、第一動者は遥かに超えているのだ。神とは *actus purus*――つまり純粋な現実態である。だがその活動は知的な活動であって、倫理的な活動ではない。神はその思考に没頭しており、じぶんの思考以外に他のいかなる対象も有していない。こうしてアリストテレスは生命を神に帰することができたのであるけれども、その生命、思考の生命は人格的な生命ではない。それは、純粋に理論的で観照的な生命なのであった。「このような原理に、こうして、天界も自然界も依存している。そしてそれは、私たちが享受しうる最善の生であるとはいえ、私たちがそれに与ることができるのは、ほんの束の間にすぎない(それはつねに変わらずこのような状態にある一方で、私たちはそのようにはありえないからである)。(中略)思考は自己自身を思考するけれども、それは思考の対象と、その本性を共有するものだからである。なぜなら思考は、思考の対象と接触し、それを思考することで、思考の対象〔そのもの〕となるからであって、だから思考と思考の対象とはおなじものであるからだ。(中略）しかし思考は、思考のこの対象を所有しているときに現実態にあるのである。それゆえ所有しているときのほうが受容しているときよりも、神的な要素を思考はうちに含んでいるように思われ、そして観想の活動はもっとも快く、もっとも善いものである。（中略）さらに生命が神には属しているのであるが、それは思考の現実態とは生命であり、神こそがその現実態であるからである。かくて神の自足した現実態が、もっとも善く、かつ永遠な生命なのである(1)」。

（1） Aristotle, *Metaphysica*, Bk. XII, 1072b, English trans. by W. D. Ross, "The Works of Aristotle" (2d ed. Oxford, Clarendon Press, 1928), vol. VIII.

アリストテレスが描きとった神のこの永遠の生命は、預言者たちの宗教のなかで見いだされる生命とは、種類を異にしている。預言者にとって神は、みずからをその対象とする思考ではない。神とは人格的な立法者であって、道徳的な法の源泉である。これが神の最高の属性、しかも或る意味ではその唯一の属性なのである。私たちは神を、事物の本性から借りてこられたどのような客観的性質によっても描きとることができない。神のなまえというものがそういった性質を明示することを意味するものならば、神にはいかなる名称もない。「出エジプト記」で語りだされているのは、モーセが神に、その名をたずねるさまである。「私がイスラエルの子らのもとへゆき、かれらに「あなたがたの先祖たちの神が、あなたがたのもとへ私を遣わした」と言ったときに、かれらが「その名はなんというのか」と私に訊いたとすると――どう答えたものでしょうか？　神はモーセに言われた。われは「在りて在る者」である。また言われた。イスラエルの子らに向かってこう告げよ。「われ在り」というかたが、私をあなたがたのもとへ遣わされた、と」[1]。これらのことばがしるしつづけているものは、言ってみるならば、ギリシア思想とユダヤ思想、プラトンやアリストテレスの神とユダヤの一神教の神とを分かつ分水嶺なのだ。神を思考のなんらかの対象と引きくらべることはできず、その本質を純粋思考の作用によって描きとることもかなわない。神の本質はその意志なのであり、神の唯一の啓示《レヴェレーション》はその人格的意志の顕示《マニフェステーション》である。そうした人格的な啓示は倫理的行為《アクト》であって論理的な作用《アクト》ではなく、ギリシア精神にとってはまったく異質なものなのだ。そこでは倫理法則は、超人的な存在から「与えられ」あるいは布告されるものではなく、私たち自身がじぶんで、理性的で弁証法的な思考をつうじて発見し証明しなければならないものである。この件が、ギリシアとユダヤの宗教思想のあいだに存在するほんとうの差異なのである——くわえてこの差異とは克服しがたく、また抹消しがたいものなのだ。「ギリシア思想は」とジルソンが、中世哲学の精神をめぐるその講義のうちで語っている。「この本質的な真理に到達することがなかった。その真理が一撃のもと、なんら証明の影すら帯びることなく示されるのは、聖書の偉大なことばによってなのである。すなわちいわく、「イスラエルよ聞け、私たちの主なる神は唯一の主である」(*Audi Israel, Dominus Deus noster, Dominus unus est*)」。[(2)] スコラの思想家は、だれひとりとして、すなわちトマス・アクィナスすらも、問題にかんするギリシア的な解決を留保なく受けいれることができなかった。かれらはだれもみな——すなわち聖アウグスティヌス、聖ヒエロニムス、聖ベルナルドゥス、ボナヴェントゥラ、ドゥンス・スコトゥス——「出エジプト記」の文言"*Ego sum qui sum*"つまり「われは在りて在る者である」を引用したものである。[(3)]「人格とは」、とトマス・アクィナスは言う。「自然全体のうちでもっとも完全なものであり、すなわち理性的な自然のうちで存立するものを意味している。それゆえ(中略)この「人格」という名称が神について語られるのはふさわしいところである。とはいえ、それは、被造物にかんして語られるのとおなじ仕方ではなく、よりすぐれた仕方で語られるのである」(*Persona significat id quod est per-*

fectissimum in tota natura, scilicet subsistens in rationali natura. Unde ... conveniens est ut hoc nomen "persona" de Deo dicatur; non tamen eodem modo quo dicitur de creaturis, sed excellentiori modo(4)。

(1) 出エジプト記(第三章一三、一四節)。

(2) E. Gilson, *L'esprit de la philosophie médiévale*, Gifford Lectures, 1931-32 (Paris, Vrin, 1932), p. 49. English trans. (New York, Charles Scribner's Sons), p. 46. ジルソンが言いおよんでいる一節は、申命記(第六章四節)。

(3) 証拠については、以下を参照。Gilson, *op. cit.*, chaps. III, V, X.

(4) Thomas Aquinas, *Summa theologica*, Pars Prima, Quaest. XXIX, art. 3.

私たちとしては、中世思想が歴史的に、ギリシア的思弁とユダヤ預言者の宗教という二重の源泉を有することをこころに留めて、その体系的展開を理解しなければならない。スコラ哲学の全行程をつうじて、私たちがたえず出会うのはおなじ抗争なのであって、それは「信仰」と「理性」、あるいは「神学者」と「弁証法論者」のあいだで争われている。これらの両極端のあいだでは、およそどのような諒解も調停も不可能であるかのように思われた。そこにはつねに狂信家が存在して、理性を全面的に放棄することを要求している。かれらが拒絶し弾劾したのは、理性的な活動のいっさいなのである。十一世紀では、ペトルス・ダミアニがこうした性急な神学者のひとりであった。おそらくは他のいかなる中世思想家であれ、理性にかんしてこれほどまでに軽蔑的な仕方で語った者はいないだろう。理性ということでかれが考えていたのは哲学ばかりでなく、自由学芸(＊1)や世俗的学問の全分野なのであった。ダミアニは学問の「尊大さ」について語った(1)。弁証法ばかりか文法もまた、真の宗教にとってもっとも危険な敵のひとりであると宣言されたのである。ペトルス・ダミアニにしたがうと、悪魔こそ文法の発明者であって最初の文法学者なのだ。文法の第一課は、同時に多神教の一課なのであった。なんとなれば、文法学者は「神々」について複数形で口にした最初の人間だったからである(2)。およそ理性がなんらかの仕方で容認されるならば、それはわき目もふらず従属しなければならない。理性は、信仰の命令にしたがわなければならないのである(3)。なぜならば、私たちの論理が完全で、欠陥のないものであったにせよ、論理は人間的なものごとにのみ適用されて、神的なそれには適用されないだろうからである。推論によって神の知に到達することはできないし、神が私たち人間の論理に属する瑣末な諸規則に束縛されているわけでもない。ただ聖なる単純さ、信仰の単純さによってのみ、私たちは理性の誘惑や誤謬から救いだされることができるのである。「それゆえ、真の智慧である神において、探究と知解とに終止符を打て」(*In Deo igitur, qui vera est sapientia, quaerendi et intelligendi finem constitue*)。太陽を見ようとして、とペトルス・ダミアニは言う、ひとはろうそくに火を灯しはしないものだ。(4)

(1) Petrus Damiani, *De sancta simplicitate scientiae inflanti anteponenda*, “Patrologia Latina”, Tom. 145, col. 695–704. Cf. J. A. Endres, *Petrus Damiani und die weltliche Wissenschaft*, “Beiträge zur Geschichte der Philosophie des Mittelalters”, herausg. von Cl. Baeumker (Münster, Aschendorff, 1910), VIII. 3.

(2) *De sancta simplicitate*, cap. I, col. 695 B.

(3) Damiani, *De divina omnipotentia*, cap. 5, “Patrologia Latina”, Tom. 145, col. 603 C.
「しかしこの人間的な学芸への没頭は、それが聖なる教えのことばを論じるために使用される場合には、主導権を奪いとって、みずからに帰するような傲慢なことがあってはならない。ただあたかも奴婢が女主人に対してそうであるように、いわば奴隷の服従をもって仕えるべきである。じぶんのほうが先に立って進めば、道に迷い、かくて外面的なことばが首尾一貫していることにだけ従って、聖なる徳の光と真理の正しい途とを見失ってしまうが、そうしたことのないようにするためである」(*Quae tamen artis humanae peritia, si quando tractandis sacris eloquiis adhibetur, non debet jus magisterii sibimet arroganter arripere; sed velut ancilla dominae quodam famulatus obsequio subservire, ne, si praecedit, oberret, et, dum exteriorum verborum sequitur consequentias, intimae virtutis lumen et rectum veritatis tramitem perdat*)。

(4) *De sancta simplicitate*, cap. VIII, *op. cit.*, p. 14.

(*1) 古代末期以来の伝統で、中世の人文的教養の基礎をもなすもので、文法学・修辞学・弁証法の三科と、算術・幾何学・天文学・音楽の四科とをさす。いわゆる「七自由学芸」としての「リベラル・アーツ」の源泉である。

中世の神秘主義者たちは、より穏やかな調子で語っているとはいえ、理性を断罪する点について、すこしも劣らず断言的で非妥協的である。クレルヴォーのベルナールは、その当時の弁証法論者に対して強力な攻撃をしかけ、アベラールの断罪へと漕ぎつけることでその目的に到達した(1)。ベルナールもまた弁証法のうちに、真のキリスト教徒の生に対する最大の障害のひとつを見ていたのである。いっさいの異端は、その源泉を同一の根本的な悪徳、すなわち人間理性の自負と不遜とに有している。理性は審判者でもなければ、支配者でもありえない。なんとなれば理性は、枢要な目的、つまり人間のたましいの神との神秘的合一の途上に立ちはだかるものであるからだ。クレルヴォーのベルナールが慨嘆して言うには、哲学者や弁証法論者たちが与えているものといえば、複雑で洗練された思弁的問題に没頭し、単純な精神を具えたひとびとの信仰を嘲笑する、〔悪しき〕実例なのである。(2)

(1) Cf. Endres, *op. cit.*, p. 14.
(2) Gilson, *La théologie mystique de Saint Bernard* (Paris, Vrin, 1934)を参照。

十一世紀における弁証法の先駆者たち、いわゆる「理性的」思想家すなわちカンタベリーのアンセルムスやアベラールといったひとびとが、こうした挑戦を受けてたつ。その神学上の論敵は、かれらがキリスト教の啓示の権威を弱体化し、信仰の基礎を掘りくずしてしまうと批難した。かれらは当のおなじ論難を、じぶんたちを攻撃して敵対する者に対して切りかえす。合理的思考の価値を否定し、もしくは最小化しようとすることは、とかれらは宣言する。信仰からそのもっとも確実で主要な支えを奪いとることを意味する。理性は危険や障害であるどころか、最強の武器のひとつを真の宗教に対して与えて、その不可欠な要素のひとつとなるものなのだ。カンタベリーのアンセルムスは、神の存在をめぐって有名な存在論的証明を与えるだけでは満足しなかった。アンセルムスはきわめて大胆なことに、おなじ方法を、キリスト教教義学の領域の全体に押しひろげた。その贖罪論にあってアンセルムスが論証しようと努力したところによると、キリストの受肉はたんに偶然的な歴史的事実ではなく必然的な真理なのである。おなじやりかたでかれは、神における三つの位格という教義をも論じた。かれの著作にあってキリスト教の教義は、言ってみれば理性が浸透しうるものとなり、神秘は消えさってしまったかに見える。

（1）アンセルムスの以下の論攷を参照。*Cur Deus Homo*, "Patrologia Latina", Tom. 158, col. 359-432.

（＊1）『プロスロギオン』で展開されたもの。神は存在しないとこころに呟く「愚かな者」も、「それよりも大なるものを、なにも考えることができない或るもの」(*aliquid, quo nihil majus cogitari possit*)ということばを聴くときには、それを知解する。「そしてもちろん、それより大なるものを考えることができないものが、知解のうちに(*in intellectu*)のみ在ることは考えられない」。そのものはたんに知解のうちばかりではなく「もののうちにも在り」(*esse in re*)、すなわち実在としても存在する。この証明を、最大のスコラ哲学者、トマスは否定したけれども、スコトゥスは再解釈してとり上げ、また近代以降でもデカルト、スピノザ、ライプニッツ、ヘーゲル等は支持し、ロック、カントなどが批判している。

にもかかわらずひとつの点が残されており、そこでは真の不一致は、ふたつの党派に属するそれぞれの極端な論客のあいだにも存在しない。中世の「理性主義《ラショナリズム》」と口にすることはひどく不正確で、適切さを欠く語り口だ。中世の体系にあって、近代的な、私たちの考えるような合理主義《ラショナリズム》、すなわちデカルト、スピノザ、ライプニッツ、あるいは十八世紀の「フィロゾーフ」〔啓蒙主義者〕のうちにみとめられるような思考の傾向を容れる余地は存在しないからである。スコラ哲学に所属するどのような思想家も、いかなるときであれ、啓示された真理こそが絶対的に優位に立っていることについて真剣に疑った者はない。この点にかんしては、弁証法論者と神学者はまったく異口同音に同意していた。「私は哲学者であることなど欲しない」、とアベラールはエロイーズへの書簡のひとつで書いている。「パウロに反するくらいなら。アリストテレスにしたがうことも欲しはしない、かりにキリストから離反するくらいであるならば」(*Nolo sic esse philosophus, ut recalcitrem Paulo; non sic esse Aristoteles, ut secludat a Christo*)(1)。理性の

「自律」は、中世の思考にとってまったく異質な原理なのであった。理性がそれ自身の光を具えることはできない。みずからの仕事をなしとげるために、理性はより高次な照明の源泉を必要とする。この面からいうなら、神が教師である(*magisterium Dei*)とするアウグスティヌスの理論が、中世の思想家たちの精神に対して、その権威を喪失することはけっしてなかったのだ。ここでもまた私たちとしては中世思想を、預言者の宗教におけるその歴史的な起源にまで辿ってゆくことができる。アウグスティヌスが引用していたのは、イザヤの格言、"*Nisi credideritis, non intelligetis*"――すなわち「もしもなんじたちが信じないならば、なんじたちは理解することがない(2)」であった。このことばは、知をめぐる中世期の理論にとってその隅石ともなったのである。理性はそれだけではなにも見ることができず、無力なままであるけれども、信仰がそれを導いて照明を与えるとき、理性はそのまったき強さをあかし立てる。信仰の行為からはじめるなら、私たちは理性の力を信頼することができるが、それというのも、理性が私たちに与えられているのは、それ自身を独立に用いるためではなく、信仰が教えるものを理解し、解釈するためだからである。信仰の権威が、つねに理性の使用に先だっていなければならない――すなわち「自然の秩序とは、私たちがなにごとかを学ぶ場合には、権威が理性に先だつということである」(*naturae quidem ordo ita se habet, ut cum aliquid discimus rationem praecedat auctoritas*)。とはいえこの権威がいったん承認され、確乎として打ちたてられるならば、道は開ける。ふたつの力がたがいに補いあって、相互に強めあうことができるのだ——「それゆえ、信じるために知り、知るために信じよ」(*ergo intellige ut credas, crede ut intelligas*)(3)。

(1) Abélard, *Epistolae*, "Patrologia Latina", Tom. 178, col. 375 C: Epistola XVII.
(2) イザヤ書(第七章九節)。
(3) より詳細な点については、ジルソンが引用するテクストを見よ。*Introduction à étude de Saint Augustin* (3d ed. Paris, Vrin, 1931), chap. I.

この原理は、すべてのスコラ哲学者たちによって採用された。それが古典的なかたちで表現されているのは、カンタベリーのアンセルムスの一著作にあってのことである。その「理性主義」にもかかわらず、アンセルムスはまず、私たちはなんら論証を俟《ま》つことなく、キリスト教の基本的な真理を受容しなければならないことを強調するところから開始する。たんなる弁証法を介することでは、それらの真理へと到達するのを望むことはできず、合理的な方法をつうじてその確乎たる真理になにかを付けくわえることができるわけでもない。教義そのものは、議論を俟つことなく、揺るがしがたく、また反論の余地がない。(1) いっぽう、宗教的真理が理性によって確立されるものではないとはいえ、それらは理性に反するものではなく、理性に抗うものというわけでもない。真の調和が、ふたつの領域のあいだには存在するのである。たしかに神の恩寵という特別な作用が、人間がこの調和を手にするために必要とされる。かくてアンセルムスは、みずからの探究を祈りからはじめて、じぶんが堅く信じるところを理解しようとするその努力について、神がアンセルムスを助力することを乞いねがっているのだ。(2) それのみが、ただひとつ真なる方途なのである。「ただしい順序の命じるところでは、キリスト教信仰の深遠な神秘を論じようとするまえにそれをまず信仰することが求められているかぎり、みずからの信仰が確たるものとされたのちに、信じるところを理解しようとするのでなければ、それは一箇の怠慢であるように私には思われる(3)」。

(1) Anselm. *Cur Deus homo.* Lib. I, cap. 2, *op. cit.*, Tom. 158, col. 362 C:「たとえ私が信じているなにごとも、理性によって理解することができないにしても、私からこの信仰の堅固さを奪いさることのできるものはなにひとつとして存在しない」(*ut etiam si nulla ra-*

tione quod credo possim comprehendere, nihil tamen sit quod me ab ejus firmitate valeat evellere）。

（2）以下を参照。Anselm, *Proslogion*, "Patrologia Latina", Tom. 158, col. 227 C, cap. 2:「神よ、信仰の知解を与える者よ、なんじが益ありとみとめるかぎりで、私たちの信ずるとおりになんじが在ることを、私が知解することを私にゆるしたまえ。また私たちの信ずるところのものでなんじが在ることを」（*Domine, qui das fidei intellectum, da mihi, ut, quantum scis expedire, intelligam, quia es, sicut credimus; et hoc es, quod credimus*）。

（3）*Cur Deus homo*, Lib. I, cap. 2.

これでは、ジレンマからほんとうに脱出したことにはなっていない。それは、問題の解決そのものというよりは、解決を求めてやまない、こころの底からの憧憬なのであった。理性と信仰とのあいだの古来の葛藤は、くりかえし爆発してきたのである。しかしながら、知解をもとめる信仰（*Fides quaerens intellectum*）という信条は、すくなくとも共通の舞台あるいは基礎を、それ以降の議論のいっさいに対して提供することになったのだ。かくしてアンセルムスからトマスへといたるスコラ思想の代表者たちはすべて、この信条を受けいれることができたはずである。かくしてまたトマス・アクィナスの体系が、決定的な解決を約束するものであるかのように思われた。信仰によって強められた理性(*ratio confortata fide*)というトマス・アクィナスの方策をつうじて、理性はそのあらゆる権利と尊厳とを恢復させられ、自然界と人間界に対する完全な支配を手中におさめたかに思われたのである。

Ⅷ　中世哲学における適法的国家の理論

プラトンの『国家』は、それをもっとも高く評価する者たちによってさえ、政治的なユートピアを描いたものであるとされるのが常であった。それは政治思想の古典的模範であるとみなされる一方、実際の政治的生にとってはどちらかといえば、ほとんどかかわりのないものであるかに見えた。しかしながら、中世の公的で社会的な生を注視してみると、私たちとしてはこういった判断を訂正しなければならない。そこではプラトンの〈適法的国家の理念〉が、現実的で能動的な効力となっていたことがわかる。つまりその理念が一箇の巨大な力となって、ひとびとの思想に影響を与えたばかりではなく、人間の行動にとって強力な推進力となっていたということなのである。国家にとって第一の主要な課題が正義の維持にあるとする提題が、中世政治理論にあってまさに焦点となったのだ。この提題は中世の思想家すべてに受けいれられて、また中世文明のあらゆる形式のうちへと入りこんでいった。初期の教父、神学者や哲学者、またローマ法学者や政治論者、市民法ならびに教会法の研究者たちもこの点ではまったく一致していた。(1) アウグスティヌスはキケロの『共和国論』の一節を引用しているけれども、そこでキケロが語るところによれば、正義が法と組織された社会の基礎であって、正義の存在しないところには共同体《コモンウェルス》は存在せず、真の国家(*res publica*)もまた在りえないのである。(2)

(1) この問題にかんしては、以下の著作中にみられる豊富な証拠を見よ。R. W. and A. J. Carlyle, ***A History of Medieval Political Theory in the West*** (3d ed. Edinburgh and London, W. Blackwood & Sons, 1930), 6 vols.

(2) 以下を参照。Augustine, *City of God*, Bk. II, chap. XXI, Dods trans., I, 77.

この点では中世と古典古代の理論とのあいだには完全な一致が見られる一方、にもかかわらずそこにはなお差異が残されており、その差異は理論的に興味を引くものであるばかりでなく、きわめて重要な実践的帰結をも含んでいる。その基礎的原理にしたがうならば、中世期にあっては、抽象的で非人格的な正義などおよそ考えることができなかった。一神教的な宗教においては、律法《ロー》はいつでも、人格的な源泉にまで遡られなければならない。立法者なくして、法《ロー》はありえない。正義がなんらかの偶然的なもの、たんなる規約の問題とみなされるべきではないとするなら、この立法者は、いっさいの人間的な力を超えたものとなる必要がある。超人間的な意志こそが正義にあって顕示されるのである。ところでプラトンの〈善〉のイデアは、そういった超人間的な権威を必要とはしていない。プラトンの思想と用語のなかでは、ありとあらゆるイデアは、*αὐτὸ καθ' αὑτό*, すなわちそれ自身によって存在するもの（*ens per se*）である。イデアはそれ自体で存在し、また存続する。イデアには、客観的で絶対的な妥当性がある。アウグスティヌスとしては、このような原理を受けいれるわけにはいかなかった。プラトンのイデアに対して、みずからの教説のうちで場所を与えようとするならば、アウグスティヌスはイデアを再‐定義する必要があったのだ。つまりそれを、神の思考のうちへ移しかえなければならないのである。この件は、たんに形而上学的あるいは存在論的な区別であるに留まらない。意味するところは、遥かに大きなものだった。〈善〉はもはや、みずから自身を維持し保証することができない。弁証法的な方法によるのみでは、私たちは〈善〉に到達するのを希望することができず、その真の意味を把握することもできない。ここでもまた人間の知性は、より高い力に服従しなければならない。私たちはなおも、神の法に対するものとして区別された「自然」法について語ることはできるだろう。けれどもキリスト教的な思考にあっては自然さえも、分離され独立した存在をもつことがない。自然もまた神の業であって、被造物なのである。おなじ意味で、倫理的な律法のいっさいは神によって創造されたものであり、それが啓示するのは人格的な意志にほかならない。そもそものはじまりから教父たちはこうした見解を主張していた。その論攷『ケルスス駁論』においてオリゲネスは、法がすべてのものの王であることをみとめている。とはいえかれが付けくわえて語るところによれば、すべての真のキリスト教徒にとって、この法は分離され独立したものではなく、神の意志と一致したものなのである(1)。

（1）Origen, *Contra Celsum*, V, 40; Carlyle, *op. cit.*, I, 103f..

しかしながらそこにはいまひとつ、より重要でさえある特徴が存在しており、その特徴によって中世の自然法理論は、プラトンやアリストテレスから乖離してゆく。プラトンは、正義を「幾何学的な平等」と定義した。あらゆる個人が共同体の生に参入するとはいえ、この参入は、しかしいかなる意味でもおなじ仕方ではおこなわれない。正義とは、権利の平等とひとしいものではないのだ。プラトンの国家にあっては、各人とすべての社会階級とに、共同の仕事におけるそれぞれの仕事が割りあてられる。が、かれらの権利と義務とは、きわめて異なったものとなる。この件はプラトンの倫理学の性格のみによるものではなく、かえって第一により主要には、その心理学の性格に由来する。プラトンの形而上学的な心理学は、人間のたましいの区分にもとづいている。人間の性格は、そのように区分されたたましいが具える三つの要素間の割合により決定されるのだ。「私たちが知を手にするのは」、とプラトンは問うている。「たましいのひとつの部分によってであり、怒りを感じるのはまたべつの部分によることであって、さらにしかし第三の部分によって、食、性、その他の快楽を欲するのではないか？（中略）あきらかに、おなじものが、同時にふたつの対立したやりかたで行動したり、あるいはおなじく、対立するふたつの状態にあることは不可能である。（中略）かくして、そういった相反する行動や状態が、問題となっている要素のうちにみとめられるとするなら、そこにはひとつ以上のものが含まれていることが知られるはずである」(1)。たましいが反省的に思考する部分については理性的なものと呼んでよいだろうし、飢えや渇き、その他なんであれ感覚的な欲望を感じる部分は、欲求的なものと呼んでおいてよいだろう。

(1) Plato, *Republic*, 436 A f. Cornford trans., p. 129.

しかし両者のあいだには、もうひとつの要素が存在しており、その要素は、プラトンの用語では *θυμοειδές* ――すなわち「怒りやすい」もしくは「気概のある」要素として記述される。このおなじ区分が国家のたましいのなかでもあらわれる[1]。プラトンの国家は異なった階級に分割されるけれども、それはおなじ数だけの相異なったたましいに対応している。――それらの階級が代表するものは、異なった類型に属する人間の性格なのである。そうした類型は固定されていて、入れかえることができない。それらを変えようとする、すなわち支配者、兵士ならびに庶民のあいだの差異を抹消し、あるいは縮減しようとする目論見はなんであれ、そのいっさいが危険なものとなるだろう。そのようなことをすれば、人間本性の不変の法則に対して叛逆することになる。社会的な秩序というものは、その法則に準じたものでなければならないのである。哲学的な、あるいは「気概のある」たましいは、商人や職人のたましいとおなじものではなく、そのそれぞれが変更をゆるさない一定の構造を具えているのであるから、私たちとしても、異なった階級におなじ機能を帰属させるわけにはいかない。つまり相異なる階級を、おなじ水準にならべることはできないのだ。「かくて、難航したあげく」、とプラトンは結論づける。「私たちはようやく陸地に達したわけである。私たちがまったく一致したところによるなら、おなじ三つの要素が、国家のうちにも個人のたましいのなかにも、おなじように存在している。(中略)私たちの原理からすれば、生まれつきの靴職人や大工は、おのおのその職にとどまるほうがよい、ということになるけれども、その原理が正義の影であることがわかったわけだ。(中略)正しい人間ならば、じぶんのたましいのうちにあるいくつかの要素がたがいの機能を侵害しあうことなど許さないものだ。正しい人間とはじっさい、自制と訓練とによってみずからの家をととのえ、じぶん自身のうちに安らって、たましいのこれら三つの部分を、ちょうど音階の調和をかたちづくる〔高音、低音、中音の三つの〕部分のように、調和させる者なのである(2)」。

(1) *Idem*, 434 D ff. Cornford trans., p. 127ff.
(2) *Idem*, 444 C ff. Cornford trans., p. 136ff.

アリストテレスのみちゆきは異なったものであったけれども、結局のところおなじ結果に導かれる。その方法は形而上学的もしくは演繹的なそれではなく、経験的なものだった。アリストテレスが『政治学』において与えようとしたのは、国制のさまざまな形態の記述的な分析である。しかしながら、ほかでもなく経験的な観察者としてアリストテレスは、人間にあってその根本的な不等性を否定するのは不可能であるしだいを見いだした。人間は、その天賦の才においても性格についてもひとしいものではない。ここから帰結するのは、奴隷制の必然性なのである。奴隷制はたんなる因襲ではなく、自然に根ざしたものなのだ。プラトンが語ったのは「生まれつきの大工あるいは靴職人」であった。一方アリストテレスは、生まれつきの奴隷のことを喋々《ちょうちょう》している。じぶん自身を支配することのできない人間が、数多く存在する。かれらは国家の構成員であることができない。そうした者たちは、じぶん自身の権利や責任を有しておらず、より優れたひとびとから命令されなければならない。アリストテレスにしたがえば、奴隷制の廃止は政治的理想でも倫理的理想でもなく、たんなる幻想にすぎない。おなじことが、ギリシア人と異民族との関係にかんしても当てはまる。プラトンが『国家』で指摘していたところでは、ギリシア都市国家間の相互関係については妥当する行動規範は、異民族に対しては適用されることができない。戦時にあってさえ、ギリシア人はつねに友として、すくなくとも潜在的な友として取りあつかわれなければならない一方で、異民族はその自然的な敵である。「私たちが戦争と呼んでいるのはギリシア人が異邦人と戦っている場合であって、異邦人について私たちはそれを、ギリシア人にとっては自然的な敵と呼ぶことができるだろう。けれどもギリシア人は、その本性からしてギリシア人の友であって、かれらがたがいに闘う場合には、それはヘラス〔ギリシア人〕が不和に陥っていることを意味するのであり、内乱と呼ばれるべきなのである。（中略）かれらが想いおこすべきは、戦争〔内乱〕が永久につづくものではなく、やがてふたたび友とならなければならないということなのだ」(1)。アリストテレスは、さらに先にすすむ。若干の人間は生まれつき奴隷であるとするその判断を、アリストテレスは、あらゆる異民族へと拡張したように思われる。かれとしては、ギリシア人が異民族に対して生まれつきの支配者であることになんの疑問も抱いていない。

「ギリシア人が異民族を支配し、異邦のくびきがギリシア人たちの地に置かれないのは正当である。（中略）かれらは奴隷、われらは自由の民である」

エウリピデスを引きながら、アリストテレスはこう語るのだ(2)。

（1）*Idem*, p. 470. Cornford trans., p. 169.
（2）Aristotle, *Politica*, Bk. A. 2 1252b 8. 以下を参照。Euripides, *Iphigeneia in Aulis*, v. 1400. English trans. by S. Way (Loeb Classical Library, 1930), I. 131.

しかしながら、自由人と奴隷、ギリシア人と異民族とのあいだのこういった差別は、ことごとくギリシアの倫理思想の展開のなかで問題とされ、最後には一掃されるようになった。ストア主義の体系のなかで、あらたな知性的で道徳的な力が台頭してくる。たんに理論的な観点からすれば、ストア主義が要求することのできる独創性はごくわずかなものにすぎない。自然学、論理学ならびに弁証法にあって、ストア学派のひとびとは、他の源泉からその理論の多くを借りうけていた。かれらの哲学は、ただの折衷主義にすぎないかに見える。ストア学派のひとびとは、ヘラクレイトス、プラトン、アリストテレスからさまざまな教説をえらんで、それらを受けいれている。とはいえ人間にかんする一般的な捉えかた、宇宙における人間の地位についてストアの哲学者たちは、まさしくあらたな道を拓いたのである。かれらが導入した原理はあきらかに、倫理学的・政治学的・宗教学的な思考の歴史のなかで一箇の転回点となったのだ。正義をめぐるプラトンとアリストテレスの理想に対して、まったくあらたな捉えかた《コンセプション》が付けくわえられる。すなわち、人間の根本的な平等という構想《コンセプション》がそれである。(1)

(1) 歴史的にいえば、私たちはこの捉えかたを、〔紀元前〕五世紀のソフィストたちのいくらかにまで遡らせることができるだろうが、その真の意味と、根底的な帰結があらわれるのは、これをストア哲学の登場まで待たなければならない。

ストア学派の第一の倫理的要求は、「自然と一致して生きること」(ὁμολογουμένως τῇ φύσει ζῆν)である。けれどもかれらが訴える「自然の法則」は精神的《モラル》法則であって、物理的《フィジカル》なそれではない。いうまでもなく、ストアのひとびとにしたところで、自然的《フィジカル》な意味では、人間たちのあいだには無数の差異が存在することをまったく否定しない。たしかに、生まれの、地位の、気質の、知的な才能の差異はある。とはいえ倫理的な観点からいうならば、こういった差異《ディフェレンス》のいっさいは取るに足りないものである、と宣言される。それはどうでもよい《インディフェレンス》ことがらであり、人間の生の形相に影響を与えない。ただひとつ問題となることがら、人間の人格性を決定するものは、ことがらそれ自体ではなく、ことがらをめぐる人間の判断である。そういった判断は、どのような規約的な基準にも拘束されるものではない。その判断が依拠するのは自由な活動であって、その活動によってそれ自身の世界が創造されるのである。ストア学派のひとびとは、人間の本性における必然的なものと偶然的なものとのあいだに、明確な一線を引く。ただひとつ必然的なのは「本質」にかかわるもの、すなわち人間の道徳的価値《モラル》に関係するものだけなのだ。外的な環境、私たち自身の力の範囲外にある条件に依存することがらは、なんであれ考慮の外にあるのであって、問題ともならない。

人間のあいだに存在するもっとも重要な差異を抹消し、あるいは最小化することは、一見したところでは、ただのユートピア的な思考、哲学の夢にすぎないものであるかに思える。とはいえ、私たちが忘れてはならないのは、そういった思想をマルクス・アウレリウスが表明したことである。ちなみにかれは、哲学的な思想家であったばかりではなく、古代最大の政治家のひとりであって、ローマ帝国の支配者でもあったのだ。かつて一度でも、このような結びつきが可能であった時代が存在したということは、人間の文明の歴史にあって、もっとも注目すべき一事実にほかならない。

ストア主義がその歴史的使命を果たすことは、哲学的思考と政治的思考のあいだでこのような明確な同盟関係が存在しなければ、ありえなかっただろう。かくて、ローマの公的な生活は、ストアの教説によって征服されるにいたったが、それはきわめて早期からはじまったことである。私たちとしてはそのはじまりを、ローマ共和制の全盛期にまで遡ることができる。偉大な政治的指導者たちの多くには、そのころストアの思想が吹きこまれている。小スキピオは、パナイティオスの、つまりストア学派哲学者の弟子なのであった。スキピオは、ギリシア文化を賛美することにかけては、大いなるものがあったけれども、かれは、とはいえだんじて、政治的な生をめぐる古代ローマの観念を忘却し、あるいは否認することがなかった。スキピオやその仲間たちは、ローマ共和制の偉大さとその軍事的栄光のために戦っていたが、同時にその者たちが開始したのは、あらたな理想をかたちづくり、それを育むことであって、その理想はしかもたんに国家的なものではなく、世界国家的《コスモポリタン》なものでもあったのである。ギリシア倫理学の古典的な著作、たとえばアリストテレスの『ニコマコス倫理学』を研究してみると、そこには明晰かつ体系的な分析が、さまざまな徳、すなわち雅量・節度・正義・勇気・寛大さなどにかんしてみとめられる一方で、「人間性」(*Humanitas*)と呼ばれる普遍的徳は見いだされない。そうした用語すらも、ギリシアの言語や文献には欠けているようにみえる。*Humanitas* の理想はまずローマで形成されたけれども、とりわけ小スキピオを中心とする貴族のサークルこそが、ローマ文化における確乎たる地位をその理想に与えたのである。フマニタスは曖昧な概念ではない。それは明確な意味を具え、私的ならびに公的な生を、ローマにあってかたちづくる力となったのだ。それはひとり道徳的な理想ばかりではなく、美学的な理想をも意味していた。フマニタスとはある一定の生の形式を要求するものであり、その形式は人間の生の全体、すなわち人間の道徳的なふるまいばかりでなく、その言語、文体、その趣味にいたるまで影響をふるうべきものなのである。キケロやセネカといった後世の著作家たちにより、フマニタスのこの理想は、ローマの哲学ならびにラテン文学のうちで揺るぎなく確立されてゆくことになる。(1)

(1) “Humanitas” という観念とその用語が、ギリシアならびにローマの生活にあって発展していったようすについては、以下の著作中の論文で研究されている。Richard Reizenstein, *Werden und Wesen der Humanität im Altertum* (Strassburg, Trübner, 1907). またくわえて、以下を参照。Richard Harder, “Die Einbürgerung der Philosophie in Rom”, *Die Antike*, V (1929), 300ff. ならびに “Nachträgliches zu Humanitas”, *Hermes*, LXIX (1934), 64ff.

政治的思考と哲学的思考が融合したことは、このうえなく重要な事実であった。そのことで、社会的な生の捉えかたのすべてが変化することになるのである。当初ストア主義は、社会的な諸問題にとりわけてかかわりを持ったというわけではない。ストアの思想家のほとんどは、断乎たる個人主義者であったからである。賢人がいっさいの外的な束縛からみずからを解きはなつものでなければならないとすれば、かれがまずはじめるべきは、じぶんを社会的な因襲や義務のすべてから解放することである。ストア学派の哲学者たちはいったいどのようにしてみずからの精神の独立、自恃の念、確乎として揺らぐことのない判断を、政治的な激情が渦巻くさなか、政治的な争いのただなかで、維持することができたのか。しかしながら、こうした語り口は、ローマの著作家たち、キケロ、セネカやマルクス・アウレリウスといったひとびとが、〈ストアの理想〉を理解し、それを解釈する仕方ではない。かれらは、個人的な領域と政治的な領域のあいだになんの裂け目もみとめなかったのである。その理由は、こうした著作家たちの確信するところにしたがうと、現実は全体として考えれば、自然的《フィジカル》な現実も精神的《モラル》な現実も含めて、ひとつの偉大な「国家《リパブリック》」だからである。この国家は、あらゆる民族にとっておなじものであり、神々と人間にとってもひとつのものである。すべての理性的存在者は、このおなじ共同体《コモンウェルス》の成員なのだ。「この世界の全体は」(*Universus hic mundus*)は、とキケロは語っていた。「神々とひとびとがともに存在すべき、ひとつの国家なのである」(*una civitas communis deorum atque hominum existimanda est*)[1]。自己自身と調和し、みずからの「ダイモン」と調和して生きる者は、とマルクス・アウレリウスも口にする、宇宙と調和して生きているのだ[2]。個人《パーソナル》の秩序と宇宙《ユニヴァーサル》の秩序とは、両者に共通してその基礎にある原理が、異なった仕方であらわれたものにすぎない。

(1) この件の詳細については、以下を参照。Julius Kaerst, *Die antike Idee der Oekumene in ihrer politischen und kulturellen Entwicklung* (Leipzig, B. G. Teubner, 1903).

(2) 以下をも参照のこと。*The Communings with Himself of Marcus Aurelius Antoninus*, II, 13, 17. English trans. by C. R. Hainses (Loeb Classical Library, 1916), pp. 37, 41.

こうした見解は、きわめて重要な実践的帰結をはらむものであったけれども、その件があきらかとなるのは、奴隷制の問題をどう論じるかにあってのことである。ストアの著作家たちはだれひとりとして、「本性《ネイチャー》による」奴隷が存在するというアリストテレスの言を受けいれることができなかった。「自然《ネイチャー》」が意味するところは、倫理的な自由であって社会的な束縛ではない。自然ではなく運命こそが、ある人間を奴隷とするのである。「まちがいは」、とセネカは語る。「奴隷であることが、ある人間の存在全体に浸透するものだと考えることである。その者のより善い部分は、奴隷であることとかかわりをもっていない。肉体はたしかに主人に従属し、その支配下にあるとはいえ、その精神は独立しており、じっさい精神が自由であり不羈であることにかけては、精神が封じこめられている肉体という牢獄すらも、それを押しとどめることができないほどなのである」。精神は、自由でありつづけ独立しており、みずからの法(*sui juris*)である。[1] ストア思想の歴史によって、この格言が確証され説明される。偉大なストアの思想家のうちのひとり、マルクス・アウレリウスはローマ皇帝であり、いっぽういまひとり、エピクテトスは奴隷であった。

(1) Seneca, *De beneficiis*, III, 20. English trans. by Aubrey Stewart (London, G. Bell & Sons, 1900), p. 69.

ストア学派のこの人間観は、古代思想と中世思想とのあいだのもっとも鞏固な絆のひとつとなったが、その結合環は、古典ギリシア哲学のそれよりも強力なものですらあったのである。初期中世にあって、プラトンとアリストテレスの著作はほんのわずか知られていたにすぎない。アウグスティヌスが、アリストテレスの著作のうちで知っていたのは『オルガノン』のラテン語訳だけである。他方アウグスティヌスそのひとがしばしば語っていたのは、キケロの『ホルテンシウス』を研究したことが、どれほどに深い影響をじぶんの精神に及ぼしたか、ということである。かれが、ストアの賢人の理想を最初に見いだしたのは、この書物においてであった。中世の全体をつうじキケロとセネカは、倫理思想にかんしてはその偉大な権威でありつづけたのである。キリスト教の著作家たちにとって大きな驚きであったのは、これらの異教的な著作家たちのうちに、かれら自身の宗教的な見解が見いだされたことである。人間の根本的平等というストア主義の格言はひろく、かつたやすく受容されて、中世の理論にあってその枢要な論点のひとつとなった。キリスト教の教父たちだけがそれを説いたわけではない。その格言は、ローマの『学説彙纂』と『法学提要』(＊1)の法学者たちによっても確立され、確証されたものなのだ。この点についていえば、中世の多様な思想の潮流や哲学的な学派のあいだに、ほとんどなにひとつとして不一致は見られない。そのすべては、共通したひとつの課題に向かって、たがいに協働することができた。「自然本性《ネイチャー》」にしたがえば、かつ事物の本源的な秩序にあっては、万人が自由であり平等であるとするのが、中世神学と法学との一般的な格言だったのである。「なぜなら私たち人間は、すべて本性からしてひとしいからである」(*Omnes namque homines natura aequales sumus*)と大グレゴリウスは語った。「自然法にかんするかぎりで、いっさいの人間は平等である」(*Quod ad jus naturale attinet omnes homines aequales sunt*)とも、ウルピアヌスは言う。(1) ストア学派の考えるところでは、あらゆる人間は自由であり、その理由は人間がすべておなじ理性を賦与されている点にあるけれども、その捉えかたが、みずからの神学的解釈と正当化を見いだしたのは、ひとつの付帯意見(*dictum*)がくわわることによってであって、それによれば、人間のほかならぬこの理性とは神の似像なのである。「主よ、われらのうえに、なんじの顔の光を照らしたまえ」(*Signaum est super nos lumen vultus tui, Domine*)と「詩篇」の巻では歌われている。(2) アウグスティヌスは『神の国』のなかで、神は人間を動物たちの主人としたとはいっても、他の人間のたましいに対する権力はけっして与えることがなかった、と宣言している。そうした権力を簒奪しようとする企てはことごとく、許しがたい傲慢であるということになるだろう。ここでも、ストア思想にあってそうであるように、あらゆるたましいはみずからの法(*sui juris*)であると宣言

されているのだ。たましいがその本源的な自由を喪失し、あるいは放棄することはありえないところなのである。(3)

(1) この点にかんして、その詳細な議論と文献史料については、以下を参照。Carlyre, *op. cit.*, Vol. I, Pt. II, chaps. VI, VII, 63-79.

(2) 詩篇(第四編六節)。

(3) Augustine, *City of God*, Bk. XIX, chap. XV. Dods trans., II, 323f.

(＊1) 『学説彙纂』(*Digesta*)、『法学提要』(*Institutiones*)はユスティニアヌス期に成立したローマ法の基礎文献。

ここから帰結するのは、いかなる政治権力の有する権威にしても、けっして絶対的なものではありえないということである。権力はつねに、正義の法に制約されている。その法を変更することも蹂躙することもできないのは、それらの表現するものが、神の秩序そのもの、至高の立法者の意志だからである。たしかにローマ法から引きだされることのできる結論のひとつは、のちにじっさいそうされたように、主権者はいっさいの法的拘束からも自由である、とするものである。しかし中世思想にあっては、王の神的な権利という原理〔王権神授説〕は、つねにある一定の根本的な制約に従属している。神学者とローマ法学者とが、ともにそう解釈するところによれば、「君主は法から解放される」(*Princeps legibus solutus*)とする格言が意味しているのは、君主は法的な強制から は自由であるとはいえ、この自由は君主を、その義務と責務から解放するものではない、ということである。主権者は、いかなる外的な強制によっても、法に服するものではない。しかしながら「自然法」の権力と権威とは、かわることなく存続している。「王は、法によってなす以外のなにものもなすことができない」(*Rex nihil potest nisi quod jure potest*)という格言は、いつでも十分な効力をたもっていた。その格言を、だれであれ中世の著作家がかつて疑い、あるいは真剣に攻撃したことがあることを示す、およそどのような証拠も存在しないと思われる。トマス・アクィナスが出発する原理は、法が主権者を拘束すべきなのは「統治の権力にかんするかぎり」(*quoad vim directivam*)であって、「強制の権力にかんするかぎり」(*quoad vim coactivam*)ではない、とするものである。(1) トマスがこの原理をめぐる説明を与えたのは、特定の主題にかかわる論攷「君主の統治について」(*De regimine principum*)中のことであるけれども、そこでトマスが到達したまことに大胆な結論は、中世思想家の体系においてかなり驚嘆すべきものであって、それが含んでいるのは革命的な要素なのであった。中世哲学にあって、支配者に対する公然たる抵抗の権利は容認されることができない。君主がみずからの権威を神から直接に引きだしているかぎり、抵抗はすべて神の意志に対する公然たる叛乱となり、したがって死にいたる罪となる。[*1] 不正な支配者さえも神の代理人でなくなるわけではなく、したがってまた、不正な支配者にも服従しなければならない。トマス・アクィナスとしても、こうした論証を否認したり、覆したりすることはできなかった。しかしながらトマスは、当代の通説を当然のこととして(*de jure*)受けいれはしたけれども、かれが通説に与えた解釈は、実践的にはその意味を一変させるものだったのである。トマスが宣言するところ、人間は世俗的な権威に服従しなければならないが、とはいえこの服従は正義の法によって制限されており、かくして臣民には、不正な権威や簒奪された権威に服従する義務はない。動乱煽動はたしかに神の法によって禁止されているけれども、しかし不正な権威や簒奪された権威に抵抗し、「暴君」に服従しないことは、叛乱もしくは動乱という性格を帯びるものではなく、かえって適法的な行為なのである。[2] こうしたことのいっさいが、きわめて明瞭に示していることがらがある。それは、教会と国家、霊的な秩序と世俗的な秩序のあいだの不断の抗争にもかかわらず、双方の秩序は共通の原理によって結合されている、ということである。王の権力は、ウィクリフが語っていたとおり「霊的で福音的な権力」(*potestas spiritualis et evangelica*)である[3]。世俗的秩序はひとえに「一時的」なものというわけではなく、それは真の永遠性をもつ。すなわち法の永遠性を具え、かくてまた、それ自身固有の霊的な価値を有するのである。

(1) 以下を参照。*Summa theologica*, Prima Secundae, Quaest. XCVI, art. 5.

(2) *Idem*, Secunda Secundae, Quast., art. 2.

(3) *De officio regis*, chap. I, pp. 4, 10ff. これは以下からの引用である。J. Hashagen, *Staat und Kirche vor der Reformation* (Essen, G. D. Baedeker, 1931), p. 539.

(＊1) a mortal sin. カトリックでいう「告解」によっても抹消されることがない、永劫の罰にあたいする「大罪」。

IX　中世哲学における自然と恩寵

中世の国家理論とは、ふたつの公準にもとづいて首尾一貫した体系をかたちづくるものであった。すなわち、キリスト教の啓示の内容と、人間の自然的な平等というストア学派の捉えかたにほかならない。このふたつの公準から、中世の国家理論のあらゆる帰結が、完全に論理的な秩序にしたがって導きだされることができたのである。それにもかかわらず、この体系は根本的な異論にさらされていた。その形式は正当で批判の余地を残していないとはいえ、実質的な意味ではそれが基礎づけのいっさいを欠いているかに見えたからである。人間の平等という公準は、歴史と人間社会が示すさまざまな事実によってたえず反論されている。どのような時代であっても、人間の自然的自由と自然的権利という理論は、この歴然とした矛盾に直面してきた。「人間は自由なものとして生まれてきたが、しかもいたるところで鎖につながれている」、とルソーはその著作『社会契約論』の冒頭で語りだしている。「多くの者は、じぶんが他者たちの主人であると信じているけれども、しかしかえってその他の者たちよりも大いなる奴隷状態にあるのだ。どのようにしてこの変化が生じたのか。私は知らない。なにが、それを正当化しうるのか。この問いに私は決着をつけることができると信じている(1)」。

(1) Rousseau, *Contrat social*, Liv. I, chap. 1.

この問いに答えるためルソーは、みずからきわめて複雑な理論を構築しなければならなかった。長いみちのりを歩いてゆくことで、人間社会に対する当初の否定的な態度から、あらたな肯定的で建設的な原理へとようやく辿りつくことができたのである。ルソーは一方の極から他方の極へ、つまりじぶんの最初の諸論攷(*1)から『社会契約論』(*Contrat social*)へと移ってゆく必要があったのだ(1)。中世期の思想家にとっては、そうした態度の変化は、可能でもなければ必要でもなかった。だれであれ中世の思想家には、ルソーの問いはおよそ提起されうるまえにすでに答えられている。中世の思想家であれば、ルソーのように、ふたつの対立する原理を調停しようとする必要もなかったからである。

かれには解くまでもない問いがあるのであって、それは、人間社会の目にもあきらかな悪徳のさまざま、腐敗・暴政・隷属といったものが、どのようにして人間の「本源的な善性」と両立しうるのか、という問題である。中世哲学は、社会的秩序に固有の、避けることのできない欠陥のことごとくを、たやすく説明することができた。なんとなれば国家自体は、それが偉大な倫理的課題を担っているにもかかわらず、絶対的な善とはけっして見なされることができなかったからである。中世の思想家たちにとって、ストア派の学説を受けいれ、ひとつの――神とひとびとに共通する――大いなる国家が存在する、となんらの困難もなく考えることができた。かれらの確信するところまた、霊的秩序と世俗的秩序は、両者の差異にもかかわらず一箇の有機的統一を形成するのである。初期教会にあっては、社会哲学が首尾一貫したかたちで形成されることがなかった。教会内部の社会構造と教会外部の社会構造は、巨大な裂け目によって分離されていたからである。(2) しかし中世思想の発展のなかで、この裂け目は架橋されるにいたった。キリスト教共同体(*corpus Christianum*)はしだいに、裂け目のない全体ととらえられるようになる。道徳的で政治的な共同体(*corpus morale et politicum*)が、同時に神秘的な共同体(*corpus mysticum*)となったのである。部分部分が、たがいに差異をもち対立しているにもかかわらず、トマス・アクィナスがそう語ったように、一へと向かう秩序（*ordinatio ad unum*）が存在して、相異なり抗争しあう諸力もひとつの共通する目的へと向かうのである。この統一原理（*principium unitatis*）はけっして忘れられはしなかった。人類の全体が単一の国家としてあらわれ、その国家は神自身が創設して、神が君主として統治するものであるから、その部分における統一はすべて、教会のものにせよ世俗的なものにしても、その権利をこの本源的な統一から引きだしたものなのだ。[3]

（1）拙著を参照のこと。*Philosophie der Aufklärung* (Tübingen, Mohr, 1932), chap. VI, "Recht, Staat und Gesellschaft".

（2）以下を参照。Ernst Troeltsch, *Die Soziallehren der christlichen Kirchen und Gruppen*, in "Gesammelte Schriften", I (Tübingen, Mohr, 1912), 286ff. English trans. by Olive Wyon, *The Social Teaching of the Christian Churches* (London, George Allen & Unwin; and New York, Macmillan, 1931), I, 280ff.

（3）この問題をめぐる議論の詳細にかんしては、以下を参照。Otto von Gierke, *Johannes Althusius und die Entwicklung der naturrechtlichen Staatstheorie* (3d ed. Beslau, M. and H. Marcus, 1913). English trans. by Bernard Freyd, *The Development of Political Theory* (New York, W. W. Norton & Co., 1939), Pt. II, chap. I, "Religious Elements in the Theory of the State", 69ff. また、同書、八〇頁の注(12)に引用されているテクストを参照。

(＊1) 本文中に *Discours* とあるのは(単複同形名詞の)複数形、ルソーの『学問・芸術論』や『人間不平等起源論』などをさす。

ダンテがこうした捉えかたに、もっとも明瞭でめざましい表現を与えることになった。その論考『帝政論』(*De monarchia*)にあって、国家は最高の位階まで高められたのだ。国家はたんに正当化されたばかりではなく、称揚され、栄光を与えられた。国家は、この世の安寧と福祉にとって不可欠なものと宣言されたわけである(1)。けれども中世的な体系の限界内では、こうした主張はことごとく、ある意味では空しいものであるほかはなかった。それらがじゅうぶん実現されることはありえなかったからである。そこではつねに根本的な障害が存在し、その障害を完全に克服することなどありえなかったということである。国家はその目的、すなわち正義の統御という点では善いものである。しかしキリスト教の教義にしたがうなら、その起源においては邪悪なものなのであった。国家とは、原罪と人間の堕罪との結果にほかならなかったのだ。この点にかんしては、初期のキリスト教思想家たちのあいだで完璧な一致が見られた。おなじ捉えかたが、二世紀のエイレナイオスや五世紀のアウグスティヌス、六世紀の大グレゴリウスに見られるわけである。統治が必要となったのは、とエイレナイオスは言う。人間たちが神から離叛し、みずからの同胞を憎み、あらゆるたぐいの紛糾と混乱に陥ったからである。かくて神は、人間のうえに人間を置き、人間に対する恐怖を人間に課して、かくてまた人間たちを強いて、いくらかは公正さと義しいふるまいに向かうようにしむけたのである。(2)

(1) 以下を参照。Dante, *De monarchia*, Lib. I, cap. III および cap. V–IX.
(2) Irenaeus, *Adversus haereticos*, Bk. V, chap. XXIV. 以下の引用による。Carlyle, *op. cit.*, I, 129.

教父たちのこの教説は、ポリスをめぐるギリシアの理想と真向から対立するものだった。アウグスティヌスはたしかに、プラトンの国家理論が哲学的には真であることをみとめている。プラトンは正しかったにしても、それは哲学者として、つまり啓示からではなく理性にもとづいて語った人間として正しかったということであり、プラトンは重要なことがらを無視し、また否認するほかはなかったのだ。神はその啓示によって賢い者の智慧を打ちやぶり、思慮ある者の悟性を無に帰さしめた。人間の理性は腐敗しており、この腐敗した理性によってはだんじて、ただひとつ真なる国家、すなわち〈神の国〉は見いだされることがない。真の正義が支配するのは、とアウグスティヌスは語った、ひとりキリストがその創設者であり、支配者である国においてだけである。

プラトンはただにその理想国家の善さを賞賛したのみならず、またその美しさをも賛美していた。プラトンにとって国家は、そのほかの美しいものどものうちのひとつというばかりではない。国家とは、ある意味で美そのものなのであった。多くの者たちが美にかんして知っているものは、ひとえに錯覚であるにすぎない。芸術家や詩人であっても、美の色あせた像を手にしているにすぎない。哲学者こそが、あの真の原型、理想国家によって示される、かの美の典型を見いださなければならない。なぜなら、秩序・正義・正しい均衡よりも高い美など、およそ存在しうるものだろうか？　「あなたたちのうちで、見たり聞いたりすることを愛する者たちは、さまざまな美しい調子や色彩、また形態を、さらにこれらのものがそれに与る芸術作品のすべてを悦ぶものである。けれども、かれらが持っていないのは思考の力であって、その力こそが〈美〉そのものの本性を注視して、そこに歓びを見いだすものなのだ。〈美〉に近づいて、美をそれが自身あるがままに注視する力は、じっさい稀なのである。ところでひとが美しいものの存在を信じながら、〈美〉そのものの存在を信じず、また美そのものの知へとじぶんを導くだろう先導者に頑としてしたがおうとしないとすれば、その者は夢想のなかで生きている、ということになるのではないか」[1]。理想国家にかかわるみずからの略図を描いてみせたあとに、プラトンは勝ちほこったかのように叫んだ。「私たちはおのおのにその配分を与え、かくて全体を美しいものとしたのである」。

（1） *Republic*, 476. Cornford trans., p. 179.

国家のそうした捉えかたは、初期のキリスト教思想にあっては認容しがたいものであった。国家はある程度までは正当化されることはできるけれども、それに美を帰することなどだんじて不可能である。国家を純粋で汚れのないものと考えるわけにはいかない。それはいつでも、みずからの起源のしるしを負っていたからだ。原罪の烙印が、拭いがたく国家のうえに焼きつけられていた。この件が尖鋭な差異となって、古典ギリシア思想と初期キリスト教思想とを分けへだてる。その点にかんしていえば、いかなる妥協もありえなかったのである。新プラトン主義は、中世思想にあって第一の、そしてもっとも本質的な構成要素のひとつであった。天界ならびに教会の位階《ヒエラルキー》にかんする偽ディオニシオス文書[*1]が深く永続的な影響を及ぼし、その影響はスコラ哲学の体系すべてへとひろがっている。九世紀にはスコトゥス・エリウゲナが自著[*2]『自然の分割について』(*De divisione naturae*)を著し、そのなかでキリスト教の教義全体を新プラトン主義の用語で説明していた[1]。しかしながら他方からいうなら、新プラトン主義体系の創始者自身は、キリスト教グノーシス派に対し激烈な攻撃を開始した当人なのである。プロティヌスは、グノーシス派のひとびとを不信仰のゆえに批難するけれども、それはかれらが、世界の美を見てとってそれを承認するところがなかったからである。「いまいちど言うが、世界を軽蔑することは」、とプロティノスは語った。「世界に含まれている神々やその他の美しい本性を具えたものを軽蔑することとも並んで、善き人間となるゆえんではない。(中略)なぜなら、なにかを愛する者は、その愛の対象と結びあっているすべてのものを悦ぶものであるからだ。そうした者であるならば、じぶんが愛する父の子どもたちをも愛するものなのである。(中略)なんとなれば、この世界、またそこにまします神々が、叡知界から切りはなされるなどということが、およそありうると云うのだろうか。(中略)賢人のなすべき領域には、このようなことがらを探究することは属していない。精神的に目が開かず《ブラインド》、感覚も知性も完全に欠如しており、また叡知界の知から遠くはなれ、感覚的宇宙をも見ようとしないひとがそうするのだ。というのもおよそ音楽家にして、叡知界の秩序をみとめていながらも、感覚される音から湧きおこる調和を耳にして、こころ動かされないような者が存在するだろうか。あるいはまた優れた幾何学者や算術学者であって、みずからの目をもって、たがいに相応し、相似し、また整然として存在するものをとらえて、しかもその光景に随喜しないようなひとが、そもそもありうるだろうか。（中略）しかし鈍感で、極度に動きもにぶく、そのうえおよそ他のいかなるものにもまったくこころ動かされない精神があったとするなら、それは感覚世界におけるいっさいの美しい対象、さまざまな事物の示すすべての均整や大いなる配列、さらに遠くはなれたところに見わたされる星々のうちにあらわれた形相などを目にしていながら、これらの光景によって精神的に動かされることもなく、それらのものを、より讃嘆にあたいする原因の生んだ讃嘆すべき所産として慶ぶこともないような、そういった精神である、ということになるだろう(2)」。

（1）以下を参照。Saint René Taillandier, *Scot Érigène er la philosophie scolastique* (Strassbourg, 1843).

(2) Plotinus, "Against the Gnostics", in *Enneads*, II, 9, chap. xVI. English trans. by Tho. as Taylor, "Select Works of Plotinus" (London, G. Bell & Sons, 1914), pp. 72-75. いくらか軽微な変更をくわえている。

(＊1) 著者がディオニシオス・アレオパギテース(新約聖書・使徒行伝に登場するパウロの弟子のひとりで、パリの初代司教として殉教した)を自称するテクスト群で、中世期をつうじて繰りかえし注解の対象となって、決定的な権威を帯びることになる。新プラトン主義の、とりわけプロクロスのつよい影響がみとめられ、とうていパウロ時代のものではありえないテクストについて、いわゆるルネサンスと宗教改革の時代につよい疑念が提出されるにいたったけれども、まったくの偽書であることが決定的にあきらかになったのは、ようやく十九世紀もすえのことである。テクストそのものは『神名論』『神秘神学』『天上位階論』『教会位階論』と十通の書簡からなる。

(＊2)「自著」(his book)とあるのは、エリウゲナは、カール二世の要請に応じて、偽ディオニシオス文書をみずから訳しなおしたとも、ヒルドゥイヌスの旧訳を校訂したとも伝えられているからである。『自然の分割について』は、その冒頭の議論(「自然を分割すると、四つの差異によって、四つの種に分割することができると思われる」)に由来する通称で、原題は『ペリフュセオン』(自然について)。ちなみに「第四の種」が「創造せず創造されないもの」であり、これは「存在することのありえない、不可能なことがらに属する」ものとされる。

この規定が、偽ディオニシオス文書『神秘神学』冒頭の「存在を超え、神を越え、善を超えている、三一なるものよ」に応じているわけである。

こうしたことが自然的《フィジカル》な世界に当てはまるとするならば、それはいっそう(*a fortiori*)法と秩序の世界にも妥当するものであるはずである。中世の思想家たちが、古代の思想家の著作、とりわけアリストテレスのそれに親しむようになるにつれて、中世思想家もまた、社会的《ソーシャル》秩序に対してただ消極的な態度を保ちつづけるわけにはいかなくなったのである。十一世紀になって開始されたのは、緩慢な、とはいえ執拗な闘争であった。私たちのかかわっている一般的問題の観点からして、この闘争はきわめて興味ぶかく、またこのうえなく重要なものである。そこには、公然と攻撃するわけにはいかない神話的要素が確乎として存在していた。原罪という事実を疑うことは、中世思想家のだれにとっても不可能だったのだ。たほう人間の堕罪という教義はあきらかに、弁証法的な思考のあらゆる努力を拒絶するものだった。それは理性的な説明にとって侵しがたく及びがたいものであった。とはいえ、スコラ哲学の思想家たちとしては、そうした理性の挫折を承認するわけにはいかないだろう。かれらはだれひとりとして、哲学をたんなる神学の侍女(*1)(*ancilla theologiae*)とは考えなかったし、そのように語ろうともしなかったのだ。かれらは哲学の課題と尊厳にかんして、きわめて高邁な捉えかたを持ちあわせていた。かくてスコラ哲学の思想家たちは問題をあらためて言明しなおし、そうした再言明によって、〔信仰と理性との〕二律背反《アンチノミー》の解消をもとめ、理性にその権利と尊厳とを恢復させようとしたのである。

(*1) 一般にはペトルス・ダミアニに帰せられていることば。ペトルス・ダミアニは「聖なる純朴」を説いて、弁証論は主の侍女のようなものであると主張した。この表現がのちに「哲学は神学の侍女」という決まり文句の原型となる。

人間の堕罪はつねに一箇の神秘でありつづけたとはいえ、神秘そのものがいまやあらたな光のもとで見なおされ、不可解なものとは見なされなくなる。理性は、全面的かつ恢復不能なまでに腐敗したわけではない。理性には、それ自身の権利とそれ自体の領域とが残されている。哲学の課題は、この権利を確保し、この領域を劃定するところにある。スコラ哲学のすべての体系は、十一世紀以降——カンタベリーのアンセルムス、アベラルドゥス、大アルベルトゥス、トマス・アクィナスの体系のことである——この問題に集中し、問題をめぐって協働した。自然理論であれ政治理論であれ、こうした一般的な思想潮流の影響下にあったのである。たしかに十一世紀にあってもなお、あらたな傾向をきびしく批判し糾弾する思想家たちも多かった。かれらはあいかわらず、人間社会とは人間の悪徳と罪責との結果であると語りつづけている。アウグスティヌスの提題からおよそ七世紀を経てなお、くだんの提題はグレゴリウス七世によって繰りかえされた。かれがあらためて宣言したところによるならば、国家とは〈罪悪〉と〈悪魔〉とのしわざなのである。(1)一方では、こういった根《ラディカル》っからの〔頑迷な〕理論であっても、地上の国家のことはある程度は大目に見なければならなかった。政治的な秩序は、すくなくとも条件つきの価値を有していることを承認しなければならなかったのだ。それ自体としては価値をもたないものであるとはいえ、当の秩序はその限界内では積極的で不可欠な役割を果たす。それは私たちを真の目的には導きかねるけれども、人間たちを最大の悪徳《イーヴル》からは救いだす——すなわちアナーキーという悪徳である。国家の悖徳《イーヴル》は、人間の原罪のうちにその場を有するものであるかぎり、深く癒しがたいものであるとはいえ、それはあくまで相対的な悪《イーヴル》であるにすぎない。至高の絶対的な宗教的真理とくらべるならば、国家が存在するのはきわめて低い次元であることはあきらかである。それでも国家は、私たち人間の一般的な水準にくらべるならやはり良いものであって、国家が存在しない場合に私たちが陥ることになるのはカオスなのである。かてくわえて、国家は自身のうちにその固有の欠陥に対する治癒の方策を含んでいる。国家が人間の悪徳や過誤に対する懲罰であるかぎりで、国家とはいわば神的な治療法なのであって、その治療法によって取りのぞかれるのはこうした過誤に発するもっとも危険な作用なのだ。堕落し秩序を失った世界にあっては、地上の国家こそ唯一の力として、なんらかの均衡を保ち、ある一定のつり合いと平衡とを維持することができるのである(2)。

(1) Gregory VII, *Epistulae*, Lib. VIII, epist. XXI, in Jaffé, *Monum. Gregor.*, p. 456. 引用は、von Gierke, *op. cit.*, English trans., p. 72 から。なお以下を参照のこと。Augustine, *City of God*, BK. IV, chap. 1.

(2) 初期教会におけるこの理論の発展にかんしては、以下を参照。Ernst Troeltsch, *op. cit.*, English trans., I, 145ff.

トマス・アクィナスの体系のなかでは、社会的かつ政治的な秩序にかんする評価が、まったく一変することになる。いうまでもなく、トマス・アクィナスにしても、キリスト教会の教義のどれひとつに対してであれ、疑いをはさんだことは絶えてない。だがトマスは教会のほかに、一箇のあらたな教師とあらたな権威とを見いだしたのである。トマスにとって、ダンテにあってそうであったように、アリストテレスが il maestro di color che sanno──つまり智慧ある者たちの教師なのであった。かつアクィナスは信仰することばかりではなく、知ることをも欲したのだ。トマスによるなら、このふたつの欲求のあいだになんら矛盾などない──双方はただ両立可能というばかりか、たがいに補完しあうものなのである。理性と啓示とはふたつの異なった仕方で、一箇同一の真理、すなわち神の真理を表現するものにほかならない以上、両者のあいだに不一致が生じることはありえない。不一致があらわれるとすれば、それはたんに主観的な原因に由来するものであるはずだ。そのようなばあい哲学の任務は、そうした原因を見いだして、これを取りのぞくことにある。理性はあやまりを犯しうるけれども、啓示は不可謬である。双方のあいだになんらかの不調和や隔絶が存在するかに見えるならば、私たちとしては、したがって最初から、誤謬が理性の側にあることを確信することができるのであり、その誤謬を発見し訂正することに私たちは努めなければならない。これが哲学と神学とのあいだの真の関係なのである。(1) みずからの哲学的努力のいっさいをとおして、私たちを導いて照明するものはいつでも、啓示された真理でなければならない。しかしながら、いったんこの導きを受けいれたならば、理性はじぶん自身の力を信頼することができる。ふたつの領域が、かくて明確に区別されることになる。自然の領圏と恩寵の領圏が混同されることはありえない。両者のおのおのはそれ自身の対象をもち、それ自体の権利を有している。かくてまた、信と知とが同一のものに属することは不可能である（*impossibile est quod de eodem sit fides et scientia*）[2]。

（1）Thomas Aquinas, *Summa contra gentiles*, Lib. I, cap. I, 2, 9.
（2）以下を参照。Thomas Aquinas, *De veritate*, Quaest. XIV, art. 9.

右のような一般的原理の刻印を、トマス・アクィナスの自然哲学と社会哲学の双方はひとしく帯びている。自然学は自立して、それ自身のみちゆきを辿りうることになって、それはもはや神学的な思考の統制をはなれている。この「独立宣言」はすでに、トマスの師、大アルベルトゥスの著作中でなされていた。大アルベルトゥスは、私たちが自然学のどのような問題にかんしてであれ、たんなる神学的な思考の権威にもとづいて、あるいはひたすら三段論法の力により、それを決するわけにはいかないことには、どのような疑問も懐いていない。特殊な自然的現象をめぐるいっさいの問題にあっては、経験のみが私たちにとって唯一の導き手でありうる。なんらかの特種的な現象を説明するため神学上の議論を引きあいにだし、また神の意志に言及することはおよそ悖理というものだろう。この公準の強靭さから出発して、大アルベルトゥスはみずからの自然理論を展開し、その理論は多くの独創的な特徴を示すものであった。アルベルトゥスはあらたな運動理論の先駆者のひとりとなったが、かれの理論はある点からいえば、ガリレオの力学を準備するものだったのである。[1] トマス・アクィナスもまたおなじ方法にしたがった。神があらゆるものの創造主である以上、私たちは当然つねに、神をこそ第一の主要な原因と見なさなければならない。この一般的な原理は、キリスト教の啓示によってもアリストテレスの権威を介しても、ともに確証されている。『神学大全』(*Summa theologica*)でも『対異教徒大全』(*Summa contra gentiles*)でも、まさにその劈頭においてトマスは、形而上学、すなわち「第一哲学」の主題は事物の第一原因の研究であるとするアリストテレスの定義から説きはじめている。[2] 他方で、第一原因を唯一の原因とみなすことは重大な誤謬となるだろう。神が作用する場合、神はみずからの意志をたんに顕示することによって作用するわけではなく、規則的な仕方で、かつさまざまな中間的な原因を介して作用するのである。自然学の課題はまさに、そういった中間的な諸原因を探究するところにある。副次的諸原因(*causae secundae*)を見とおすことがないならば、自然界は理解不可能なものとなるだろうし、不断の奇蹟でありつづけることだろう。副次的な原因を否定し、あるいは最小化することは、神の偉大さやその栄光を称揚するゆえんではない。その反対に、神の栄光を引きさげることである。「事物からそれぞれの原因を引きさってしまうなら、それは神の善を否認することなのである」(*Detrahere rationes proprias rebus est divinae bonitati derogare*)(*1)。すべての有限的で感覚可能な経験的事物は、神の被造物であって、その所産である。しかしほかでもなくこの理由によって、それらは神の完全性に与る――かくて、その固有の秩序と美とを手にしているのだ。たしかに、この秩序と美は、それが分有をつうじた美であるかぎり、その原型に属する完全性に到達することはだんじてありえない。それにもかかわらずこの美は、その根拠を伴い、おのおのに固有な限界内で完全なのである。かくてまた一箇の原型的な善と美が存在し、それはあらゆる事物にとっておなじものであるとともに、この善と美とは、無数の特殊な善に対してその余地を残している――そして、両者のあいだに可能な矛盾が存在する余地はまったくありえないのだ(3)。

（1）大アルベルトゥスの自然学に対する貢献、ならびにその一般的方法をめぐっては、以下を参照のこと。Pierre Duhem, *Le système du monde* (Paris, A. Hermann, 1917), Tome V, chap. XI, 412ff.

（2）*Summa theologica*, Pars Prima, Quaest. I, art. 6; *Summa contra gentiles*, Lib. I, cap. I.

（3）*Summa theologica*, Pars Prima, Quaest. VI, art. 4.

（＊1）カッシーラーの引く原文では *rationes*（諸原因、諸根拠）。全集版では *actiones*（諸作用）。

経験的な世界や科学的な思考が、このようにあらたに評価されるにいたったが、それが可能となるためには、知識の一般的理論に、まったくあらたな方向づけがなされなければならなかったことだろう。プラトンやアウグスティヌスの権威にもとづいて、中世哲学のそれまでのあらゆる体系は、叡知界と感覚経験の世界のあいだの鋭い差異から出発していた。このふたつの領圏間には、裂け目がひろく口を開いていたのである。ひとつは存在の領圏であって、いまひとつは生成のそれである。一方は私たちに真理を与え、他方が私たちに与えるものはたんなる影にすぎない。ふたつのタイプの知を切断することは、その形而上学的な根からすれば、肉体とたましいとの根底的な二元論に由来するものだ。肉体とたましいは、おなじ世界に属していない。その本性と本質によって、たましいは肉体に対立している。たましいが肉体のうちに住まっているとき、たましいは肉体のうちで、ちょうど異邦人か囚人のように過ごしている。哲学にとって最上の課題は、ひとつにはこの鎖を断ちきることにある。いっぽう感覚経験には、その反対の効果がある。私たちの感覚経験が一歩ずつすすんでゆくたびに、くだんの鎖にあらたな環がくわわってゆく。私たちがそういった束縛から解放され、肉体という桎梏から解きはなたれることが、知にとって最高の目的なのである。「たましいはどのようなときに、真理へと到達するだろうか」、とプラトンは問うている。「というのも、たましいが肉体を携えてなにごとかを考えようとする場合には、あきらかに肉体によって欺かれることになるからだ。そこで、なんであれ実在にかんしてなにごとかがたましいに対してあきらかになるとすれば、それは思考においてのこととなるだろう。ところで、たましいがもっとも良く思考するのは、それが、見たり聞いたりといった、これらいずれのことがらにも煩《わずら》わされず、（中略）たましいが、できるかぎりそれひとりだけで存在し、肉体《ボディ》に別れを告げて、たましいにとって可能なかぎりで、肉体とのあらゆる結合や接触を避け、実在に手をのばそうとするときなのである」[1]。

（1）Plato, *Phaedo*, 65 B, C. English trans. by H. N. Fowler (Loeb Classical Library), I. 227.

トマス・アクィナスが反転させたのは、このような捉えかたである。トマスにとって身体《ボディ》はもはやたましいの活動に対する障害物ではない。身体とはかえって、唯一の手段として、真の思考の活動が人間の世界で現実化することを可能とするものなのだ。アリストテレスの見解にしたがいながら、トマス・アクィナスは、身体とたましいとの結合を説明することになったけれども、それはアウグスティヌスや初期教会の教説と正反対の方向をとるものとならざるをえなかった。人間は *mixtum compositum* ではない——つまり、異なったものとして離在するふたつの要素からなる、たんなる合成物ではない。人間とは有機的な統一体であり、また有機的統一体として行為する。それゆえ私たちは、人間の理性的な活動を知覚の作用から分離することができない。人間の知の形態のいっさいは、より高次のものも低次のものもすべて、たがいに繋ぎとめられることで同一の目標へと向かっている、叡知的な知にとっての障害であるどころか、感覚経験はその端緒であり前提条件にほかならない。[1]「私たちの認識のはじまりは感覚にある」(*principium nostrae cognitionis est a sensu*)。

(1) この問題をめぐるより詳細な歴史的議論をめぐっては、以下を参照のこと。E. Gilson, *Le Thomisme* (Nouvelle éd. Paris, Vrin, 1922), chap. IX, 138ff.

トマス・アクィナスの道徳《モラル》哲学と政治哲学も、思考のおなじすじみちにしたがって、展開されている。精神的《モラル》な世界の構造も、自然的《フィジカル》世界のそれと同一の型のものである。神は自然的な宇宙の創造者であるばかりではない。神とは第一に、なによりもまず立法者、つまり道徳法則の源泉なのである。しかしながら、ここでもまた私たちがこころに留めておかなければならない一般的な原理がある。神の栄光をいや増しにして、その栄光をかえって毀損しないようにしようとするならば、副次的諸原因(*causae secundae*)を見のがして、その有効性を否定してはならない、ということだ。私たちとしてはそれらの「副次的原因」に対し、それに帰すべきものを帰属させなければならない。神はたしかに第一原因であり、究極的目的である。いっぽう道徳的な秩序は人間的秩序であって、ひとり人間の自由な協働をつうじてだけ実現されうるものである。その秩序は、超人間的な力によって私たちに押しつけられるものではなく、私たち自身の自由な行為に依存するものなのだ。かくしてトマス・アクィナスは、そのころ支配的であった神学的な教説を受けいれることができなかった。それは国家を神的な制度とみなして、その制度をもって、ただ人間の罪を救済するために神が定めたものとするものだったからである。

アリストテレス主義者としてアクィナスは、社会的な秩序を、超越的な原理ではなく経験的な原理から引きださなければならなかった。国家の起源は、人間の社会的本能にある。この本能から、まずは家族生活がいとなまれ、そこから絶えず発展してゆくことで、その他すべての、またより高次な共同体《コモンウェルス》の形式が導きだされる。したがって、国家の起源をなんらかの超自然的なできごとに結びつけることは必要ではないし、また可能でもない。社会的な本能は、人間と動物とのあいだに共通して存在するものであるとはいえ、人間にあってその本能があらたなすがたを採るにいたる。社会的本能は自然の所産であるばかりでなく理性の産物であって、そのかぎりで自由で意識的な活動に依存している。いうまでもなく、神はある意味で国家の原因でありつづける。とはいえここでも、自然的な世界とおなじように、神はひとえに遠因(*causa remota*)あるいは衝因

(*causa impulsiva*)として作動するにすぎない。この本源的刺戟によって人間が、その根本的責務から解きはなたれることはない。人間はじぶん自身の努力で、権利と正義の秩序を打ちたてなければならない。道徳的な世界と国家をそのように組織することによってこそ、人間はみずからの自由を証明するのだ。そこでは、自然の王国と恩寵の王国というふたつの王国のあいだの裂け目が架橋されるのではない。双方は、完全な統一のうちへともに融けこんでゆく。恩寵の力が弱体化されるわけではないのである。

トマス・アクィナスの確信するところによるなら、古代の哲学者たちのいう最高善、すなわち *summum bonum* が、ひとり理性のみによって到達されることはない。至福の直観(*visio beatifica*)、神の神秘的直観が、依然として絶対的な目標である——しかもこの目標はあいかわらず、神の恩寵が自由な賜物であることに依存している。(1)しかし、人間自身がみずからその仕事を開始し、恩寵というできごとに備えなければならない。神の権利は人間の権利を廃絶しない。後者は理性に由来するものであるからだ。(2)恩寵は自然を破壊せず、かえって自然を完成する(*Gratia naturam non tollit, sed perficit*)。〈堕罪〉にもかかわらず、かくして人間はみずからの力を正しい仕方で使用して、かくしてまたじぶん自身の救済を準備する能力を喪失してはいない。人間が大いなる宗教劇のなかで演じる役割は受動的なものではなく、人間の能動的な寄与が要求され、じっさいには不可欠なのである。[3] このようにとらえられるなら、人間の政治的な生にあらたな尊厳が獲得されることになる。地上の国と〈神の国〉とはもはやたがいに対立する両極ではない。ふたつの国は相互にかかわり、それぞれが相手を補完するものなのである。

（1）*Summa theologica*, Prima Secundae, Quaest. XCI, art. 4.
（2）*Idem*, Prima Secundae, Quaest. X, and XI.
（3）*Idem*, Prima Secundae, Quaest. XCI, art. 3.

X　マキャヴェリのあらたな政治学

マキャヴェリ伝説

文献の歴史全体をつうじて、マキャヴェリの『君主論』(*Il principe*)ほど、例の格言が真理であることを勝れて証拠だてるものはない。つまり「書物の命運は読者の理解力にかかっている」(*Pro captu lectoris habent sua fata libelli*)[1]ということだ。この書籍の評判には独特で、前例を見ないところがあったのである。一書は、学者が研究し、政治哲学者が注釈すべき、ひとえにスコラ的な論攷ではない。この書物は、知的な好奇心を満たすために読まれたわけではない。その最初の読者たちの手に渡って、マキャヴェリの『君主論』はただちに行動にうつされた。くだんの書は、強力にして危険な武器として、近代世界の大いなる政治的な闘争にあって使用されたのだ。一書の与えた効果はあきらかであり、およそ見すごされることがありえない。しかしながら、その真の意味は、あるいみ秘められたままである。今日では、この書物があらゆる角度から接近され、哲学者・歴史家・政治家、また社会学者たちによって議論されて久しいにもかかわらず、その秘密はいまだ完全には解きあかされていない。ひとつの世紀からつぎの世紀へ、否ほとんど或る世代からつぎの世代へ移るたびごとに、たんなる変化ばかりか、完璧な逆転すら、『君主論』の評価をめぐって生起することがみとめられる。おなじことがらが、一書の著者にかんしても当てはまる。党派的な愛着、おなじく党派的な嫌悪が綯いまぜとなって、マキャヴェリの肖像は、歴史をつうじて移りかわってきた。かくてひどく困難となってしまったのが、こうした変位のいっさいの背後に当人のほんとうの相貌を見てとり、その著書の主題を見わけることとなったのである。

（1）"The fortune of a book depends upon the capacity of its readers" (Terentianus Maurus, *De Litteris, syllabis et metris*, v. 1286).

最初の反応は恐怖と畏怖のそれであった。「私たちとしては」、とマコーレーはマキャヴェリについての論稿の劈頭でしるしていた。「およそ、文献の歴史に登場するなまえのなかで、いまその性格と著作をめぐって考察しようとしている男のそれほどに、一般に評判の悪いものが他にあろうとも思われない。その者がふつうそのように描きとられることばが示すところ、かれこそが誘惑者、悪しき第一人者、野望と復讐の発見者あるいは偽証の最初の発明者であって、その呪われた『君主論』の公刊以前には、偽善者・暴君・叛逆者、偽装された徳や巧妙な犯罪といったものは、かつて存在もしなかったとでも言わんばかりなのである。（中略）その姓は無頼漢を意味する異名として刻印され、その洗礼名から悪魔の同義語が生まれたのだ」(1)。やがてこの判断は覆されることになる。過剰に批難された時代につづいて、過度に賞賛されるもうひとつの時代があらわれた。排斥と酷評に取ってかわったのは、一種の畏敬と崇敬である。マキャヴェリは、かつてなら暴君の助言者であったのに、いまや自由の殉教者となる。悪魔の化身であった者が英雄となり、ほとんど聖人となったのである。

(1) Macaulay, *Critical, Historical and Miscellaneous Essays* (New York, 1860), I, 267f.

マキャヴェリのような場合であれば、どちらの態度も不適切であって、誤解をまねくものである。私たちはその著書を道徳的な観点から読み、判断してはならない、と言いたいわけではない。これほど恐るべき道徳的な効果を伴う著作をまえに、そのような判断が下されることは避けがたいところであるし、またじっさい止むをえない。だが私たちとしては、否認あるいは是認、批難もしくは賞賛からはじめるべきではない。他のどのような著作家の場合にもまして、おそらくここで必要なのは、スピノザの公準を想起しておくことだろう。すなわち「笑わず、歎かず、呪詛もせず、ただ理解する」(*Non ridere, non lugere neque detestari, sed intelligere*)。私たちはまず理解しようとすべきなのであって、その人間と仕事にかんして評価を与えるのはその後のことなのである。とはいえこうした知的態度はこれまで、ふたつのマキャヴェリ伝説の影響によって妨げられてきたのだ。『君主論』を研究するにあたって私たちとしては、たえずそうした伝説に対して警戒しなければならない。ふたつの伝説とはつまり、憎悪の伝説と愛の伝説にほかならない。前者の伝説がつくられたのはイギリス、十七世紀のことだった。政治家や哲学者ばかりではなく、イギリスの偉大な詩人たちもまたマキャヴェリ神話の宣布に一役かったのである。エリザベス朝の有名な作家のなかで、マキャヴェリのなまえに言いおよぶことなく、その政治理論になんらかの判決を下すことのなかった者はほとんんど存在しない。その著『マキャヴェリとエリザベス朝の演劇』(1)のなかでエドゥアルト・マイアーは、すくなくとも三百九十五箇所のマキャヴェリへの言及をエリザベス朝の文学のなかから摘録してみせている。しかも、いたるところで――マーロー、ベン・ジョンソン、シェイクスピア、ウェブスター、ボーモント、さらにはフレッチャーの演劇にあって――マキャヴェリズムは、狡猾・偽善・残酷、また犯罪の化身を意味していた。戯曲のなかで敵役となる者はじぶんを表現するのに、マキャヴェリストという語を使うのが通例である。(2)おそらくもっとも目につくかたちで、こうした一般的感情をあらわしたものとして、グロスター公リチャードの独白を、シェイクスピアの『ヘンリー六世』第三幕から挙げるべきだろう。

さてはて、おれは、微笑みをうかべて、そのままに人を殺《あや》めることもできる、
心底くやしがりながら、満足ですと喚《わめ》くこともできる。
うそ泣きをして、頬をなみだで濡らし、
そのときどきに顔つきをかえて、
おれが船乗りたちを溺れさせることといったら、人魚すら及ばないだろう。

おれはバシリスク以上に、目つきでひとを殺すことができるし、
弁舌ときたら、ネクターにおさおさ劣らず、
おれのはかりごとなら、ユリシーズ以上だ。
また、サイノン流に、トロイをもうひとつ手にいれることだって。
色を変えることは、七色トカゲ以上だし、
かたちを変えることにかけては、プロテウスを凌いで、
残虐なマキャヴェリだって学校に行きなおさせる、それがおれというものだ。(3)

（1）"Literarhistorische Forschungen", Band I (Weimar, 1907).
（2）この件を証拠だてるものとしては、以下の一書を参照のこと。Mario Praz, *Machiavelli and the Elizabethans*, "Proceedings of the British Academy", Vol. XVIII (London, 1928).
（3）*King Henry the Sixth*, Third Part, Act. III, sc. 2.
（＊1）底本ではof. 全集版により、orにあらためる。

リチャード三世がマキャヴェリに言いおよんでいるなどというのは、いうまでもなく

一箇のアナクロニズムであるけれども、このアナクロニズムはシェイクスピアによってもその観客にとっても、ほとんど気づかれることがなかったのだ。シェイクスピアがこの戯曲を書きおろしたとき、マキャヴェリという名はほとんどその歴史的な〔一回的〕個性を喪失していたからである。そのなまえは、ひとつの思考の類型を描写するものとして使用されていたのである。さらにそののちもマキャヴェリあるいはマキャヴェリズムということばは、つねに憎悪や嫌悪の魔術的なオーラに取りかこまれていた。レッシングの『エミリア・ガロッティ』のなか、大臣にして侍従であったマリネリは、伝説的なマキャヴェリにまとわりついていた性格の多くをなお体現している。「なにか足りないところがあるというわけなのか」、と公爵はレッシングの悲劇の末尾で叫ぶ。「王侯が人間であるというだけでは。悪魔たちまでも、王侯の友人を装わなければならないということか」[1]。

(1) Lessing, *Emilia Galotti*, Act V, sc. 8.

しかしながらこういった憎悪や軽蔑にもかかわらず、マキャヴェリの理論はだんじてその権勢を失わなかったのである。この理論は一般的な関心の的であったのだ。奇妙なことに、マキャヴェリに対してもっとも断乎として譲ることなく敵対した者たちさえもしばしば、この関心を強めるのに大いに貢献している。マキャヴェリに対する嫌悪はいつでも、一種の驚嘆と魅惑とない交ぜになったものであった。おなじ人間が、マキャヴェリの政治システムに真っ向から対立しながらも、その政治的な天才に敬意を払うのを止めるわけにはいかなかったのである。「私としてはそうはいっても、マキャヴェリそのひとの天分を軽視しようというのではない」(*Unius tamen Machiavelli ingenium non contemno*)、とユストゥス・リプシウスはその『政治学』のなかで書いている。「その鋭く、緻密で、熾烈な天分を」(*acre, subtile, igneum*)[1]。この点についていえば、マキャヴェリに帰依する者たちと激烈に反対する者たちとのあいだで、ほとんどなんの差異もない。この奇妙な同盟が主要な原因のひとつとなることで、マキャヴェリズムは変わることのない力を現代の政治思想にあって有するにいたったのである。マキャヴェリは死んだが、その理論はつねにあらたに再生してあらわれる。マーローはその『マルタ島のユダヤ人』のプロローグ中でマキャヴェリを登場させて、つぎのように語らせている。

世間が思っているところでは、マキャヴェリは死んだことになってはいるが、
そのたましいがアルプスのかなたに飛びさっただけのこと。
それでいまギーズ公(＊1)も死んだところで、フランスからやってきて、
この国を見てまわり、仲間たちと愉しもうというわけだ。
ある者どもには、おれのなまえは厭わしいことだろう。
しかしおれを好む者が、やつらの口舌からおれを護って、
かれらに知らしめるのは、おれがマキャヴェリであり、
人間や、だからまたそのことばを重んじないということなのだ。
おれをいちばん讃嘆しているのが、おれをもっとも忌みきらう輩だ。
おれの本を公然と非難するやつらがいたにしても、
それでもかれらはおれの本を読み、そのおかげで
ペテロの椅子(＊2)さえ手にいれる。やつらがおれの本を投げすてようものならば、
攀《よ》じのぼってくるおれの崇拝者たちに、一服もられるというものだ。

（1）Justus Lipsius, *Politicorum sive civilis doctrinae libri sex* (Antwerp, 1599), pp. 8f.
（＊1）サン・バルテルミーの虐殺（一五七二年）の首謀者、ギーズ公アンリのこと。マキャヴェ

リはこのギーズ公のたましいにも宿っていたとされているわけである。

（＊2）使徒ペテロの代理人である、教皇の地位のこと。

爾来ながい時が流れて、こういった伝説的なマキャヴェリ像がようやく覆されるにいたった。十七世紀の哲学者たちがはじめて、そういった通俗的な評価に攻撃をくわえることになったのである。たとえばベーコンはマキャヴェリのなかに、じぶんと似かよった精神を発見した。ベーコンがマキャヴェリのうちに見とどけたのは、スコラ的な方法のすべてを打ちこわして、政治を経験的な方法にしたがって研究しようとした哲学者なのである。「私たちが多くを負っているのは、マキャヴェリや、その他かれと同類の著作家たちである」、とベーコンは言う。「かれらが公然とありのままに宣し、あるいは描くのは、人間がなにをなしているかであって、なにをなすべきかではない(1)」。

（1）Bacon, *De augmentis scientiarum*, Lib. VII, cap. II, sec. 10.

そうはいっても、近代の偉大な思想家たちのなかで、マキャヴェリについての判断を修正して、その汚名をそそぐのにもっとも尽くした者といえば、それはスピノザということになるだろう。この〔マキャヴェリ再評価という〕目的を追求するうちに、スピノザは奇妙な仮説に到達した。スピノザがなんとしても説明しなければならなかった事実とは、マキャヴェリ、じぶんが自由の戦士と見なしたこの者が一冊の書物を著して、その書が専制のもっとも危険な公準を含みえたという事実だったのである。この件を理解しうるためには、『君主論』には隠れた意味があると想定することがどうしても必要であるように思われた。「君主が支配欲にのみ駆られているとして、その君主がみずからの支配を確立し、それを維持するために、どのような手段を用いなければならないかにかんしては」、とスピノザはその『政治論』(*Tractatus politicus*)のなかで述べている。「きわめて明敏なマキャヴェリが、詳細に語りだしている。とはいえ、どのような意図で語っていたのかについては、ほとんどあきらかでない。(中略)マキャヴェリが示そうとしたのはおそらく、自由な民衆がみずからの安寧をただひとりの人間に対し絶対的に委ねることが、どれほど用心すべきことであるかということである。そうした人間は(中略)日び謀略を恐れなければならず、したがってひたすらじぶんの利益を追いもとめることを余儀なくされ、さらに民衆については、その善を図るよりも、かえって民衆に対して謀略をめぐらせることを強いられるからである。私としては、この遥かかなたを見わたす人間にかんして、いよいよこうした見解を抱くほうに傾くしだいとなるのであるけれども、それも、よく知られているとおり、マキャヴェリこそ自由の擁護者であって、そのうえ自由を護るためにきわめて有益な助言を与えた人間であるからだ」[1]。

（1） Spinoza, *Tractatus theologico-politicus*, cap. V, sec. 5. English trans. by R. H. M. Elmes (Bohn's Philosophical Library, London, G. Bell and Sons, 1900), "Works", I, 315.

スピノザがこの説明を提示するのは、たんに試論的なかたちを取ってそうするにすぎない。むしろためらいがちに語っているのであり、みずからの仮説についてさほど確信しているわけでもないのである。そしてじっさいのところ、スピノザはひとつの点であやまりを犯しているのだ。かれはある意味で、じぶんが破壊しようとしていたのとおなじ錯誤のもとになお留まっている。なんとなれば、スピノザにとってもマキャヴェリはきわめて天才的で明敏であるばかりか、またひどく狡猾な著作家であったことになるからである。スピノザはマキャヴェリを巧妙な策のつかい手とみなしていた。この判断は、しかしながら歴史的事実と両立しうるものではない。かりにマキャヴェリズムの意味するところが欺瞞や偽善といったものとなるならば、マキャヴェリはだんじてマキャヴェリストではない。かれはけっして偽善者ではなかったのである。マキャヴェリの私信を読むと驚かされることに、私たちはまったくちがったマキャヴェリ、私たちの因襲的な捉えかたや先入見とはかけ離れたマキャヴェリを発見することになる。そこに見いだされるのは、率直に口をひらき、偏見もなく、ある実直さをもって語りだす人間なのである。その人間について当てはまることがらは、著作家についてもまた妥当する。政治的な策略や背信をめぐるこのすぐれた教師は、おそらくはもっとも誠実な政治的著作家のひとりでもあった。タレーランの有名な格言である、「ことばが人間に与えられたのは、みずからの思考を偽るためである」(La parole a été donnée à l'homme pour déguiser sa pensée)は、しばしば、外交術の定義そのものを与えるものとして賞賛されてきた。これが真実ならば、マキャヴェリはだんじて外交官たりえない。かれはみずからを偽ることも、その意見や判断を隠すこともせず、じぶんの思うところを断乎としてあからさまに口にしたのだ。もっとも大胆なことばこそ、マキャヴェリにとってつねに最善のことばであった。かれの思想や文体は私たちにほんのすこしの曖昧さも示していない。明晰で鋭敏、見まがいようもないものなのである。

十八世紀の思想家たち、すなわち啓蒙の哲学者は、マキャヴェリの性格をより好意的な目で見ることになった。ある意味でマキャヴェリは、かれらの生まれついての盟友であるかに思われたのである。ヴォルテールがローマ教会に対するその攻撃を開始して、高名な「醜悪なるものの破壊」(Écrasez l'infâme)ということばを口にしたとき、かれは自身がマキャヴェリの仕事を引きついでいるものと考えることができたのだ。マキャヴェリは、教会が第一に、イタリアの抱えていた悲惨のすべてに対して責任がある、と宣言していたではないか。「ローマ教会とその司祭たちに」、とマキャヴェリは『ディスコルシ』(*Discorsi*)〔ローマ史論〕のなかで語っていた。「私たちイタリア人はこの第一の負債を負っている。つまり、かれらのおかげで私たちは邪悪となり、不信心な者ともなったのだ。より大きな負債を私たちはかれらに負っているのであって、それこそは私たちの破滅の直接の原因となるものであり、つまりは教会によって私たちの国は分裂させられたままなのである」(1)。こうした言辞が、フランスの哲学者たちをますますもって鼓舞することになる。他方かれらは、マキャヴェリの理論に対してはけっして同意することができなかった。フリードリヒ二世の『マキャヴェリ論駁』(*Anti-Machiavelli*)の初版への序文で、ヴォルテールはなお「有毒なマキャヴェリ」といったことばを口にしている。(2) フリードリヒ二世は、プロイセンの若き皇太子としてこの論攷をしたためているわけであるが、そこには、啓蒙思想家たちの一般的な感情と評価が表現されているのである。「私がここであえて対決を挑むのは」、と若き皇太子は書いている。「この怪物に対して人間性を擁護するためであり、その怪物たるや人間性の公然たる敵であって、私はそのために、理性と正義とをもってみずから武装して、詭弁と不正な議論とに対決する。(中略)そうすることで読者には、一方で見いだされる毒に対して、他方ではすぐさま解毒剤が準備されているはこびとなるだろう(3)」。

(1) *Discourses on the First Decade of Titus Livy*, Bk. I, chap. XII. English trans. by N. H. Thomson (London, 1883), pp. 56f.
(2) ヴォルテールによる「序文」の英訳は、以下で与えられている。Ellis Farneworth, "The Works of Nicholas Machiavel" (2d ed. London, 1775), II, 181-186.
(3) *Anti-Machiavel*, Preface, Farneworth, *op. cit.*, II, 178f.

こうしたことばがしるされたのは一七三九年のことであるけれども、つぎの世代から私たちはまったく異なった調子を聴きとることになる。マキャヴェリをめぐる評価はまったく突如として一変した。『人間性の促進のための書簡』中で、ヘルダーが宣言したところによれば、マキャヴェリの『君主論』を諷刺とか、政治についての有害な書物とか、あるいはそれらふたつの混成物であるとか見なすのはあやまりなのだ。マキャヴェリは誠実で高潔な人間であり、鋭敏な観察者であって、祖国に対する献身的な友なのであった。その著書のどの一行を取ってみても、そこで証明されるのは、かれが人間性という大義に対する叛逆者ではありえない、ということである。マキャヴェリの著作が誤解されたとするなら、それはだれひとりとして一書のうちに、それを生んだ状況を正しく見てとることがなかったという事実に由来する。くだんの著書は、諷刺的な著作でもなければ、道徳の教科書でもない。それは政治学上の一篇の傑作であって、しかもマキャヴェリの同時代人にむけて著されたものなのである。マキャヴェリの意図したことは、もとより政治についての一般的理論を与えることではない。マキャヴェリはひとえに、じぶん自身が属する時代のさまざまな習慣と思考や行動の様式とを描きとってみせたにすぎない。(1)

（1）Herder, *Briefe zur Beförderung der Humanität*, Brief 58, "Werke", ed. B. Suphan, XVII, 319ff.

ヘーゲルがこの判断を受けいれた。くわえてヘーゲルは、遥かに断乎とした調子で語ることになる。かれは最初のマキャヴェリ賞賛者となったのである。この事実を理解するために、私たちがこころに留めておかなければならないのは、ヘーゲルがどのような特別な状況のもとで、マキャヴェリの政治理論を学ぶことになったのか、ということである。それは、ナポレオン戦争の時代――すなわち、フランツ二世がドイツ帝国の帝冠を放棄したのちの時代――なのであった。ドイツの政治的な崩壊は、一箇の既成事実であるかに思われていた。公刊されることのなかった論文、『ドイツ憲法論』は一八〇一年に執筆されたものであるが、その論攷をヘーゲルはつぎのようなことばで書きはじめる。「ドイツはもはや国家ではない」(*1)。このようなこころ組みをもって、まったく絶望的なものであるかにみえる政治的な状況のなか、ヘーゲルはマキャヴェリの『君主論』を読んだのである。そのような状況であったからこそヘーゲルは、この大いに批難もされ、賞賛もされた書籍を読みとく手がかりを発見したように思われる。ヘーゲルの見たところ、十九世紀ドイツの公的な生活と、マキャヴェリの時代におけるイタリアの国民生活とのあいだには、正確な並行関係が存在する。あらたな関心とあらたな野心とが、ヘーゲルのうちであたまを擡《もた》げた。かれは、第二のマキャヴェリとなることを――じぶんの時代のマキャヴェリたらんことを――夢みたのである。「それは不幸な時代のことだった」、とヘーゲルは語っている。「イタリアは崩壊へ向かって歩を早め、しかも戦争は他国の諸侯によって戦われ戦場と化していたが、イタリアはそうした戦いのための手段を差しだすと同時にその争いで懸けられた獲物であり、さらにまたドイツ人・スペイン人・フランス人・スイス人たちがイタリアを掠奪して、他国の政府がその国の命運を決定しようとしていたのである――時代の根ぶかい気分は、全般的な悲惨・憎悪・混乱・不明《ブラインドネス》からなっており、その気分のうちでイタリアの一政治家が、冷徹な用心ぶかさをもって、国家統一によるイタリアの解放という必然的な構想を抱くにいたったのだ。この場合きわめて不合理な論じようとは、ある観念の発展を、それがイタリアの置かれた諸条件を観察することで形成されたものであるのに、道徳的かつ政治的な原理のさまざまを利害をはなれて要約したものとみなすことだろう。そうした原理であるならば、それはいっさいの条件に対して適合し、したがってどのような条件にも適合しないものである。『君主論』を読もうとする者は、マキャヴェリに先だつ数世紀に及ぶイタリアの歴史と、マキャヴェリの時代のイタリアの歴史とを考慮に入れなければならないのであって、そうすればこの書物が正当化されるばかりではなく、一書はきわめてすぐれた真実の構想をあらわしており、その著者がもっとも偉大で高潔な精神をもった純然たる政治的天才であることがわかるだろう」。これはたしかにあらたな一歩であり、十九世紀の政治思想の発展にとってきわめて重要な一歩であった。「あらたな、途方もないできごとが」、とフリードリヒ・マイネッケは語っている。「マキャヴェリズムが理想主義的な体系のうちに場を得るにいたったことで起こったのである。理想主義的体系はいっさいの倫理的価値を包含して、それを支えようとしてきたにもかかわらず、それまではただ倫理的なコスモスの外部に存在するにすぎなかったからである。そこで生起したのはほとんど、非嫡出子を〔嫡出子と同等に〕法的に正統化するのに比しうるほどのことだった」[(1)]。

（1）*Die Idee der Staatsräson in der neueren Geschichte* (München and Berlin, R. Oldenourg, 1925), p. 435.

（＊1）カッシーラー原文中の英訳では、Germany has ceased being a state. ヘーゲルのドイツ語原文は、Deutschland ist kein Staat mehr. ここではドイツ語原文により訳す。

おなじような傾向が、フィヒテの政治哲学の発展のなかでもあらわれる。一八〇七年フィヒテはマキャヴェリにかんする論攷を、ケーニヒスベルクの評論雑誌『ヴェスタ』(*Vesta*)に発表した。(1) かれの宣言にしたがえば、この論評が寄与しようとするところは、"Ehrenrettung eines braven Mannes"——すなわち、廉直な人間の名誉を恢復することにあったのである。そこで目にされるのは、伝統的にそう考えられてきたフィヒテとはまったくべつのフィヒテである。私たちはフィヒテのことを、きわめて厳格な道徳的リゴリズムの代弁者と考えてきたからだ。だが、マキャヴェリをめぐるかれの評価のうちには、そうしたたぐいのものはまったく見あたらない。フィヒテはマキャヴェリの政治的リアリズムを賞賛して、道徳的批難のすべてからかれを救いだそうとする。フィヒテもみとめていたとおり、マキャヴェリは断乎とした異教信仰を告白して、またキリスト教にかんしては憎悪と侮蔑をこめて語っていた。しかしながら、こうしたいっさいはマキャヴェリに対するかれの判断を変えさせるものではなかったし、政治思想家としてのマキャヴェリをめぐるその讃嘆を減じるものでもなかったのである。

（1）のちに、以下の文献中に収められている。"Nachgelassene Werke" (Bonn, 1835), III, 401–453.

マキャヴェリの著作についてのこういった解釈は、十九世紀をつうじて支配的なものとなっていった。それ以来、役柄が一変したのだ。マキャヴェリのなまえは、それ以前ならば侮蔑的な言辞であったのに、いまやとつぜん褒辞的な形容詞(*epitheron ornans*)と化したのである。ふたつの強い力、つまり知的な力と社会的な力とが、こうした効果を生むのに与った。十九世紀の文化にあっては、歴史が指導的な役割を果たしはじめている。十九世紀に入ってほどなく、歴史が他のすべての知的な関心に取ってかわって、それ以外の関心はほとんどすがたを消すほどになった。このあらたなパースペクティヴからするならば、マキャヴェリの『君主論』にかんする以前の評価はもはや受けいれがたいものとなる。なんとなればそうした評価は、著作の歴史的背景をまったく見てとることのないものであったからである。他方ではナショナリズムが十九世紀初頭以来、もっともつよい衝動と推進力を、政治的・社会的な生に対して与えていた。こうしたふたつの運動の大きな余波が、マキャヴェリ理論の再評価に打ちよせていたのである。十七世紀の文献にあってマキャヴェリは悪魔の化身として描かれ、やがて奇妙な誇張によって、悪魔自身がときにマキャヴェリストと名づけられて、マキャヴェリズムの色を塗りつけられた。[1]だが二世紀の時を経て、完璧な逆転がこのような評価に起こったのだ。マキャヴェリの悪魔化は、一種の神格化に取ってかわられる。イタリアの愛国者たちはこぞってマキャヴェリ『君主論』の最終章を熱狂的に歓迎した。ヴィットーリオ・アルフィエーリが『君主論ならびに書簡について』(*Del Principe e delle lettere*)と題するその著作を公刊したさいに、かれはためらうこともなく「神のごときマキャヴェリ」(divino Machiavelli)と口にしている。アルフィエーリはその一書中にとくべつな章を挿入し、くだんの一章を、異邦人たちからイタリアを解放しようとするマキャヴェリの有名な勧奨にただしく擬《なぞら》えることを意図したのであった。[2]

(1) 以下を参照。Mario Praz, *op. cit.*, p. 37.

(2) 「このような標題を、あの神のごときマキャヴェリは『君主論』の最終章に付している。ところで、それがここで繰りかえされているのは、異なる仕方でも、おなじ結果に到達するということを示すためにほかならない」(Così intitolò il divino Machiavelli il suo ultimo capitolo del *Principe*; e non per altro si è qui ripetuto se non per mostrare che in diversi modi si può attenere lo stesso effetto)。Alfieri, ***Del Principe e delle lettere Libri III***, Cap. XI, "Opere di Vittorio Alfieri" (Italia, 1806), I, 244.

とはいえ私が思うに、当面の問題〔マキャヴェリ評価〕についていえば、私たちの「歴史主義」やナショナリズムはじぶんたちの判断を明確にするより、混乱させることのほうが遥かに多かったのである。ヘルダーやヘーゲルの時代以降、マキャヴェリの『君主論』を体系的な書物――つまり一箇の政治理論――と考えるのはあやまりであると語られてきた。マキャヴェリはだんじて、そういった理論を提出しようと意図していたわけではなく、特殊な目的に向け、せまい範囲の読者に宛てて筆を執ったと言われている。「『君主論』は」、とL・アーサー・バードは、自身の編になるマキャヴェリの著作に序論をよせて書いていた。「イタリア人、しかも特定の時節のイタリア人のために書かれた著作以外のなにものでもない。じっさいさらに言うなら、その著作がすべてのイタリア人のために著されたものかどうかさえ、問いなおすことができるのだ(1)」。しかしながら、こういった通説が、マキャヴェリそのひとの見解と、かれの主要な目的とを正確に表現するものであることを示す、なんらかの証拠があるだろうか。マキャヴェリは、イタリアの代弁者として行動する以外にいかなる関心ももたず、およそどのような野心をも有しておらず、マキャヴェリの与えた勧告のいっさいは、どれをとってもイタリア史の特定の時点に制限されたものだったのだろうか。かれ自身の確信するところ、みずからのそうした見識は、後代の政治的生や政治的諸問題に対しては適用されえないものだったのだろうか。

(1) Niccolò Machiavelli, *Il principe*, ed. L. Arthur Burd (Oxford, Clarendon Press, 1891), p. 14.

私としては、このような提題について決定的証明となることがらを、ただのひとつも発見することができない。私たちは一種の光学的な錯覚に災いされて、こうした仕方で判断してしまっているのではないかとも思われる。じぶんたちが犯しがちなあやまりを、「歴史家の誤謬」と呼んでおくこともできるだろう。私たちは、じぶん自身の歴史観や歴史学の方法を、そのような捉えかたなどまったく知らず、それをほとんど理解しえないはずの著作家に押しつけているのだ。私たちにとっては、いっさいのものごとをそれが置かれた固有な環境のなかで考察することが、きわめて自然なことのように思われる。私たちはこのような準則を一種の定言命法であると見なして、人間の行動や、文化の現象を正しく解釈するさいに適用されるべきものと考えている。それに併せて、私たちが発達させてきたものが、ものごとの個体性と判断の相対性にかかわる感覚であって、その感覚はしばしば私たちに過剰な反応を引きおこす。私たちはほとんど、一般的な言明をあえて試みようともしないし、クリア・カットされた定式のすべてに対して不信をいだく。かくて私たちが懐疑的となっているのは、永遠真理と普遍的な価値の可能性なのである。しかしこういったことは、マキャヴェリの態度ではないし、ルネサンスの採る態度でもない。ルネサンスの芸術家や科学者、哲学者たちは、現代の歴史的相対主義なぞ知らなかったし、かれらがなお信じていたものは絶対的な美であり、絶対的真理だったのである。

マキャヴェリそのひとの場合についていえば、かれの政治理論をそのように制限することはまったく許されないのには、さらに特別な理由がある。そういった制限はむしろ現代のマキャヴェリ注釈者たちが持ちこんだものなのだ。マキャヴェリは、偉大な歴史家ではあったけれども、歴史学の課題にかかわるその捉えかたは、私たちのそれとは大きく異なるものだった。マキャヴェリが興味をもっているのは、歴史的な生の動力学というよりその静力学なのであった。かれは、特定の歴史的な時節が有する特殊な性格といったものには関心を抱かず、繰りかえされる特徴、いっさいの時代をつうじて変わることのないことがらを探しもとめていたのである。私たちが歴史を物語る場合に、その方法は個性記述的なものであるが、マキャヴェリの場合は法則定立的なものだった。(*1) 私たちはだんじて、歴史が繰りかえされるものとは思わないが、かれは歴史をたえず反復するものと考えている。「現在と過去とを比較してみるならば、だれでもただちに気づくとおり」、とマキャヴェリは語っていた。「どの都市、どの国民にあっても、おなじ欲求や情念が支配しており、それらはいつでもかかわらず支配してきた。そのような理由から、過去のできごとを慎重に吟味する者にとっては、どこの国であれ、そこでこれから起こるできごとを予見し、古人たちが似かよった事態に用いた対策をそれに施すのはたやすい所業だろう。(中略)とはいえ、こうした教訓も、読者たちによって無視されたり理解されなかったりするならば、あるいは読者がそれを理解したとしても支配者たちがそれを知らずにいるなら、結局のところおなじ無秩序がすべての時代をつうじて共通のものとなるのである」(1)。これから起こることを予知しようとする者は、かくして、これまでそうであったところにいつでも目を向けなければならない。いっさいの人間的できごとは、それが現在のものであれこれから到来することであれ、その精確な写しを過去のなかに有しているからである。「そうしたできごとは人間によって引きおこされ、人間というものはどのような時代でも、おなじ情念や気質をかわらず持ちつづけるものであるがゆえに、おなじ結果がおのずともたらされるというものなのだ(2)」。

(1) *Discourses*, Bk. I, chap. XXXIX. English trans., p. 125.
(2) *Discourses*, Bk. III, chap. XLIII. English trans., p. 475.
(＊1)「個性記述的」は individualistic の訳、「法則定立的」は unniversalistic の訳。前者を idiographisch, 後者を nomothetisch というヴィンデルバント用語の訳語とみなす。

人間の歴史をこのように静的にとらえるところから、歴史的なできごとのすべては、たがいに交換可能であることが導きだされる。物理的な観点からすれば、そういったできごとは一定の位置を時空のうちに占めるものであるとはいえ、それらの意味と性格はつねに変わることがない。いまやたしかに言いうるのは、この思想家がじぶん自身の政治的な公準と理論とを、ティトゥス・リヴィウスの著作を評注するなかで展開しえたとするならば、そのおなじ思想家が、現代の歴史家と見解をともにしていたはずがないということだ。後者の見識によれば、いっさいの時代はそれ自身の規準で測られなければならないからである。他方くだんの思想家にとって、すべての人間、あらゆる時代はおなじ次元に存在するものなのである。マキャヴェリは、ギリシア・ローマの歴史から採られた事例と、同時代史からとり上げられた実例のあいだに、ほんのすこしの区別も設けていない。かれは、アレクサンドロス大王とチェザーレ・ボルジア、ハンニバルとロドヴィコ・イル・モロについておなじ口調で口にする。同一の章がルネサンスの「あらたな君主権」を論じる一方で、そのおなじ章がモーセ、キュロス、ロムルス、テーセウスにかんして語っている。(1) マキャヴェリそのひとの同時代人たち、つまりルネサンスのすぐれた歴史家たちでさえ、すでにマキャヴェリの方法の欠陥を注意し、批判していた。グイッチャルディーニともなるととりわけ、きわめて興味ぶかく適切な講評をこの点にかんして残しているのである。(2)

（1）以下を参照。*The Prince*, chap. VI

（2）以下を参照。Guicciardini, "Considerazioni intorno ai Discorsi del Machiavelli", *Opere inedite di F. Guicciardini* (2d ed., Florence, 1857), I, 3-75.

こうしたタイプの思想家であれば、かれがあらたな建設的な理論、つまり真の政治学を構築しようとするとき、当の思想家には、その学を特殊な事例に制限する心づもりなどありえようはずもないことはたしかである。どれほど逆説的に響こうとも、この当面の場合についていえば、私たち自身の現代的な歴史感覚が私たちの目を曇らせて、明白な歴史的真実を目にする妨げともなっていると言わなければならない。マキャヴェリが筆を執ったのは、イタリアのためではなく、自身の時代のためですらなく、世界に対してなのである――そして世界は、かれに耳を傾けたのだ。マキャヴェリとしては、現在かれを批評する者たちがみずからに与える評価に、だんじて同意しないにちがいない。批評家たちがマキャヴェリのうちに見る賞賛すべき点は、かれにとっては欠点であると思えたことだろう。マキャヴェリはじぶんの政治的な著作を、ちょうどツキュディデスがみずからの歴史書をそう見なしたのと、おなじ思いで見ていたのである。マキャヴェリがみずからの著書のうちにみとめていたのは κτῆμα ἐς ἀεὶ つまり永遠の財宝であり、つかの間に消えさる作品ではなかった、ということである。マキャヴェリは事実、じぶんの判断のすべてについてこのうえもなく自信をもっていた。かれは大胆きわまる一般化を好んでいたのだ。古代や近代の歴史に取材したほんのわずかな実例から、マキャヴェリはただちに、きわめて射程のながい結論を導きだした。このような演繹的な思考と論証の方法がつねに考慮に入れられなければならないのであって、そうすることで私たちは、マキャヴェリの理論の帰結を理解することができる。じぶん自身の個人的経験を描きとったり、とくべつな公衆に対して語りかけたりすることは、かれの意図したところではない。もちろんマキャヴェリは、みずからの経験を利用している。『ディスコルシ』に付された献辞のなかでは、友人であったツァノービ・ブオンデルモンティとコシモ・ルッチェルライに向けて、じぶんの呈しようとしていた著作の含んでいる政治的な知識のすべてが、みずからの大量の読書と、世間のできごとにかんする永年の経験とから集められたものであるしだいが語られている。とはいえ、世間のできごとをめぐるマキャヴェリの経験など、どちらかといえば貧しいものなのであって、そうした経験にもとづいて『君主論』のようなすぐれて重要な著作が執筆されることは、けっしてありえないところだったろう。そのためにはまったくべつの知的な能力が、すなわち論理的な演繹と分析の力、ならびに真に包括的な精神が必要とされたのである。

もうひとつの偏見があって、現代の著作家たちの多くはマキャヴェリの『君主論』に真の光を当てることができない。そうした著者たちのほとんどは、すべてがすべてとは言わないまでも、マキャヴェリの生涯をめぐる研究から筆を起こしている。その生涯にこそ、かれらの希望するところでは、マキャヴェリの政治理論への手がかりが見いだされるのである。そのばあい当然のこととして前提とされているのは、人間マキャヴェリにかんする十分な知識を手に入れさえすれば、その著作の意味に対して十全な洞察を手中にするに足る、ということである。現代では伝記的研究が進行したことで、前代のマキャヴェリ、エリザベス朝時代の演劇で描かれた「兇悪な」マキャヴェリ像は、完全にすがたを消した。私たちはいまマキャヴェリをあったがままに、正直で高潔な人間、熱烈な愛国者、祖国の誠実なしもべ、忠実な友人、妻子を愛してやまない人間と見ている。(1)とはいえ、私たちがこれらのさまざまな個人的性質のすべてをマキャヴェリの著作中に読みこんでゆくとすれば、あやまりを犯すことになるだろう。私たちは、その基本的な長所をも短所をもひとしく見のがしてしまう。私たちの歴史的な関心が異常に発達したことばかりではなく、心理学的な関心についても同様であることによって、私たちの判断はしばしば混乱させられてきたのである。以前の世代は、著作そのものに関心を抱いて、その内容を研究したものである。これに対して私たちは、その著者の精神分析から手をつけるわけである。マキャヴェリの思想を分析してそれを批判するかわりに、現在の注釈者の多くは、ひたすらその動機だけを問題とする。驚くべき努力が、そうした動機のさまざまをあきらかにするために積みかさねられてきた。この問題は、マキャヴェリという主題をめぐる文献の総体のなかでも、もっとも熱い議論をよぶ問題のひとつとなってきたのである。

（1）詳細の一々については、この主題にかんする標準的な著作を参照のこと。Pasquale Villari. *Nicolò Machiavelli e i suoi tempi* (Florence, 1877–82). 3 vols. English trans. (London. Kegan Paul, Trench & Co., 1878). 4 vols.

私としては、こうした議論の詳細に立ちいろうとは思っていない。動機への問いは、どのような場合であっても、困難でふたしかな問題であり――ごく稀なケースでのみ、その決定が絶対的な確実性をともなうことができる。しかもたとえ明白かつ充分なかたちでこの問いに答えうる場合であっても、そのことはたいして役には立たないだろう。ある書籍の動機、それが書かれた目的は、その書物それ自体ではない。それらはたんに機会として働く原因にすぎず、動機や目的を知ることによってその体系的な意図が理解されることはない。以前であれば、伝記的な資料が相応に欠如していることが悩ましいところであった一方、私たちは現在ではおそらくその正反対の事情によって苦しめられている。私たちはマキャヴェリの私信を読み、さらにその政治的な経歴をすみずみまで調べあげ、『君主論』ばかりでなく、その他のあらゆる著作を解読してきている。とはいえ、ことが『君主論』の評価、その体系的な意味と歴史的な影響という決定的な点にいたると、私たちとしてはどうしてよいか分からない。現代の多くのマキャヴェリ研究者たちはその生涯の細部へと立ちいることに熱中するあまり、全体像の把握がかれらの手から零《こぼ》れおちはじめている。研究者たちは、木を見て、森を見ないのだ。著者の評判を救おうとして、かれらは、その著作の重要性を低減させてしまう。「『君主論』のなかに含まれているもののうちで」、と最近の伝記作者のひとりが問うている。「そのように激しく感情を喚起して、論争を呼びおこす機縁となるものは、いったいなんだろうか？（中略）この問いに対する答えは、かつてもじつはそうであったし、いまでもやはりそのとおりである――つまり、なにもありはしないのだ。『君主論』中には憎悪・軽蔑・嫌悪・恐怖を正当化するようななにものも存在しない。にもかかわらず、それらを『君主論』が呼びおこしたとされるのであり、それはちょうどおなじ本のなかに、熱烈な賛美者たちが与えた賞賛にあたいするようななにごとも存在しないのと同様である。賛美者たちは『君主論』のうちに、じぶん自身の行動や理想をめぐるひとつの解釈を読みこんでいたのである。君主自身も、君主がしたがうべく奨められたものごとの進めかたも目を離さないよう教えられた目的も、いっさいはその時代の産物であって、マキャヴェリの提供した勧めは、かれが経験によって教えられて、その時代にとって最善と考えたもの——その時節にあっては、ただひとつ理解され尊重されるように見えたもの、なのだ」[1]。もしこうした判断が正しいのならば、マキャヴェリをめぐる世評の全体が、大部分は誤読に由来するものであることになるだろう。マキャヴェリ自身ではなく、その読者こそが当の世評を創造したのであり、読者たちにそんなことが可能となったのも、ひとえにマキャヴェリの著作の意味をまったく誤解したからなのだ。

（1） Jeffrey Pulver, *Machiavelli, the Man, His Work and His Times* (London, Herbert Joseph, 1937), p. 227.

右のような議論は私には、ディレンマからのきわめて貧しい逃げ道であるように思われる。ディレンマはじじつ存在しているのである。いちじるしい矛盾が、マキャヴェリの政治学説とその個人的・道徳的性格のあいだに存在しているかに見える。とはいえ、私たちがどうあっても探しださなければならないのは、問題にかんするより良い説明であって、マキャヴェリの理論の独創性やその普遍性を否定するのは望ましくない。そういった解釈が正しいものとしても、私たちはもちろんそれでもなおマキャヴェリを目して、偉大な政論家とも、さらに特殊な政治的・国家的利害の代弁者ならびに宣伝家とも考えることができるだろう。しかしながらそうなれば私たちとしては、マキャヴェリのうちに、一箇のあらたな政治学の創始者——その構想と理論によって近代世界が革命的に変化し、社会秩序がその根底から揺るがされた、偉大な建設的思想家——を見てとることはできないことになるはずである。

XI　マキャヴェリズムの勝利とその帰結

マキャヴェリとルネサンス

ひどく相異なる見解が、マキャヴェリの著作とその人柄とにかんして分岐しているけれども、すくなくともひとつの論点をめぐっては、完全に異口同音にみとめられていることが分かる。すべての著作家たちが強調するところによるならば、マキャヴェリは「時代の子」であり、ルネサンスの典型的な証言者なのである。この言明にしても、とはいえ、ルネサンスそのものについて、明晰で一義的な捉えかたを手中にしていないかぎりは、なんの役にもたたない。そしてこの点についていえば、情況は絶望的なまでに混乱しているように思われる。ここ二、三十年のあいだ、ルネサンス研究への関心はたえず高まってきている。私たちとしてはいまや目も眩むほどに豊富な資料、あらたな事実を与えられており、とりわけ後者は、政治史家や、文学・芸術・哲学・科学・宗教にかんする歴史家が蒐集してきたものだ。けれども主要な問題、つまりルネサンスの「意味」という問いについていえば、私たちは依然として暗闇を手さぐりするばかりであるかに思える。現代の著作家であれば、だれにしても、ヤーコプ・ブルクハルトがルネサンス文明を描きとろうとして用いた、有名な公式[＊1]をくりかえすわけにはいかないだろう。いっぽう、ブルクハルトの著作を批判する者たちが与えてきた叙述[＊2]のいっさいもまた、ひとしく異論に対して開かれている。多くの学者たち、しかもそれぞれの専門領域ではきわめて権威ある学者が、ゴルディアスの結び目[＊3]を断ちきろうと決して、「ルネサンス」という用語そのものを使用しないように、私たちに警告を発している。「なんの必要があって、ルネサンスを問題とするというのだ」、とリン・ソーンダイクは、くだんの主題をめぐる近年の議論のなかで書いている。「なんぴともかつてその存在を証明したことがなかったし、じっさいそう試みようとした者さえいなかったのである[1]」。

（1） *Journal of the History of Ideas*, IV, No. 1 (January, 1943), with contributions by Hans Baron, Ernst Cassirer, Francis R. Johnson, Paul Oskar Kristeller, Dean P. Lockwood, and Lynn Thorndike.

（＊1）その著『イタリア・ルネサンスの文化』第一章の標題「世界と人間の発見」に見られるような定式。

（＊2）ブールダッハ『ルネサンスと宗教改革』、ホイジンガ『中世の秋』といった研究がそれぞれ代表する立場。

（＊3）ゴルディオンの神話と、アレクサンドロス大王にまつわる伝説に由来する表現。手に負えない難問を一刀両断することの比喩として使用される。

そうはいっても私たちとしては、ただ呼称や用語だけを論じるべきではないだろう。ルネサンスがたんなる「音声の流れ」(*flatus vocis*)(＊1)ではなく、当の用語がなんらかの歴史的実在に対応していることは、否定しがたいところである。かりにこの実在を証明することが必要であるというならば、ふたりの古典的な証言者を喚問し、ふたつの著作を指呼するだけで充分だろう。すなわち、ガリレオの『新科学対話』であり、マキャヴェリの『君主論』である。この二冊を結びつけることは、一見したところきわめて恣意的であるかにみえるだろう。ふたつの著作はまったく異なった主題を論じ、それぞれに相異なる世紀に属しており、おのおのを著した人物は、その思想、学問的な関心、才能、さらに人柄を完全に異にしている。それにもかかわらずこの二冊には、どこか共通したところがあるのである。その双方にあってみとめられるのは或る種の思考の傾向であり、当の傾向を帯びることで両者は、近代文明の歴史において重大で決定的なふたつのできごととなったのだ。近年の研究が教えるところでは、マキャヴェリとガリレオのどちらにもそれぞれの先駆者が存在する。かれらの著作は、その著者の頭脳のなか〔だけ〕で準備を整え装備をそろえて、そこから跳びだしたものではない。両著は〔歴史のなかで〕長く慎重な準備を必要としたものなのである。とはいえ、こうした事情のいっさいによって、これらの著作の独創性が減じることはない。ガリレオがその『対話』のうちで、マキャヴェリがその『君主論』中で与えたものは、じっさい「あらたな科学」なのであった。「私の目的は」、とガリレオは語る。「きわめて古い主題にかかわる、まったくあらたな科学を打ちたてることである。自然界のなかではおそらく運動ほど古いものはほかにあるまい。運動にかんして哲学者たちが著した書物も些少なものとしない。そうであるにせよ、私が実験によって発見した運動の性質のいくつかは、それが知るにあたいするものであるにもかかわらず、これまで観察も証明もされてこなかったものなのだ」(1)。

マキャヴェリにも、じぶんの著作をめぐっておなじ仕方で語る資格が充分あったにちがいない。ガリレオの力学が現代の自然科学の基礎となったのとまったくおなじように、マキャヴェリが切りひらいたのは政治学のあらたな道であったのである。

（1）Galileo, *Dialogues Concerning Two New Sciences*, Third Day. English trans. by H. Crew and Alfonso de Salvio (New York, The Macmillan Co., 1914; now Evanston and Chicago, Northwestern University, 1939), p. 153.

（＊1）ロスケリヌスのことば。ロスケリヌスは、類や種とはただの「声」(vox)にすぎないと主張する、「音声言語論派」と呼ばれる立場をとったが、これがのちに、初期唯名論とみなされるようになる。ちなみにロスケリヌスはアベラルドゥス(アベラール)の旧師で、後年、アベラルドゥスに対する断罪の書をも著した(「アベラルドゥスへの手紙」)。

この二冊の書物のあたらしさを理解するためには、中世思想の分析からはじめなければならない。たんに年代記的な意味ならば、ルネサンスを中世から切りはなすことなどできないことはあきらかである。目に見えるものも目には見えないものも含めて、数えきれない糸によって、一四〇〇年代(Quattrocento)はスコラの思想と中世の文化とに繋ぎとめられている。ヨーロッパ文明の歴史にあってだんじて、その連続性を切断するものは存在しない。中世期が「おわり」、近代世界が「はじまる」一点をその歴史のなかに探しもとめることは、まったく理に悖る。[1] とはいえ、そうはいってもこのことで、ふたつの時代のあいだに知的な境界線を探しもとめる必要がなくなってしまうというわけではないのである。

（1）以下の数段落は、下記の論稿に含まれている見解のいくつかを繰りかえしたものである。"The Place of Vesalius in the Culture of the Renaissance", *The Yale Journal of Biology and Medicine*, XVI, No. 2 (December, 1943), 109ff.

中世の思想家たちは、さまざまな学派にわかれていた。そういった学派間で、つまり弁証法論者と神秘主義者、実在論者と唯名論者とのあいだでは、おわることのない論争が繰りひろげられていたわけである。それにもかかわらず、そこでは一箇の思考の中心が共有されていたのであって、その中心は何世紀にもわたってつねに揺るぎなく、変わるところがなかったのである。中世思想の統一性を把握するさいに、おそらくは最良の、しかもたやすい方途は、Περὶ τῆς *οὐρανίας ἱεραρχίας* と Περὶ τῆς *ἐκκλησιαστικῆς ἱεραρ-*

χίας（『天上位階論』ならびに『教会位階論』[*1]）という、二冊の文献を学ぶことだろう。これらの書物の著者は知られていない。中世期にあってそれらは一般に、ディオニシオス・アレオパギテース、すなわち聖パウロの弟子で、パウロが改宗させ、洗礼を授けたとされる人物に帰せられている。しかしこれは、伝説にすぎない。これらの著書は、おそらくは新プラトン派の著作家、プロクロスの弟子によって著されたものであろう。それらが前提としているのは流出説であり、流出説とは、新プラトン派の創始者、プロティノスによって展開されたものである。事物を理解するために私たちは、この理論にしたがうなら、つねに第一原理にまで遡って、事物がどのようにしてこの原理から発展してきたのかを示さなければならない。第一原理、すなわちいっさいの事物の原因であり始原であるものとは、〈一者〉であり〈絶対的なもの〉である。この絶対的な〈一者〉が展開して、多様な事物となるのである。これは、しかし、現代的な意味での進化の過程ではなく、かえって退化の過程なのだ。世界全体が、黄金の鎖によって繋ぎとめられている――あの *aurea catena,* ホメロスが『イリアス』の有名な一節で語った黄金の鎖である。精神的なものであれ物質的な事物であれ、なんであれすべてのもの、主天使、天使たち、つまり熾天使《セラフィム》や智天使《ケルビム》、さらに他のあらゆる天上界の軍勢・人間・有機的な自然・物質、

それらのもののことごとくが、この黄金の鎖のうちで神の足もとに結びあわされている。ふたつの異なった位階があり、一方は存在の位階、他方は価値の位階である。しかし両者はたがいに対立するものではなく、相互に完全な調和のうちで対応している。価値の程度は、存在の程度に依存する。存在の階梯が低いものは、倫理的な階梯もまた低い。事物は、第一原理から、すなわちいっさいの事物の源泉から遠ざかるほどに、その完全性の程度もまたそれだけちいさなものとなる。

（＊1）この文献にかんしては、本書、三三九頁の訳注（＊1）参照。

天上と教会の位階をめぐるディオニシオス偽書は、中世期をつうじてひろく熱心に研究された。それらはスコラ哲学の主要な源泉のひとつとなったのである。これらの書物のなかで展開された体系は、ひとびとの思想に影響を及ぼしたばかりでなく、きわめて深くひとびとの感情とも結びあい、倫理的・宗教的・学問的・社会的な秩序の全体のうちでさまざまなかたちで表現されている。アリストテレスの宇宙論にあって神は、宇宙の「不動の動者」として描きとられた。神は運動の究極的な源泉であって——それ自身は動くことがない。神はその動力を、まずはじぶんにもっとも近いもの、すなわち最上の天上界につたえる。そこからこの力は、さまざまな段階をへて下降してゆき、私たち自身の世界、月下の世界、すなわち月より下位にある世界である地球へと及んでゆく。しかし、そこではもはや〔天上界と〕おなじ完全性はみとめられない。より高い世界、天体たちの世界は、不滅にして不朽の元素からなる――これがすなわちアイテールあるいは第五実体(*quintia essentia*)(*1)であって、それら天体の運動は永遠のものである。私たちが住まう世界ではあらゆるものは可滅的で、朽ちやすい。すべての運動もまた来たっては、つかのまのうちに静止へといたる。より低次の世界とより高次の世界とのあいだには劃然とした区別が存在しており、それらはおなじ元素からなるのでもなければ、同一の運動法則にしたがうのでもない。同型の原理が、政治的・社会的世界の構造についても当てはまる。宗教的な生にあって私たちが見いだすのは教会の位階であり、それは頂点である教皇からはじまって、枢機卿・大司教・司教へと降ってゆき、より下位の聖職者へといたる。国家において最高の権力は皇帝に集中されて、皇帝がこの権力を下位者たちに、すなわち王、諸侯ならびに他のいっさいの家臣たちへと委譲してゆく。この封建制度こそがまさしく、一般的な階層体系を精確に映しだすイメージであり、それに対応するものなのだ。封建制度が表現し、またそれが象徴するものは普遍的な宇宙の秩序であって、その秩序は神によって打ちたてられ、かくてまた永遠で不動のものなのである。

（＊1）月下の地上界を形成する地水火風の四大のほかにみとめられた、第五の元素。アリストテレスの『天体論』にすでに見られるが、これがのちに、いわゆる「エーテル」の原型となった。

この体系が中世期をつうじて支配的であり、その力は人間的生のすべての領域にあらわれた。しかし、ルネサンスの最初の二世紀、すなわち一四〇〇年代(Quattrocento)と一五〇〇年代(Cinquecento)には、当の体系が形態を変えてゆくのである。その変化はとつぜん生じたものではない。全面的崩壊、廃棄あるいは公然とした否定といったものが、中世的な思考の基本原理にかんしてみとめられるわけではない。それにもかかわらず、くだんの位階体系にひとつの突破口が開かれると、ひきつづきまたつぎの突破口が拓かれてゆく。その体系たるや、鞏固に確立されたかに思われ、また何世紀にもわたってひとびとの思考と感情を支配してきたものなのだ。体系は破壊されたわけではなく、しかし色あせはじめ、その不可疑とされた権威を喪失しはじめたのである。

アリストテレスの宇宙論体系は、コペルニクスの天文学体系によって取ってかわられた。後者にはもはや「より高い」世界と「より低い」世界とのあいだの区別を見いだすことができない。どのようなものであれいっさいの運動は、地球の運動にしても天体のそれにしても、同一の一般的規則にしたがう。ジョルダノ・ブルーノがコペルニクス体系に形而上学的な解釈を与えた最初の思想家であったが、ブルーノによるなら、世界は一箇の無限な全体であって、それは同一の無限な神的精神によって浸透され、また賦活されている。宇宙のなかにはひとつとして特権的な定点はなく、そこには「上方」も「下方」も存在しない。政治的な領域にあっても封建的な秩序が緩みはじめ、崩壊しはじめていた。イタリアでは、まったく異なった類型のあらたな政体があらわれる。そこに見られるのはルネサンス期の専制政治であって、それを創りだしたのは、あるいはひとりの個人、つまりルネサンスの偉大なるコンドティエリ(condottier)(＊1)であり、あるいはまた名門一族、つまりミラノのヴィスコンティ家やスフォルツァ家、フィレンツェのメディチ家、マントヴァのゴンザーガ家なのである。

(＊1) コンドティエリとはもともと傭兵隊長のことで、当時の政情を背景に勢力をもつにいたる。後出のスフォルツァ家の出自。

近代的な世俗国家

こういった舞台が、マキャヴェリの『君主論』の政治的かつ知的な一般的背景となるものなのであり、私たちがかれの著作にそうした視角から近づこうとするならば、その一書がヨーロッパ文化の発展にあって有した意味とその正当な地位とを規定するのに、なんの困難もない。マキャヴェリが、その著作の構想を抱くにいたったとき、政治的な世界の重心はすでに移動していた。あらたな勢力が台頭しており、その勢力に説明が与えられなければならなかった——勢力は、中世的体系にとってはまったく未知のものであったからである。マキャヴェリの『君主論』を研究してみて私たちが驚くことは、かれの思考のすべてが、どれほどまでにこのあらたな現象へと集中しているか、ということである。通常の統治形態、つまり都市共和国や世襲の君主国を話題にするさいは、かれの語るところはきわめて簡潔である。それはまるで、そういった古いむかしながらの統治形態は、すべてマキャヴェリの好奇心をほとんど引きつけることがなく——それらがあたかも、かれの学問的な関心にあたいしなかったかのようである。一方かれが、あらたな人間をめぐって叙述をはじめて、「あらたな君主権」を分析する場合には、マキャヴェリはまったく異なったトーンで語りだす。マキャヴェリは、関心をもっているばかりではなく、こころ奪われ、魅了されているのだ。私たちとしては、この強く奇妙な魅惑を、チェザーレ・ボルジアについて語られたことばのひとつひとつに感じるのである。マキャヴェリの語りが、チェザーレ・ボルジアがみずからの敵を排除するのに用いた手段に及ぶとき、その語り口は文体と思想の双方にあって、かれの著作のなかでももっとも特徴あるもののひとつとなっている。(1) そのうえチェザーレ・ボルジアの没落後は、かれにとってつねにかわることなく古典的範例でありつづける。「ヴァレンティーノ公」(＊1) マキャヴェリはおなじように感じていた。直に打ちあけているところによれば、かれは、あらたな国家を創設しなければならない場面に立ちいたったなら、いつでもチェザーレ・ボルジアの高名な範例にしたがうだろう、というのである。(2)

(1) *Descrizione del modo tenuto dal duca Valentino nell'ammazzare Vitellozzo Vitelli,* etc. English trans. by Farneworth, "The Works of Nicholas Machiavel", II, 481–490.

(2) *Lettere familiari*, CLIX, ed. Ed. Alvisi (Florence, 1883), p. 394.

(＊1) ヴァレンシアの枢機卿位を失ったときに、フランス王からヴァランス公領を与えられたのちの、チェザーレ・ボルジアの通称。

こうしたいっさいのことがらを、チェザーレ・ボルジアに対する個人的な共感で説明することはできない。マキャヴェリには、かれを好む理由などまったくなかった。その反対で、かれを恐れるきわめて強い理由なら持っていたのである。マキャヴェリはつねに教皇の世俗的な権力に反対しており、それをイタリアの政治生活にとって最大の脅威のひとつと見ていた。しかも、およそだれであれチェザーレ・ボルジア以上に、教会の世俗的支配を拡張するのに尽力した者はいなかったのだ。他方マキャヴェリがきわめてよく認識していたのは、チェザーレ・ボルジアの施策が勝利することはフィレンツェ共和国の破滅を意味していた、ということである。こうした経緯のいっさいにもかかわらず、マキャヴェリはみずからの故国の敵対者にかんして語るさいに、たんに称賛の意ばかりでなく、ある種の畏敬の念を抱いてそうしたのは、いったいどういうことだろうか——そのうえこの崇敬の思いはおそらく、およそ他のどのような歴史家であれ、かつてチェザーレ・ボルジアに対して感じたことのないものなのである。この件を理解しうるためには、マキャヴェリの賛美が生まれるほんとうの源泉は、その人物そのものではなくあらたな国家の構造にあって、その構造をくだんの人間が創りだしたという事情を念頭に置くほかはない。マキャヴェリこそは、このあらたな政治構造が真に意味するところを完璧に見ぬいた最初の思想家だったのだ。マキャヴェリは、当の構造の起源を見てとり、その帰結をあらかじめ見とおした。かれがその思考のなかで予感したものは、ヨーロッパの政治生活が辿る未来のみちゆきのすべてであった。そのような認識にもとづいて、マキャヴェリはあらたな君主権の形態を、きわめて細心かつ徹底的に研究することへと導かれたのである。マキャヴェリが完全に意識していたのは、それ以前の政治理論との比較において、この研究がなんらか異常なものと見なされる、ということである――だからかれは、じぶんの思考がふつうではない経路を辿ることをめぐってつぎのように弁解していたのだ。「だれに対してであれ、奇妙に映じることのないよう望むのだが」、とマキャヴェリは、『君主論』第六章で語っている。「私が以下で論じようとするのは君主権であり君主であり、国家についてであって、しかもそれらはすべてあらたなものである一方、私はそこで偉大で傑出した人物たちを先例として引くつもりである。

（中略）私がそこで語りたいのは、こういうことだ。つまり、それまで君主ではなかっただれかが、あらたに君主権をその手に獲得した場合に、その君主権を維持しつづけることには多かれすくなかれ困難をともなうけれども、その困難は、君主権を獲得した人物の有する器量の嵩に応じたものである、ということなのである。勇気と所業あるいはすくなくとも幸運が大きく与って、なんらかの者が、一私人たる地位から君主の位階にまで昇りつめてゆくのであるから、そうした勇気と所業のどちらか、もしくは幸運が、おなじ人物を、つぎつぎとあらわれるさまざまな困難を乗りこえさせるというのはおよそありそうなところである」[1]。国家にかんし論じるさいに、それがただの伝統や正統性原理にだけもとづいている場合、マキャヴェリはかなりの軽蔑を、あるいは公然とした皮肉を示している。教会的な君主権が、とかれは宣言する、きわめて幸運なものであるのは、それを強化しているのが古来の不可侵な権威をともなった宗教的制度であって、その権威を教会的な君主権そのものが維持するのはたやすいからである。「だが君主権はこの場合、〈全能な存在〉によって直接に監督され指導されており、全能な存在がそれを設立し維持しているのであって、しかもその働きは私たちの微弱な知性が理解するところを遥かに凌駕しているのであるから、だれであれ死すべき人間が、それらのことがらをめぐって、あえて説明しようと企てることは軽率で僭越なふるまいだろう。だから、私としては、そういった種類の問題の解明に立ちいることは容赦してもらってもかまわないだろう」(2)。マキャヴェリの関心を惹きつけるためにはなにかべつのもの、こういった平穏無事な国家の形態とは異なったものが必要であった――それが、実力によってつくり出され、実力によって維持されなければならない政体だったのである。

(1) *The Prince*, chap. VI, *op. cit.*, II, 223f.
(2) *Idem*, chap. XI, *op. cit.*, II, 281.

しかし、こうした政治的な局面ばかりがすべてではない。マキャヴェリの理論の趣旨の全体を理解しようとするならば、それを遥かに広い視界のなかで見わたさなければならない。政治的な観点に対して、私たちとしては、哲学的視点を付けくわえなければならないのである。問題のこの側面は(＊1)、これまでのところ不当にも軽視されてきたものである。政治学者・社会学者、さらには歴史家たちがたがいに競いあうように、マキャヴェリの『君主論』を分析し注釈し、さらに批判してきた。しかしながら私たちが手にすることのできる近代哲学史の教科書のなかには、マキャヴェリについての一章がまったく見あたらない。これはある意味では理解できるところで、またそれを正当化することも可能である。マキャヴェリは、その語の古典的な意味または中世的な意味においては哲学者であったとはいえない。かれは思弁的体系などすこしも持たないし、じつは政治学の体系すら有してはいなかった。にもかかわらずマキャヴェリの著作は、きわめて強く間接的な影響を、近代の哲学的思考が一般に展開するにさいして及ぼしたのである。なんとなれば、マキャヴェリこそが最初の人間として、断乎としたかたちで疑念の余地なく、スコラの伝統の総体を断ち切ったからである。かれが破壊したものとはこの伝統の隅石である――つまり階層的な体系にほかならない。

（＊1）底本の aide を、全集版によって side にあらためる。

中世期の哲学者が繰りかえし引用してきたのは、いっさいの権力は神に由来するという聖パウロの格言であった(1)。国家が神的な起源をもつものであることは、一般に承認されていた。近代初頭にあってもこの原理は、なお十分に強力なものであった。くだんの原理はたとえば、スアレス(＊1)の理論のなかでもっとも成熟したかたちであらわれる(2)。世俗的な権力の独立性とその主権とを主張する論者のうちその最強の者でさえ、この神政的原理をあえて否定しようとはしなかった。マキャヴェリについていうなら、かれは当の原理を攻撃することすらしていない。たんに無視したのだ。マキャヴェリはみずからの政治的経験をめぐって語り、そしてその経験がじぶんに教えたところによれば、権力つまり実在的で事実的な政治的権力はだんじて神的なものではない、と語るのである。かれが目撃したのは、「あらたな君主権」の創設者となった者たちであって、マキャヴェリはかれらの方法を鋭く分析したわけである。あらたな君主権の有する権力が神に由来すると考えるのは、バカげているばかりか瀆神的ですらある。マキャヴェリは、政治的な現実主義者であるかぎり、中世的な政治システムの基礎を、その総体にかんして断乎として廃棄しなければならなかった。王権が神的な由来を有すると主張することはかれにとってまったく空想的なものと見えた。それは想像力の産物であり政治的思考の所産ではない。「ここで残されている課題は」、と『君主論』の第十五章で、マキャヴェリは書いている。「君主はその臣下と友人たちに対して、どのようにふるまうべきかを示すことである。とはいえ多くの者たちがこの題目についてすでに書きあらわしているところであるから、私がさらになにかを提案するのは傲慢というものだ、とおそらくは見えるかもしれず、とりわけ私の見解が、他のひとびととは大きく異なるものであるだけに、そう見えることだろう。しかしながら私としては、じぶんが一書をものしているのはひたすら、じぶんがその本性をことごとく見聞してきたことについて教訓ともなるように、ということにすぎないのであるから、そうしたことがらを、それらがじっさい事実として存在しているとおりに示すほうが、共和国や君主権をめぐって幻想的な範例を想像して愉しむよりよかろうと考えたわけである。(そうしたことを、いくらかのひとびとは試みてきたのであるけれども) いうところの範例などかつて存在しなかったし、また存在することもできないのだ」。マキャヴェリがここでしたがっているのは、スコラ的討論にあって通常のやりかたではない。かれはだんじて、政治的な教義や準則について論じていない。マキャヴェリにとって、政治的な生のさまざまな事実のみがただひとつ有効な論拠となった。ひとえに「ものごとの本性」を指ししめしさえすれば、階層的で神政的な体系を破壊するには充分なのである。

(1) ロマ書(第一三章一節)を参照。
(2) この点については、さきに引用した(第Ⅸ章、三三二頁の注(3))フォン・ギールケの著書を参照。英訳では七一頁以下。
(＊1) スアレス(Suárez, F. d. 1548–1617)はスペイン出身のイエズス会士で、近代スコラ哲学の代表者。主著に『形而上学討論集』があり、その用語法はデカルトの思考にも影響している。

ここでもまた私たちが見いだすのは、ルネサンスのあらたな宇宙論とあらたな政治学のあいだの密接な結びつきである。そのどちらの場合でも「より低い」世界と「より高い」世界の差異は消滅している。同一の原理と自然法則が、「上方の世界」にも「下方の世界」にも妥当する。ことがらは、物理的秩序においても政治的秩序にあっても、おなじ水準に存在する。マキャヴェリが政治の運動を研究し分析した精神は、ガリレオが一世紀のちに、落体の運動にかんしてそうしたのとおなじものなのだ。かれが創始者となったのは、政治の静力学と政治の動力学をめぐるあらたなタイプの科学なのである。

他方マキャベリのただひとつ目標とするところが、ある種の政治的事実をできるかぎり明晰かつ精確に記述することであったと言えば、それはあやまりとなるだろう。そうであるなら、マキャヴェリは歴史家としてふるまったことになったとしても、政治の理論家としてふるまったことにはならないだろう。一箇の理論であるならば、それは遥かに多くのことがらを要求している。理論が必要としているのは、さまざまな事実を統一し総合して、それらを構成する原理なのである。世俗的な国家ということになれば、それはマキャヴェリの時代よりもかなり以前から存在していた。もっとも早い事例をひとつ、政治的な生がまったく世俗化していたことにかんして挙げるなら、フリードリヒ二世(＊1)が南イタリアに建設した国家がそれにあたる。しかもその国家は、マキャヴェリがその著書を著す三百年もまえに創られたものなのだ。それは近代的な意味での絶対君主制であって、教会のあらゆる影響から解放されていたのである。その国家の官僚は聖職者ではなく俗人だった。キリスト教徒・ユダヤ人・イスラム教徒たちが、行政についてひとしい持ち分を手にしており、だれであれ、たんなる宗教的な理由によって排斥されることがなかった。フリードリヒ二世の宮廷では、さまざまな宗派のあいだ、民族や人種のあいだで差別をもうけることは、知られてもいなかった。至上の利害関心は、世俗の、つまり「地上の」国家をめぐるものだったのである。

（＊1）フリードリヒ二世(Friedrich II, 1194-1250)はシチリア王(1197-1250)、ドイツ国王(1212-50)、神聖ローマ皇帝(1220-50)。十字軍に協力しないとの廉で教皇グレゴリウス九世から破門されるものの、外交交渉によってエルサレムを取りもどした。

これは、まったくあらたな事実、中世期の文明のなかではそれに当たるものが存在しない事実であった。とはいえこの事実にはなお、理論的な表現とその正当化とが欠けていたのだ。フリードリヒ二世は、つねに最大の異端者とみなされていた。(*1)かれは二度にわたって、教会から破門されている。ダンテは、個人的には大いなる讃嘆を王に対していだき、そのうえフリードリヒ二世のうちに偉大な君主の真の典型を見ていたにもかかわらず、その『地獄篇』ではかれに、異端者たちの落とされる、燃えさかる墓場行きを宣告したのだった。(1)フリードリヒ二世の法典は「近代官僚制の出生証明書」と呼ばれてきている。しかしながら、フリードリヒ二世がその政治的行動にあってどれほどまでに近代的であったとしても、かれはその思想においてはだんじて近代的ではない。フリードリヒ二世が自己について語り、またその帝国の起源をめぐって語りだすさいには、かれは懐疑主義者でも異端者でもなく神秘主義者として口をひらく。王が求めているものは、つねにかかわらず神との直接的な人格的関係である。この人格的な関係がかれを、教会のあらゆる影響や要求から完全に独立した存在としたのである。フリードリヒ二世の伝記作家は、その思想と感情をめぐってこう叙述している。「神の摂理がかれを、かれひとりを択びだし、ただちに玉座に即かせて、その恩寵が示した奇蹟は、このホーエンシュタウフェン家の末裔を、他のいかなる君主をも遥かに凌いで妙なる栄光の霞に包みこみ、世俗的なものの視界をはなれて遠ざけた。はかりごとをもってはたらく神の摂理は皇帝を覆いかくすのではなく、みずからを顕して、かれのうちで最高の理性となった。かくてかれは〈理性のあゆみを導く者〉と呼ばれている[2]」。

（1）Dante, *Inferno*, X, 119ff.

（2）以下を参照のこと。Ernst Kantorowicz, *Frederick the Second*, English version by E. O. Lorimer (London, Constable & Co., 1931), p. 253. さまざまな詳細をめぐっては、同書、第Ⅴ章の二一五—三六八頁を見よ。

（＊1）底本の arch heretic を全集版によって archheretic にあらためる。

宗教と政治

マキャヴェリにとって、こういった神秘主義的な捉えかたのいっさいがまったく理解を絶するものとなっていた。かれの理論のなかで、それ以前の神政的な観念と理想のすべては徹底して根こそぎにされる。しかしながら他方でマキャヴェリは、政治と宗教とを切りはなすことを意図していたわけではだんじてないのだ。かれは教会の反対者ではあったものの、宗教の敵対者ではない。むしろその反対にマキャヴェリの確信していたところでは、宗教は人間の社会的な生にとって不可欠の要素のひとつであった。それでもかれの体系の内部では、この要素はなんら絶対的で独立な、また独断的な真理を要求することができない。宗教の価値とその妥当性は、それが政治的生に対して及ぼす影響力に完全に依存しているのである。

　こういった基準からみると、しかしながらキリスト教は最低の位置を占めることになる。キリスト教は厳密な仕方で、あらゆる現実的な政治的 virtù〔徳〕[*1]に対立しているからである。キリスト教によって、人間は柔弱な存在にされてきたのだ。「私たちの宗教は」、とマキャヴェリは語っている。「英雄たちを聖別するかわりに、柔和で謙虚なひとびとだけを聖人とみなしてきた」。これに対して「異教徒たちが神聖なものとみとめるのは現世の栄光にみちた者たちのみであり、偉大な将軍や国家のすぐれた支配者といったところだけである[1]」。マキャヴェリによれば、異教徒たちによる宗教のこうした用いかたのみが、ひとりその理性的な使用法なのである。ローマでは、宗教は脆弱さの源となるどころか、国家の偉大さの主要な源泉となりえていた。ローマ人たちはつねに宗教を利用してじぶんたちの国家を改革し、戦争を遂行して、叛乱を鎮圧した。(2)かれらがほんとうに信じてそうするのか、計算からそのようにしたのかは、重要ではない。ヌマ・ポンピリウス(＊2)の偉大な政治的智慧を証明するものがあるとすれば、それはかれがみずからの法を超自然的な源泉から引きだし、ローマ市民に、それらの法はじぶんが水精《ニンフ》であるエゲリア(＊3)と対話するなかで、霊感を吹きこまれたものであると信じさせたことにある。(3)マキャヴェリの体系にあってさえ、したがって宗教は不可欠のものである。とはいえそれは、もはや目的それ自体ではなく、たんなる道具となって政治的支配者たちの手のなかにある。宗教は人間の社会的な生の基礎ではなく、政治的闘争のいっさいにあって、強力な武器のひとつとなる。宗教という武器はその強さを、行動のなかであかさなければならない。ひたすら受動的な宗教、つまり世界を組織化するのではなく、世界から逃避するような宗教は、結果として、多くの王国や国家を破滅させるものなのであった。宗教が善きものであるのは、それが善き秩序を創造する場合だけである。そして善き秩序が通常は、幸《よ》き運命を伴い、いかなる企図にあっても成功をもたらす。(4)ここで最後の一歩が踏みだされた。宗教はもはやものごとの超越的な秩序とはなんら関係するところがなく、そのあらゆる霊的な価値を喪失している。世俗化の過程が、その終局に達しようとしていた。なんとなれば、世俗的国家が事実上(*de facto*)存在するだけではなく、また権利上(*de jure*)存在するにいたったからである。世俗的国家は、その決定的な正統化を獲得したのである。

(1) *Discourses*, Bk. II, chap. II
(2) *Idem*, Bk. I, chap. XIII.
(3) *Idem*, Bk. I, chap. XI.
(4) *Ibid.*
(＊1)マキャヴェリに特有な概念で、キリスト教的な徳目ではなく、むしろ政治的な力量、運命の力にも対抗しうるような能力、気がまえをさす。

(＊2) ヌマ・ポンピリウス(Numa Pompilius)は、伝説上のローマ第二代の王。武力に替えて法と制度をもってローマを支配しようとしたと伝えられている。

(＊3) エゲリアはローマの神話で、一般には水と出産の女神とされている。ローマのカペナ門近くの泉の女神ともいわれる。

XII　あらたな国家理論の含意

国家の孤立化とその危険

マキャヴェリの議論の全体は、明晰で首尾一貫している。その論理には瑕疵もない。マキャヴェリの前提を受けいれるなら、私たちとしてはかれの結論をも回避することができない。マキャヴェリとともに私たちは、近代世界の入り口に立っているのである。望まれた目的は達成され、かくて国家はそのまったき自律を獲得した。とはいえその成果の価いは、高くつくものだったのだ。国家はまったく独立したが、同時に完全に孤立化した。マキャヴェリの思考のするどい刃が切断してしまった糸のさまざまは、それ以前の時代に国家を、人間存在の有機的な全体に繋ぎとめていたものである。政治的世界は、宗教や形而上学ばかりでなく、人間の倫理的・文化的な生の他のいっさいの形式との結びつきをも喪失してしまった。国家はいまやひとり立つ――その立っている場所は、空虚な空間なのである。

こうした完全な孤立化には、きわめて危険な帰結がいくつもはらまれていたことは、否定することができない。それらの帰結を見すごし、あるいはちいさく見つもることは賢明でない。私たちとしては、その諸帰結に目を凝らす必要がある。私が言おうとしているのは、マキャヴェリがその政治理論の含意のすべてを十分に意識していたということではない。思想史にあってありふれたことであるけれども、思想家がひとつの理論を展開したとしても、その完全な意味や意義がかれ自身にもなお隠されている、ということもある。この点では、じっさい私たちとしても、マキャヴェリとマキャヴェリズムとのあいだに截然とした区別を設けておかなければならない。後者に含まれている多くのことがらを、マキャヴェリはあらかじめ見とおすことができなかったのだ。マキャヴェリが語りまた判断したのは、かれ自身の個人的な経験にもとづいてのことであって、その経験とはフィレンツェ共和国の書記官としての経験である。かれはきわめて熱烈な関心とともに「あらたな君主権」の勃興とその没落とを研究している。しかしながら、一五〇〇年代(Cinquecento)におけるイタリアの小専制国家とは、十七世紀の絶対君主制や、私たちの時代の独裁形態とくらべるならば、いったいなんであるというのだろうか。マキャヴェリが口をきわめて讃嘆したのは、チェザーレ・ボルジアが用いて、その政敵を一掃したもろもろの方法であった。とはいえ、その遥か後代に発達した政治的な犯罪の技術のさまざまと比較するとき、それらの方法は児戯にひとしいものに思える。マキャヴェリズムが、その真の相貌とほんとうの危険をあらわにしたのは、その原理がのちに、さらに大きな舞台やまったくあらたな政治的条件に適用されるにいたったときである。その意味では私たちとしては、マキャヴェリ理論の帰結は、私たち自身の時代に及んではじめて明るみにもたらされたとすら言ってよいだろう。いまや私たちはマキャヴェリズムを、いわば拡大鏡をつかって研究することができるのである。

マキャヴェリズムがまったき成熟を遂げることができなかった、さらにもうひとつの事情がある。つづく数世紀、つまり十七世紀と十八世紀にマキャヴェリの教説は、じっさいの政治的な生のなかで重要な役割を演じたとはいえ、理論的にいうなら、なお大いなる知的・倫理的勢力が存在することで、その教説が及ぼす影響は相殺されていた。この時期の政治思想家たちは、ホッブズをただひとりの例外として、すべて「自然法的国家理論」を奉ずる同志だったのである。グロティウス、プーフェンドルフ、ルソー、ロックは、国家をひとつの手段とみなし、目的自体とは考えなかった。「全体主義的」な国家の捉えかたは、そうした思想家たちには知られていなかったのだ。個人的な生と個人的な自由にかかわる一定の領域がつねに残され、それは国家にとって侵すことのできないものでありつづけた。国家や主権者は、一般に法から解放されたもの(*legibus solutus*)ではあった。とはいえこの件が意味するのはたんに、かれらが法的な強制から自由であることにとどまる。かれらが道徳的責務からも解放されていることを、意味してはいなかったのである。十九世紀の初頭に及ぶと、しかしながら、こうしたことのすべてがとつぜん問題とされるにいたる。ロマン主義が、自然法理論に対する激しい攻撃を開始する。ロマン主義の著作家や哲学者たちは、断乎たる「唯心論者」として口を開いた。とはいえ、ほかでもないこの形而上学的唯心論こそが、政治的な生におけるもっとも粗野で非妥協的な唯物論への道を舗装するものなのであった。この点についていえば、きわめて興味ぶかく注目にあたいする事実は、十九世紀の「観念論的」な思想家たち、フィヒテやヘーゲルがマキャヴェリの代弁者となり、マキャヴェリズムの擁護者となったということである。自然法理論が崩壊してしまうと、マキャヴェリズムの勝利に対する最後の障壁も取りのぞかれる。もはや、どのように偉大な知的もしくは道徳的な勢力であっても、マキャヴェリズムを阻止し、それと拮抗しうるものとはなりえない。マキャヴェリズムの勝利は完遂され、すべての挑戦を斥けるものであるかに見えたのである。

マキャヴェリにおける道徳的問題

マキャヴェリの『君主論』にはきわめて非道徳的なことがらが含まれており、またマキャヴェリがすこしも躊躇するところなく、あらゆる種類の瞞着・背信・冷酷さを支配者に勧めたことにかんしては、議論の余地もない。とはいっても、現代の何人かの著作家たちは、この明白な事実に対して意図的に目を閉ざしている。そうしたひとびとは、この事実を説明しようとするかわりに、躍起になってそれを否定しようとするのである。かれらの語るところによれば、マキャヴェリの勧めた方策は、それ自身としてはたしかに批難すべきものではあるけれども、それはひとえに「共通善」に対してだけ向けられたものなのだ。支配者といえどもこの共通善を尊重しなければならない。しかしながらこうした精神的な留保を、私たちとしてはいったいどこにみとめたものだろうか。『君主論』は、まったくべつの、完全に断乎とした仕方で語っている。その本がまったく無頓着に描きだしているのは、どのような方法や手段で、政治的権力が獲得され維持されるか、なのである。権力の正当な行使といったことをめぐっては、くだんの著作はひとことも口にしていない。その著作によるなら、権力の行使が、共同体を顧慮することによって制限されることは絶えてない。ほんの数世紀も経つと、イタリアの愛国者たちがマキャヴェリの著作のうちに、じぶんたち自身の政治的・国民的な理想主義のいっさいを読みこみはじめる。マキャヴェリのいかなることばであっても、とアルフィエーリは宣言する。私たちとしてはそのうちにおなじ精神、すなわち正義の精神、自由を熱烈に愛する精神、雅量と真理とを求める精神を目にすることができる。マキャヴェリの著作を正当に理解した者であるならば、自由の熱烈な信奉者、いっさいの政治的な徳に目を開かされた、その愛好者とならざるをえないはずである[1]。

（1） "Chiunque ben legge e nell'autore s'immedesima non può riuscire se non un focoso entusiasta di libertà, e un illuminatissimo amatore d'ogni politica virtù". Alfieri, *Del Principe e delle lettere*, cap. VIII.

このように語ることは、しかし私たちの問題に対するたんに修辞的な答えにすぎないのであって、理論的な解答ではない。マキャヴェリの『君主論』を一種の倫理学的論攷とみなしたり、あるいは政治的徳にかんする教本と考えるのは不可能である。私たちとしてはここで、くりかえし論じられた問題をめぐる議論、つまり『君主論』の最終章、イタリアを異邦人のくびきから解放することを奨めた有名なくだりがこの本を総括する部分なのか、それとも後世が付加した部分であるのかをめぐって立ちいっておく必要はない。現代の多くのマキャヴェリ研究者たちが論じてきたところによれば、『君主論』とは、あたかもその著作全体が、この終章にむけた準備にほかならないものである。その場合はまるで、当該の章こそがマキャヴェリの政治思想の頂点であるばかりではなく、またその精髄でもあることになるだろう。思うに、このような見解はあやまりなのであって、しかも私の見るかぎり、挙証責任(*onus probandi*)は、当面の場面では、この提題の擁護者の側にある。それというのも、目にもあきらかな相違が、全体として見られたこの著書と、その最終章のあいだには存在するからであり、それは思考の差異であって、また文体の差異に及ぶからである。著書そのもののなかで、マキャヴェリはすこしも囚われることのない精神で語っている。だれであれ、かれの口にするところに耳を傾けて、その助言をじぶんの好むがままに用いることもできるだろう。その助言はひとえにイタリアに役にたつというものではなく、イタリアのもっとも危険な敵に対しても有用なものでありうる。第三章のなかでマキャヴェリが長々と論じているのは、ルイ十二世がイタリア侵入のさいに犯した失策のあれこれである。そのような失敗さえ犯さなければ、とマキャヴェリは宣言する、ルイ十二世はなんの困難もなく、その目的を達成しただろう。その目的とはイタリア全土の征服なのだ。政治的な行動を分析するにあたっては、かれはだんじて共感や反感といった個人的な感情を洩らしていない。スピノザの言をかりていえば、マキャヴェリは、それらのことがらがあたかも直線や平面や立体であるかのように語っているのだ。かれは道徳性の原理を攻撃はしていないものの、政治的な生をめぐる諸問題に没頭するときには、そういった原理がすこしも必要ではないと見ているのである。マキャヴェリは政治的な闘争を、あたかもチェスのゲームのように眺めている。かれはこのゲームの規則のさまざまを徹底的に研究した。一方マキャヴェリとしては、それらの規則を変更したり批判したりする意図など、すこしも持ちあわせていなかった。かれの政治的な経験が教えるところでは、政治のゲームが演じられる場合、それは瞞着・虚偽・変節・重罪を欠いてはありえない。マキャヴェリはそうしたことがらを批難することがなかったし、また推奨することもなかったのである。かれの唯一の関心は最良の動きかたを見いだすこと――すなわちゲームに勝つ一手を発見することなのだ。チェスの名人が大胆な布石をひろげ、さまざまな策略や奸計をめぐらせて相手を欺こうとするときに、私たちはその妙手に喜び、感心する。それこそまさにマキャヴェリが、みずからの目のまえで演じられた、巨大な政治的ドラマの変転する光景を眺めるときの態度なのであった。かれは深く関心を懐いたばかりでなく、魅了すらされている。マキャヴェリはじぶんの見識を差しはさまざるをえない。ときに悪手には頸をふり、ときとして讃嘆と賞賛の声を上げてしまう。だれがゲームを指しているかなど、かれの問うところではなかったのだ。指し手は貴族主義者かもしれないし共和主義者かもしれないし、さらに異邦人であったかもしれず、あるいはイタリア人であったかもしれず、正統に属する君主であるとも、あるいはまた簒奪者であるかもわからない。あきらかにそうした件はゲームそのものに関心をもつ人間にとって、なんの意味もないことである――しかも、かれはゲーム以外のなにごとにも関心をもっていない。じぶんの理論のなかでマキャヴェリが忘れがちであるのは、政治ゲームがチェスの駒で指されるものではなく、現実の人間、血肉を具えた人間存在によって指されるものであることだ。しかも、そうした存在の禍福が、そこで賭金となっているのである。

たしかに最終章で、マキャヴェリの冷静で囚われない態度が、まったくあらたな口調に席を譲っている。マキャヴェリは突如として、みずからの論理的な方法という重荷を振りおとす。その文体はもはや分析的ではなく、修辞的なものとなる。この最終章が、フィリッポスに対するイソクラテスの勧め(＊1)と比較されてきたのは、理由のないところではない(1)。個人的にいえば、私たちの目には、情動に訴える最終章の調子のほうが、この著書のほかの部分に見られる、冷淡で無関心なそれよりも好ましく映るかもしれない。とはいえ、マキャヴェリがその著書ではじぶんの思想を隠しているのであって、語られていることがらはただの仮装にすぎない、と考えるのはあやまりだろう。マキャヴェリの一書は、真摯で誠実なものであった一方、それはおよそ政治の理論というものがどのような意味と課題とを有しているかにかんする著者の捉えかたにもとづいて著されたものである。そうした理論のなすべきことは、記述し分析することであって、批難したり賞賛したりすることは、その任ではないのである。

(1) L・A・バードによる校訂本の注を参照。"*Il Principe*", p. 366.

（＊1）イソクラテスは紀元前四世紀のアテナイの修辞家。代表作『オリンピア大祭演説』（前八〇年）で、ポリス連合軍によるペルシャ遠征を説き、第五演説で、その件をマケドニア王であったフィリッポス二世に託している。

かつてだれであれ、マキャヴェリの愛国心について疑った者はない。けれども私たちとしては、哲学者と愛国者とを混同してはならない。『君主論』は、政治思想家の著作であり——その著者はしかもきわめて根底的《ラディカル》な思想家なのであった。近代の多くの学者はマキャヴェリ理論のこの根底的な性格《ラディカリズム》を忘れがちであって、もしくはすくなくともちいさく見つもる傾向がある。かれらは、マキャヴェリのなまえをあらゆる断罪から洗いきよめようと努力して、かえってその著作を薄ぼけたものとしてしまった。その者たちが描きだしたのは、無害で平凡ではあるけれども同時にひどく常識的《トリヴィアル》なマキャヴェリなのであった。じっさいのマキャヴェリは遥かに危険な存在だった——危険というのは、その思想についてのことであり、かれの人柄にかんしてではない。その理論を緩和することは、それを偽造することを意味する。マキャヴェリをめぐる温和な、あるいは微温的な像は、真の歴史的な肖像ではない。それは「ありがちなつくり噺」(fable convenue)であって、それが歴史的な真実に大いに反していることは、「悪魔的」なマキャヴェリの捉えかたがそうであるのと選ぶところがない。マキャヴェリそのひとは、妥協を忌避していた。政治的行動にかんする判断にあってかれが繰りかえし警告したのは、不決断と躊躇とに対してである。ローマの偉大さと栄光はなんであったか。それは、ローマの政治的生においてはいっさいの中途半端な手段が回避された、ということにある(1)。ただ脆弱な国家のみがつねに、その決断にさいして逡巡するものなのであって、そして悠長な決定とはいつでも厭うべきものなのだ(2)。たしかなところ、人間というものは一般に、完全な善人であるすべもまったくの悪人になるわざも、めったに知っているものではない。しかしながらほかでもないこの点にあって、真の政治家《ポリティシャン》、偉大な天下人《ステイツマン》は、平均的な人間とは異なっている。かれはたじろぐことなく悪を犯し、その悪が歴然とした大悪の刻印を捺されていたとしても変わることがない。かれは多くの善をも為すかもしれないが、とはいえ、状況が異なったなりゆきを要求する段となれば「すばらしく邪悪」ともなるだろう(3)。ここで私たちが聴きとっているものこそが、ありきたりのものではない、真実のマキャヴェリの声なのである。くわえて、かりに真に、マキャヴェリの勧告のすべてが「共通善」のみをその目的とするものであったとしても、いったいなにものがその共通善にかんして判断を下すのであろうか？　あきらかに君主そのひと以外のなんぴとでもありえない。そして君主というものはいつでも、共通善をみずからの私的な関心と同一視しがちなのであり、かれの行動がしたがう準則はほかでもない「朕は国家なり」(L'état, c'est moi)といったところとなるだろう。かてくわえて、共通善が、マキャヴェリの著作で勧奨されていることがらのいっさいを正当化しうるものであり、それが瞞着や虚偽・重罪・残酷さなどの口実に用いられうるものであるとしたならば、共通善と共通悪とはほとんど区別しえないことになるだろう。

(1) *Discourses*, Bk. II, chap. XXIII.
(2) *Idem*, Bk. II, chap. X v; Bk. I, chap. XXXVIII.
(3) *Idem*, Bk. I, chap. XXVII.

それでも、人間の文明史における大きな謎のひとつとして残るものがあるとすれば、マキャヴェリのような人間、すぐれて高貴な精神が、どうして「輝かしい極悪非道」の唱道者となることができたのか、ということである。さらに、この謎がいよいよもって当惑を呼ぶことになるのは、『君主論』がマキャヴェリの他の著作とくらべられる場合である。それ以外の著書のなかには、『君主論』で示される見識とはっきり矛盾しているかに思われる点が多くみられる。その『ディスコルシ』にあってマキャヴェリは、断乎たる共和主義者として語っている。ローマの貴族と平民とのあいだの闘争についていえば、かれの共感はあきらかに民衆の側にある。かれは、民衆ほど移り気で気まぐれなものはないとする批難に対して民衆を擁護していた。(1)マキャヴェリの宣言するところでは、公共の自由を護ろうとするならば、それを庶民の手に委ねるほうが、貴族の手に任せるよりも確実なものとなる。(2)かれはきわめて侮蔑的な調子で gentiluomini にかんして口にしているけれども、それはつまり所領からの年貢によって、奢侈と怠惰に塗れて暮らす者たちなのだ。そういった人間たちは、とマキャヴェリは宣言する。どのような共和国また国家にとってであれ、きわめて有害な輩なのである。とはいえ、さらに害を撒きちらすのは、さきに挙げた所領のほかに、城郭をもつ者であり、そのうえ服従を誓う家臣や従者をも擁する連中である。こうしたふたつの階級に属する人間たちが、ナポリ王国、ロマーニャ、ロンバルディアには居ならんでいた。それゆえまさに、そうした地方にはいかなる共和国《コモンウェルス》も、あるいはおよそいかなる自由な政体も、いまだかつて存在したことがなかったわけである。こういったたぐいの者たちは、いっさいの自由な制度に対する不倶戴天の敵だからである。(3) 畢竟《ひっきょう》するに、とマキャヴェリは宣言した、民衆は君主よりも賢明で、君主にくらべれば移り気ということもない。(4)

（1） *Idem*, Bk. I, chap. LVIII.
（2） *Idem*, Bk. I, chaps. IV, V.
（3） *Idem*, Bk. I, chap. LV.
（4） *Idem*, Bk. I, chap. LVIII.

『君主論』のうちに私たちは、こういった信念をほとんど聴きとることができない。そこではチェザーレ・ボルジアの魅惑が強烈であるあまり、共和主義的理想のいっさいが完全にすがたを消しているかに思われる。チェザーレ・ボルジアの方法がマキャヴェリの政治的な省察の隠れた中心となる。かれの思考は、抗しがたくこの中心へと引きつけられている。「大公のふるまい、行動をすみずみまで振りかえってみると」、とマキャヴェリは語る。「私としてはそれらのうちになにひとつ批難にあたいするものを見つけることができない。その反対であり、私はそれらを推奨してきたし、ここでもふたたび推奨したいのは、他人の力や他人の運命によって、支配者の地位に到達したひとびとが見倣うべき模範としてなのである。高邁な精神と遠大な志があったにもかかわらず、その置かれた状況で、かれにはそれ以外にうまく行動するすべがなかったからである。チェザーレ・ボルジアの精神と志が挫折したのはひとえに、その父が急逝したこと、そしてその危急の時にさいしかれ自身が不運にも重篤な病の床に伏したことによるのである」(1)。マキャヴェリがチェザーレについてなにか批難することがあるとすれば、それはかれの性格ではない。その残酷さでも無慈悲さでも、その不実でも強欲でもない。そういったすべてにかんしては、マキャヴェリはひとことたりとも批難のことばを発していない。かれがチェザーレにかんして責めるのは、その政治的な経歴におけるただひとつの重大な失策である。すなわち、ユリウス二世、この不倶戴天の敵がアレクサンデル六世の死後、教皇に選出されるのを許した、という事実なのだ。

(1) *The Prince*, chap. VII(フェルネワースの訳本でVI章とあるのは誤植)。第XIII章を参照。おなじ訳で、二四七頁、また三〇四頁をも参照。

伝えられるところによれば、タレーランは、ナポレオン・ボナパルトによるアンギャン公の処刑のあとに、「それは犯罪以上のことだ、失策だ!」(C'est plus qu'un crime, c'est une faute!）と叫んだ、とのことである。この逸話が本当だとすれば、タレーランはマキャヴェリ『君主論』のまぎれもない弟子として口を開いたものと言わなければならない。マキャヴェリの判断はことごとく政治的な判断であって、道徳的な判断ではない。(＊1) かれが政治家にかんして批難すべきであり、また赦しがたいことと考えるのは、その犯罪ではなく失策なのである。

（＊1）原文は All judgment of Machiavelli are political and moral judgements. political judgements and not moral ones と読む。

共和主義者がヴァレンティーノ公をみずからの英雄とし、模範と仰ぐことができたのは、ひどく奇妙なことであるかに思える。イタリア諸国の共和制や、その自由な制度のすべては、チェザーレ・ボルジアのような支配者のもとに置かれれば、いったいどのようになってしまったことだろうか？　とはいえ、ふたつの理由から、マキャヴェリの思想に含まれているかに見えるこの亀裂を説明することができよう。つまり一般的な理由と特殊な理由ということだ。マキャヴェリの信ずるところでは、その政治思想はすべて、まったく現実主義的なものだった。けれども、かれの共和主義を検討してみるならば、そうした政治的な現実主義をほとんどみとめることができない。その共和主義は、実際的というよりも遥かに「学術的」なものであり、行動的というよりすぐれて観想的なものであった。マキャヴェリはフィレンツェ都市国家の大義に、誠実かつ忠実に仕えた。当の国家の書記官としてメディチ家とも闘っている。しかしメディチ家の権力が再興されると、かれはじぶんの地位が保全されることを望んで、大きな努力を払ってあらたな支配者と和解しようとした。この件について理解することはたやすい。マキャヴェリは、いかなる政治的な綱領に対しても忠誠を誓ったわけではないからである。かれの共和主義は不撓不屈、妥協を許さない、といった態のものではなかったのだ。マキャヴェリは唯々諾々として、貴族支配を受けいれることもできたのである。かれは一度たりとも賤民政治、つまり一般民衆の支配を勧奨したことはなかったからである。民の声が、とかれは一方では宣言している。神の声と結びつけられてきたことには、理由がないわけではない(1)。しかし他方マキャヴェリの確信するところによるならば、ひとつの国家《コモンウェルス》にあらたな制度を与えたり、あるいは古来の制度をまったくあらたな基礎のうえに再建したりするのは、ひとりの人間の仕事でなければならない(2)。大衆は、頭部を欠いてしまえば、なんの力ももたないのである(3)。

(1) *Discourses*, Bk. I, chap. LVIII.
(2) *Idem*, Bk. I, chap. IX.
(3) *Idem*, Bk. I, chap. XLIV.

マキャヴェリはローマの平民を賞賛しているものの、おなじ信頼を、近代国家の市民たちがみずからを支配する力にかんして寄せてはいない。ルネサンス期の多くの他の思想家たちとは異なって、マキャヴェリは、古代人の生を復興しようとする望みなど懐いていなかった。ローマの共和国はローマの徳(virtù)に基礎を置くものである——そして、このvirtùは決定的に失われてしまっていた。古代の政治的な生を蘇らせようとする企ては、マキャヴェリには怠惰な夢想であるように思われたのである。かれは、鋭く透徹した、冷静な精神の持ち主であった。狂信的で熱狂的な精神ではなかったという点では、コラ・ディ・リエンツィなどとは異なっている。十五世紀のイタリアの生活のなかにマキャヴェリは、その共和主義的理想を鼓舞するなにものもみとめることができなかった。愛国者としてかれが覚えていたのは、同胞市民に対する強い共感であったけれども、いっぽう一箇の哲学者であるかぎりでは、マキャヴェリはかれらに対してきわめて厳格な判断を下したのであって、かれが抱いた感情はほとんど軽蔑にすら接していたのだ。ただ北欧についてだけ、マキャヴェリもなお、自由への愛と古代の virtù との痕跡を見いだすことができたのである。北欧の諸国民ならば、とかれは言う。ある程度の救いようがある。かれらは、フランス人やイタリア人、あるいはイスパニア人のやりかたを習いおぼえていないからである――そのやりかたは、この世における堕落ともいうべきものだ。(1) じぶんの同時代についてのこうした判断は、揺るがしがたいものだった。マキャヴェリは、だれであれ、その件に疑いを差しはさむことすらみとめようとしない。「もしかすると」、とマキャヴェリは書いている。「私のこうした議論のなかで、古代ローマ人たちの時代をあまり称賛しすぎる一方、みずからの時代に厳しい評価を与えすぎているということともなれば、私は、あのじぶんを瞞着する者たちのなかまに数えられても致しかたないかもしれない。そしてじっさい、その当時は美徳が行きわたり、現在では堕落が横行していることは、陽光のもとにあきらかなことではないか。私としてはより慎重な仕方で、言うべきところを語りすすめてゆくべきでもあるだろう。(中略)とはいえことがらははっきりしており、だれにも見てとられるところなのだから、私はあえて率直に、じぶんが考えているすべてを語りだそうと思っているし、それは古代についてであれ現代にかんしてであれ選ぶところがない。その目ざすところは、若者たちがたまたま私のこういった書き物を読んだとして、かれらの精神が現在みられる実例のさまざまを避けて、それがいつのことになるのであれ幸運にめぐまれて手にした機会に、古代の先例にしたがうことができるようにしておきたい、ということなのである[2]」。

(1) *Idem*, Bk. I, chap. LV. "Perchè non hanno possuto pigliare i costumi, nè franciosi, nè spagnuoli, nè italiani; le quali nazioni tutte insieme sono la corruttela del mondo".

(2) *Idem*, Bk. II, Preface. Thomson trans., p. 191.

マキャヴェリはだんじて、あらたな君主権（principati nuovi）、つまりは近世の専制政治をとりわけて好んだのではない。かれとしても、その欠陥と悪徳とを見のがすわけにはいかなかった。けれども、近代の生の状況と条件のもとではそうした悪徳のさまざまは避けがたいとかれには思えたのである。疑いもなく、マキャヴェリ個人はそれを強く嫌悪しながらも、あらたな国家の支配者たちにくだんの術策の多くを奨めたにちがいない。数多くのことばを尽くしてかれが私たちに語るところによれば、そういった術策はきわめて残酷な方便であり、すべてのキリスト教徒に嫌悪を催おさせるばかりか、およそ開明されたいかなる行動規則にも反し、だれであっても避けるべきものなのだから、ひとはむしろ隠棲して暮らし、人類に対してかくも有害な王侯になどならないほうがよほどましなのである。しかし、とここでマキャヴェリが付けくわえているのが、きわめて特徴的であるというべきである。公正な徳の小径を歩みつづけようとしない者ならば、だれであれ、自己保存のために悪徳の小道に踏みいらざるをえないのだ。[(1)] カエサルか無か（*Aut Caesar aut nihil*）――私的な、無害で無垢な生を送るのか、あるいは政治の闘技場に身を投じて、権力をめぐって闘い、権力を維持するべく、惨忍で過激な手段をもってするのか。この二者択一のあいだで、ほかの選択肢はひとつもない。

（1）*Idem*, Bk. I, chap. XXVI.

マキャヴェリの「非道徳主義」について語るとして、それでも私たちにはこのことばを現代的な意味で理解することは許されない。マキャヴェリは人間の行為を判断するのに、「善悪の彼岸」の観点に立っていたのではない。かれはけっして道徳性を軽蔑していたわけではないが、しかし人間に対してはほとんど尊敬の念を持ちあわせてはいなかった。かりにかれが懐疑主義者であったとすれば、その懐疑主義は哲学的なそれというより、むしろ人間的な懐疑主義だったのだ。この抜きがたい懐疑主義、人間本性に対する深甚な不信を示す最良の証明は、マキャヴェリの喜劇『マンドラゴラ』にみとめられるだろう。この喜劇文学の傑作は、同時代のひとびとをめぐるかれの判断を、マキャヴェリのどの政治的・歴史的著作よりもおそらくはあきらかにしているものなのだ。かれ自身の世代やその祖国に対して、マキャヴェリはすこしの希望も抱いていない。その『君主論』にあってかれは、人間の深甚な道徳的堕落をめぐる同一の確信を、国家の支配者たちの精神に教えこもうと努めたのだった。それは、マキャヴェリの政治的な智慧にとって不可欠な部分なのであった。人間たちを支配するための第一の条件は、およそ人間なるものを理解することである。そして私たちは人間の「生来の善」なる幻想に煩わされているかぎりでは、人間を理解することができないだろう。そうした捉えかたはきわめて人間的で慈悲ぶかいものであるかもしれないけれど、政治的な生においては一箇の悖理ともなる。市民的な政体にかんして著作をものしたひとびとが、とマキャヴェリは書いている。第一の原理として設定したこと、くわえてまたすべての歴史家たちがおなじことを証明しているものは、国家を創設し、その統治のために適切な法を制定しようとする者であるならば、だれであれ前提としなければならないのは、あらゆる人間は生まれつき邪悪であって、適当な機会さえ与えられるならば、いつでもその生来のこころの腐敗をあらわさずにはいられない、ということである。(1)

(1) *Idem*, Bk. I, chap. III.

この腐敗を、法によって矯正することはできない。それは力《フォース》によって匡正《きょうせい》されなければならない。法はたしかに、どのような国家にあっても欠くべからざるものであるとはいえ——だが、およそ支配者であるならば他の、より説得力のある議論を使用しなければならない。いっさいの国家にとっての最良の基盤は、とマキャヴェリは語る。それが新しいものであれ、旧いものであれ、また両者が混じりあったものであったとしても、善き法と良き武器なのである。とはいえ、善い法律でも武器を欠いては効力をもたず、また良い武器であるならばつねに善い法律に対して正当な重みを与えるものであるから、私としてはここではもはや法をめぐって論じることなく、武器について論じることとしよう。(1)「聖人」や宗教的な預言者であっても、かれらが国家の支配者ともなればただちに、例外なくこの原則にしたがって行動したものである。そうしなかったとすれば、かれらは最初から失敗していたことだろう。サヴォナローラがその目的を達成することができなかったのは、かれの使命を承認したひとびとにその信念を確乎として保ちつづけさせる力《パワー》をもたず、また否定するひとびとにそれを信じさせる力を手にしていなかったからである。かくて武力によって支持された預言者はすべてその企てるところを成しとげる一方、そうした依拠すべき兵力を手にしていない者たちは打ちやぶられ、滅亡させられたのである。(2)

（1）*The Prince*, chap. XII.
（2）*Idem*, chap. VI.

もちろんマキャヴェリは、善良で賢明、高潔な支配者を、悪しく惨忍な支配者よりも遥かに好んでいる。つまり、マルクス・アウレリウスのような支配者のほうがネロのごとき支配者よりも好ましい、ということだ。しかしながらなんらかの著作が、そうした善良で正しい支配者にだけ向けて書かれたものであったとすれば、その著書自体は優れたものであったとしても多くの読者を見いだすことができないだろう。そのような君主は例外であり、通例ではない。だれもがみとめるとおり、君主が信義を重んじ、誠実に生きることは賞賛にあたいする。それにもかかわらず、現状についていえば、君主はそれとは正反対のやりかたをも学びしらなければならない。つまり狡猾で、不実な術策ということである。「君主が知るべきは、必要に応じてどのようにして人間にも禽獣にも似ることができるか、というすべである。この件にかんしては、古代の著作家たちが私たちにおぼろげに示唆しているところであって、かれらが語るのは、アキレウスや古代の他の幾人かの君主たちが、ケンタウロス族のケイロンのもとに送られて、そこで訓育を受けたという消息なのである。かれらの教師は半人・半獣のものであったので、その君主たちはくだんのふたつの性質をともに真似るべきことを教示されたことだろう。一方だけで他方を欠いているならば、それは長もちすることがかなわないからである。さて、君主としては、ときには禽獣の役柄を演じるすべを学びしっている必要があるから、かれは獅子と狐をその模範としなければならない。それというのも獅子は、罠や網に対して身を護るためには十分ずる賢くはなく、狐は狼に打ち克つほどに強くはないからである。だから君主は、罠を見つけるために狐となるべきであり、狼を怖れさせるべく獅子とならなければならない[1]」。

(1) *Idem*, chap. XVIII, *op. cit.*, II, 340.

この有名な喩えはきわめて特徴的で、かつ照らすところの多いものだ。マキャヴェリが言わんとしていたのは、君主の教師たるもの、禽獣でなければならないということではない。しかしながら君主は、血なまぐさい《ブルータル》ことがらともかかわり、怯むことなくそれに対峙し、禽獣に類する《ブルータル》ことを断乎としてその正しい名で呼ばなければならない。人間性だけでは、政治において不充分なのだ。最善のものでもなお、政治とは人間性と獣性とのあいだにある。政治の教師が理解すべきことが、したがってふたつある。つまり、かれは半人にして半獣でなければならないのである。

マキャヴェリ以前の政治的著作家は、かつてだれひとりとしてこのような仕方で語ったことがない。ここに見られるのは、あきらかな、見まがいようもなく抹消もしがたい差異が、マキャヴェリの理論とかれの先行者たち——古典期や中世期の著者——すべての理論とのあいだでひろがっているさまである。パスカルが言ったように、ある種のことばが、とつぜん不意に著書全体の意味をはっきりさせることがあるものだ。いったんそうしたことばに行きあうと、私たちはもはやくだんの本の性格にかんしてなんの疑問も抱くことがない。あらゆる曖昧さが消えさってしまうのである。君主の教師たる者、半獣にして半人(un mezzo bestia e mezzo uomo)でなければならない、とするマキャヴェリのことばこそ、そういったものだ。そのことばが突然ひらめく閃光のようにあきらかにするのは、かれの政治理論の本質と意図にほかならない。なんぴとであれかつて、政治的生がじっさいのところ不法《クライム》や背信、また重罪に満ちみちていることを疑ったものはない。とはいえ、マキャヴェリ以前の思想家はだれであれ、そうした犯罪《クライム》の技術を教えるのを企てようとも思わなかった。それらの非行はなされていたが教えられてはいなかった、ということだ。マキャヴェリが約束したのは、じぶんが狡猾・背信・残虐をめぐる技術の教師となるということであって、それはおよそ前代未聞の椿事であった。しかもかれは、その教えにおいて透徹していたのである。マキャヴェリはためらいもしないし妥協もしない。かれが支配者たちに語りかけるのは、残虐さは必要なのであるから、ただちに容赦なくなされるべきだということである。その場合こそ、またそのときにかぎって、残虐さは望まれた効果をあげることだろう。それは善用された残虐さ(crudeltà bene usate)であったことが分かるはずである。残酷な手段を先のばしにし、あるいは緩めることには意味がないのだから、それは一挙に人間的な感情のいっさいを無視してなされなければならない。王座についた簒奪者ならば、おとこであれ、おんなであれ、なんぴともじぶんの行く手に立ちはだかるのを許してはならない。その者は、正統な支配者の一族のすべてを根絶やしにしなければならない。(1) こういったことのすべては愧《は》ずべきものと呼ばれるかもしれないけれども、政治的な生にかんして私たちには、「徳」と「悪徳」とのあいだに明瞭な一線を引くことができない。そのふたつのものは、しばしばところを変えてしまう。いっさいを考慮に入れるならば、きわめて善事に思えるものも、いったん実行に移してみると君主に破滅をもたらすこともあり、その一方で悪事に見えることが有益となることがあるのも判明することだろう。(2) 政治にあっては、いっさいがそのところを変えるのであり、きれいは汚く、汚いはきれい、(*1) なのだ。

(1) *Discourses*, Bk. III, chaps. IV, XXX; cf. *The Prince*, chap. III: "a possederli sicuramente basta avere spenta la linea del principe che li domonava".

(2) *The Prince*, chap. XV.

(*1) fair is foul, and foul is fair. シェイクスピア『マクベス』冒頭の魔女たちの呪文。

たしかに、現代のマキャヴェリ研究者のなかには、その著作(『君主論』)に対して、まったくべつの光を当ててみる者もある。かれらが私たちに説くところによれば、マキャヴェリの著作が示しているのはなんら根底的にあらたなものではない。その著書は結局はむしろ陳腐なものなのであり、よく知られたタイプの文献に属する。『君主論』は、そういった著者たちが断定するには、さまざまな題名のもと、王者を教育するために書かれてきた数おおくの著書の一冊にすぎない。中世やルネサンスの文書は、そうした論攷で満ちみちていた。八〇〇年代から一七〇〇年代の間、たやすく入手できた夥しい書籍が、「その偉大な任務に通じる」ためにはどのようにふるまえばよいのかを王に向けて説いていたのだ。だれもがその存在を知り、読んでいたのはたとえば『王の任務について』(*De officio regis*)、『君主の教育について』(*De institutione principum*)、『君主の統治について』(*De regimine principum*)といった著作なのである。マキャヴェリはただたんにこうした長大な目録に、一冊のあらたな環を付けくわえたにすぎない。その本には、どのような意味であれ独特な(*sui generis*)ところがなく、かえって類型に属する著書であった。『君主論』には本当のところ、なんのあたらしさも――思想のあたらしさも文体のあたらしさも――含まれてはいないのだ。[1]

(1) 以下を参照。Allan H. Gilbert, *Machiavelli's "Prince" and Its Forerunners. "The Prince" as a Typical Book "de Regimine Principum"* (Duke University Press, 1938).

このような判断に対して、しかしながら私たちとしてはふたつの証言に訴えることができよう。ひとつはマキャヴェリ自身のものであり、もうひとつはかれの読者の証言である。マキャヴェリは、自身の政治観が独創的なものであることを深く確信していた。「私のうちには、生まれつき植えこまれた欲望があって」、とマキャヴェリはその『ディスコルシ』の「序文」で書いている。「それは、万人にとって共通の利益となると考えたことは、なんであれ怖れることなくやってみるというものであるが、その欲望に促されて、私としては前人未到の小径に踏みこむことになったわけである。その途は、私を艱難辛苦に巻きこむものであるとはいえ、私の努力を好意あるこころ持ちで評価してくれるひとびとからは、いくらかの謝意を獲ちうることがあるかもしれない(1)」。こうした期待は裏切られることがなく、マキャヴェリの読者たちもまた同様に判断している。その著書は識者たちや、政治の研究者たちによって読まれたばかりではない。それは、遥かにひろく流通したのだ。近代の偉大な政治家たちは、ほとんどだれもがマキャヴェリの著書を知り、またそれに魅惑された。そうした読者や賛美者たちのなかに私たちは、カトリーヌ・ド・メディシス、カール五世、リシュリュー、スウェーデンのクリスティーナ女王、ナポレオン・ボナパルトの名を見いだすことができる。これらの読者にとってマキャヴェリの著作は、一冊の本という存在を遥かに超えたものだった。それは、かれらの政治的行動にあって指針となり導きの星ともなったのである。そのように深く、また永続的な影響力を『君主論』が持つにいたったことは、かりにその本がたんによく知られたタイプの文献の見本となる一冊にすぎなかったとしたなら、およそ理解できないことがらだろう。ナポレオン・ボナパルトの宣言したところでは、いっさいの政治的な著作のなかでマキャヴェリのそれのみが、ただひとつ読むにあたいするのだ。リシュリューやカトリーヌ・ド・メディシス、ナポレオン・ボナパルトのようなひとびとが、トマス・アクィナスの『君主の統治について』(*De regime principum*)や、エラスムスの『キリスト教徒たる君主の教育論』(*Institutio principis Christiani*)、それにフェヌロンの『テレマック』(＊1)といったような著作を熱心に研究することを、私たちとしては考えることができるだろうか？

（1）Thomson trans., p. 3.

（＊1）*Télémaque*. あるいは『テレマックの冒険』。ルイ十四世の孫、ブルゴーニュ公の教育をまかされたフェヌロンが教材として著述したもの。ミノス王を主人公とする物語は当時の王制批判を含むものとみなされて、禁書処分ともなったが、かえってひとびとの関心を惹き、以後ヨーロッパでひろく読まれるようになる。

目を引かずにはおかない対照が、『君主論』と、君主の統治について(*De regime principum*)論じたそれ以外の著作とのあいだには存在するけれども、それを示そうと思うならば、とはいえ私たちとしては、個人の判断にたよる必要がない。べつの、より強力な理由からしても、真の深淵が、マキャヴェリの見解とかれ以前のあらゆる政治的著作家のそれとのあいだにひろがっていることがあきらかとなるだろう。もちろん、『君主論』にはその先駆が存在する。いったい、先行者をもたない著作などあるだろうか。『君主論』のうちには、他の著作家たちと並行する多くの箇所が見いだされることだろう。バート版には、そういった並行関係の多くが注意ぶかく集められて、注釈されている。とはいえ文字のうえの並行性は、かならずしも思想上の並行性を証明するものではない。『君主論』が属する「公論の風土」は、おなじ主題について論じたそれ以前の著作家たちのそれとまったく異なっている。両者の差異を言いあらわすには二語で足りるだろう。伝統的論攷『王と統治について』(*De rege et regimine*)、『王の教育について』(*De institutione regis*)、『王権と王の教育について』(*De regno et regis institu-*

tione）は教育的な意図をもった論文なのであった。それらは、君主の教育のために書かれたものなのである。マキャヴェリには、そうした任務に応えるだけの野心も、希望もなかった。かれの本がかかわっていたのはまったくべつの問題だったのである。その本が君主に教えるのはただ、君主はいかにしてその権力を手にし、困難な状況下でいかにしてそれを維持すべきか、ということである。マキャヴェリは、あらたな君主権（principati nuovi）を獲得した支配者、たとえばチェザーレ・ボルジアのような人間がやすやすと「教育」されるなどと考えるほど世間知らずではなかった。マキャヴェリ以前の、また以後の、『王の鏡』を自称する著作のなかでは、君主が、あたかも鏡を覗きこむかのように、みずからの根本的な義務やら責務やらを目のあたりにするものであるかのように見なされている。けれどもいったいどこにそのようなことがらが、マキャヴェリの『君主論』については見いだされるだろうか？　「義務」ということばそのものすら、かれの著書には欠けているように思われるのだ。

政治の技術

とはいえ『君主論』が道徳あるいは教育にかかわる論攷ではだんじてないにしても、そうした理由から、それが非道徳的な著作であることは帰結しない。双方の判断はひとしくあやまっている。『君主論』は道徳的な本でも非道徳的な書籍でもなく、ただたんに技術的な書物にすぎない。技術書のうちに私たちは、倫理的行為や、善悪の規則を求めはしない。なにが有用であり、なにが有用でないかが教示されるならば充分なのである。『君主論』に含まれることばはどれもみな、そのような仕方で読まれ、また解釈されなければならない。くだんの書物が含んでいるのは、支配者に対する道徳的な処方ではいささかもなく、またそれは支配者を犯罪や悪事に誘いこんでいるわけでもない。当の著書がとくべつに関心をもっているのは「あらたな君主権」であって、著作はそのために書かれたのである。『君主論』は、あらたな君主権に対して、ありとあらゆる危険から身を護るために必要なすべての助言を与えようとする。そういった危険は［「あらたな君主権」の場合には］あきらかに、通常の国家――宗教的な支配権や世襲の君主国――を脅かすものよりも遥かに大きい。そのような危険を回避しようとすれば、支配者は非常手段に訴えざるをえないのだ。しかし災厄がすでに国家に襲いかかってきてから、処方箋を求めるというのでは遅すぎる。マキャヴェリは好んで、政治家の技術を老練な内科医のそれと比較していた。医術は三つの部分を含んでいる。診断・予後・治療がそれである。このうちでも正しい診断こそが、もっとも大切な仕事である。重要なのは、病気をしかるべき時点で認識して、病気のさまざまな結果に対し、あらかじめ備えるのを可能にすることなのである。こうした備えがなければ、症状は絶望的なものとなるだろう。「内科医が消耗熱にかんして語るところによれば」、とマキャヴェリは言う。「その初期に治癒することはたやすいけれども、発見することはむずかしい。しかしながら時間が経過すると、それが正しく識別され手当てされなければ、病気として発見することは容易である一方、克服することは困難である。国家についてもおなじことなのだ。なんらかの政体において惹起されそうな災厄や騒擾《そうじょう》が予見されるならば――とはいえ、そのような予見は鋭敏で先見の明ある者によってのみなされうるだろうが――、それらを防ぐことはたやすい。しかしそうした災厄や騒擾を生じるがままに放置し、それらが高まって、その災害がだれの目にもあきらかとなるにいたれば、それを抑制するのにじゅうぶん有効な対策はまず見いだされはしないからだ(1)」。すべてマキャヴェリの勧告は、このような精神のもとに解釈される必要がある。かれは、多様な統治の形態を脅かすありうべき危険を予見してそれに備える。マキャヴェリが支配者に教示するのは、その権力を確立し、それを維持して、国内の軋轢《あつれき》を回避しながら、叛逆を予知してそれを防ぐためには、なにをなすべきか、ということである。そういった勧告のすべては「仮言命法」であって、あるいはカントのことばを使用するならば「熟練の命法」なのである。「そこでは」、とカントは言う。「目的が理性的で善であるかどうかはまったく問題とならず、ひとえに、その目的に到達するためになにをなさなければならないか、のみが問題である。内科医がその患者を完全に健康にするための処方箋と、毒殺者が確実に死をもたらすための処方箋は、この観点にあってはひとしい価値をもっており、どちらもその目的を完璧に遂げるのに役だつものなのだ」(2)。これらのことばは精確に、マキャヴェリの態度と方法とを描きとっている。マキャヴェリはけっしてさまざまな政治的行動を批難せず、賞賛もしない。たんにそれらの記述的な分析を与えるだけである――その記述の仕方は、ちょうど内科医がなんらかの病気の症状を記述するのとおなじものなのである。そういった分析にあって私たちが問題とするのは、ひとえにその記述が真理であるかどうかであって、そこで語られていることがらではない。最悪のことがらにかんしても精確ですぐれた記述がなされうる、というわけだ。マキャヴェリが政治的な行動を研究した仕方は、化学者が化学反応を研究するのとおなじものであった。たしかに、化学者が実験室で激烈な毒薬を調合したとして、化学者にはその毒薬がもたらす結果にかんして責任はない。老練な内科医のもとで、毒薬はひとのいのちを救うことになるかもしれないし——殺人者の手にかかればひとを殺すこともあるだろう。そのどちらの場合であれ、化学者を称賛し、あるいは批難することはできない。かれは十分なことをなしたわけであり、それは化学者が私たちに、毒薬を調合するのに必要とされるあらゆる過程を教え、化学式を与えてくれたからである。マキャヴェリの『君主論』には、危険で有害なことがらが多く含まれているけれど、かれはそういったものを科学者の冷静さと無関心をもって観察している。マキャヴェリが与えているのは、政治的な処方箋なのである。だれがその処方箋を用いるか、それが正邪いずれの目的に役だてられるのかは、かれの関知するところではない。

（1）*The Prince*, chap. III, *op. cit.*, II, 200f.

（2）以下を参照。Kant, *Fundamental Principles of the Metaphysics of Morals*. English trans. by T. K. Abbott, *Kant's Critique of Practical Reason and Other Works on the Theory of Ethics* (6th ed. New York and London, Longmans, Green & Co., 1927), p. 32.

マキャヴェリが導入しようとしたのは、政治にかかわるあらたな科学であったばかりではなく、またあらたな技術であった。かれこそは、「国家の技術」にかんして語った近代で最初の著作家だったのである。そうした技術の観念がきわめて古いものであるのはたしかである。一方マキャヴェリは、この古来の観念に対してまったくあらたな一箇の解釈を与えたのだ。プラトンの時代このかたすべての偉大な政治思想家は、政治がたんに決まりきった業務とは考えられないことを強調してきている。ある一定の規則が存在して、それが私たちの政治的行動を導く必要があり、つまりは政治の技術(technē)が存在しなければならない。その対話篇『ゴルギアス』でプラトンは、自身の国家の理論をソフィストたち――プロタゴラス、プロディコス、ゴルギアス――の見解に対置している。これらの者たちは、とプラトンは宣言する。私たちの政治的行動に対して多くの規則を与えてくれている。しかるに、そういった規則がことごとく哲学的な意義や価値を具えていないのは、それらの規則が重要な論点を見そこなっているからだ。そうした規則は特種な事例から抽象され、特殊な目的にかかわっている。それらには、technēが具えるべき本質的な性格が欠けている――すなわち普遍性という性格が欠落しているのである。ここで私たちとしては、プラトンの技術（technē）とマキャヴェリの国家の技術（arte dello Stato）とのあいだにひろがる、本質的で抹消不能な差異を見てとることができる。プラトンの technē は、マキャヴェリの語る意味における「技術」ではない。それは普遍的な原理に基礎をおく知識（epistēmē）なのである。このばあい普遍的原理は理論的であるとともに実践的なものであり、ただ論理的であるばかりでなく倫理的なものである。こうした原理を洞察することがなければ、だれであれ真の政治家となることができない。ある種のひとびとは、じぶんは政治的な生にかかわるいっさいの問題の専門家であり、それは自身が永年の経験をつうじて、政治的なことがらをめぐる正しい見解をかたちづくってきたからこそであると考えているかもしれない。しかしながらそうした経緯によっては、その者は真の支配者となることができない。またそういった消息は、かれが確乎たる判断を下すのを可能とするものでもない。なぜならば、そうした人間は「原因の理解」をまったく手にしていないからである。(1)

（1）以下を参照。Plato, *Republic*, 533 B. また、本書の第Ⅵ章、一三一頁以下をも参照。

プラトンとその後継者たちは、〈適法的国家〉の理論を与えようとしてきた一方、マキャヴェリがはじめて導入した理論は、こうした特種な性格を抑制し、それを最小化するものだった。かれの説いた政治の技術は適法な国家にも不法な国家にも向けられ、どちらにもひとしく適合するものである。かれの政治的智慧という太陽は、正当な君主も、簒奪者あるいは専制君主も、正当な支配者も不当な支配者も、ともに照らしだす。マキャヴェリは国事についてのその助言をそうした者たちのだれに対しても公平に、また惜しみなく与えたのである。私たちとしては、こうした態度にかんしてかれを批難するにはあたらない。『君主論』を圧縮して、手みじかな定式にまとめようと思うなら、おそらくはもっとも適切なのは、十九世紀の偉大な歴史家のことばを引いておくことだろう。『イギリス文学史』の序論のなかでイポリット・テーヌが言明しているところによるなら、歴史家が人間の行動を論じるさいには、化学者がさまざまな化学的化合物をめぐって論じるのとおなじ仕方でそうしなければならない。悪徳も美徳も、硫酸や砂糖とおなじく生成物であって、私たちはそれらをおなじく冷静で公平な科学的精神をもって取りあつかわなければならない。これがまさしく、マキャヴェリの方法なのであった。たしかに、かれにもその個人的感情、政治的な理想、国民としての願望があった。しかしマキャヴェリは、そういったことがらがじぶんの政治的な判断に影響を与えるのを許さなかったのだ。かれの判断は科学者のそれであり、政治的な生の技術者としての判断であった。『君主論』をこれとはべつの仕方で読もうとするなら、またそれを政治的な煽動家の著作とみなしてしまうならば、私たちはことがら全体の要諦を見失うことになるだろう。

マキャヴェリの政治哲学における神話的な要素――〈運命〉

マキャヴェリの政治学とガリレオの自然科学は、共通の原理にもとづいている。かれらはともに、自然の斉一性と等質性という公理から出発する。自然はつねに同一であって、自然的できごとのすべては同一で不変の法則にしたがっている。この件から導かれるのは、物理学と宇宙論についていえば、「より高い」世界と「より低い」世界の区別の破壊にほかならない。すべての物理現象は、同一の次元に存在する。落下する石の運動を記述する定式が見いだされたならば、私たちはその定式を、地球の周りをめぐる月の運動や、さらにもっとも遠い恒星にも適用することができるだろう。政治においても、あらゆる時代は同一の基礎的構造を具えていることがみとめられる。ひとつの時代を知る者であるならば、すべての時代を知悉《ちしつ》するのである。政治家が、現実の具体的な問題に直面した場合、かれはつねに歴史のなかで類比的な事例を見いだして、その類比によって正しく行動することができるだろう。過去にかんする知識が確実な指針であって、過去のできごとについて明晰な洞察を獲得した者ならば、現在の問題に対してどのように対処し、未来に向かってどのように準備すべきかを理解することだろう。君主にとっては、だから、歴史における先例を無視することよりも大きな危険はほかにない。歴史こそ、政治に対する手がかりなのだ。「だれであれ、奇妙なことことは思わないで頂きたいのだけれど」、とマキャヴェリは自著のはじめに書いている。「私は、まったくあらたな君主権や君主、また国家をめぐって論じようとしているわけであるが、そのさい私は、偉大で傑出した先例を引きあいに出すつもりである。なぜならば人間というものは総じて、他人の踏んだ途を歩みがちで、その行動をまねするのをつねとするからである。(中略)いやしくも賢人であるならば、いつでも輝かしい人物たちの足跡を辿るべきであるが、それは、こういった人物たちの行動が、なににもまして見倣うにあたいするものであるからだ。じぶんがかれらと同等ではありえないにしても、すくなくともいくらかはかれらに似たものとなるためである」(1)。

(1) *The Prince*, chap. VI, *op. cit.*, II, 223f.

それにしても、歴史の領野においてはこうした類似には一定の限界がある。自然学についてなら私たちはつねに、同一の原因から同一の結果が生じなければならないとする原理にもとづいて議論することができる。私たちには、絶対的確実性をもって、将来のできごと、たとえば日食や月食を予言することが可能である。一方ことが人間の行動に及ぶと、こうしたいっさいがとつぜん疑問に付されるように思われる。私たちには或る程度までは未来を予知することが可能であるとはいえ、それを確実に予言することはできない。私たちの期待と希望とは挫折して、私たちの行動は、もっとも計画的なものであっても、効果を収めるのに失敗することがある。こうした差異は、どのように説明されるべきだろうか。私たちは政治の領野にあっては、一般的な決定論の原理を放棄せざるをえないのだろうか。そこではことがらが計算不能で、政治的なできごとにおいてはどのような必然性も存在せず、自然的世界と対照するなら、人間的・社会的世界はたんなる運《チャンス》によって支配されていると語るべきなのだろうか。

この件が、マキャヴェリの政治理論が解決しなければならない大きな難問のひとつであった。くだんの案件にかんしていえばマキャヴェリは、自身の政治的な経験が、みずからの一般的な科学的原理に対して歴然と矛盾していることをみとめていたのである。経験がかれに教えるところでは、最善の政治的な助言であっても、それは往々にして成果を収めることができない。できごとはそれに固有な道を辿って、私たちの願望や意図のいっさいを座礁させることだろう。もっとも巧妙で巧緻な計画であっても失敗をまぬがれず、とつぜん予期されることなく、できごとの経過のなかで実現を阻まれる。人事にかかわるこういった不確実性のゆえに、政治をめぐる科学のいっさいは不可能になるかに思われる。そこでは私たちは不安定で不規則な、気まぐれな世界のなかで生きていて、そうした世界は、計算と予言とに向けられた私たちの努力のすべてを拒絶しているからである。

マキャヴェリはこの二律背反《アンチノミー》をきわめて明晰に見てとっていたけれども、それを解決することはできず、くわえてその二律背反を科学的な仕方で表現することすらできなかった。マキャヴェリの論理的で理性的な方法は、この地点でかれを見すてたのだ。マキャヴェリとしても承認せざるをえなかったのは、人事とは理性によって支配されるものではなく、かくしてそのすべてが理性のことばで記述しうるものではない、ということである。私たちはべつの――なかば神話的な――力に頼らざるをえない。「運命」こそが、あらゆるものの支配者であるかに想われた。さらに、ものごといっさいのなかで〈運命〉はもっとも気まぐれなものである。〈運命〉を一定の規則へと還元しようとしても、そうした企てはすべて失敗せざるをえない。〈運命〉が、政治的な生にあって不可欠な要素のひとつであるならば、政治の科学を期待することはむしろ悖理である。「〈運命〉の科学」にかんして語ることは、一箇の語義矛盾となるだろうからである。

ここでマキャヴェリの理論は、決定的な論点に逢着したことになる。しかしながら、マキャヴェリは、理性的な思考についてその欠陥を示すかに見えるこういったことがらを受けいれることができなかった。かれの精神はきわめて明晰なものであったばかりではなく、またひどく精力的で執拗なものだった。かりに〈運命〉が人事のなかで主要な役割を演じるものであるなら、哲学的に思考する者がその持ち分を理解しなければならない。この理由からマキャヴェリは、『君主論』にあらたな一章――一書中でももっとも奇妙な章のひとつ――を挿入しなければならなかったのだ。〈運命〉とはなんであり、なにを意味するものなのか。〈運命〉は、私たち自身の人間的な力、つまり人間の知性や意志とどのように関係するのか。

マキャヴェリはけっして、ルネサンス期にこの問題と格闘したただひとりの思想家というわけではない。問いそのものは、同時代の思想家のだれにとってであれ周知のものであったからである。問いは、ルネサンスの文化的な生の全体に浸透していた。芸術家も科学者も、また哲学者たちも、問いに対する解答を見いだそうとして、熱心に問題と取りくんでいたのである。ルネサンス期の文学や詩のなかでも、主題はいくたびも繰りかえしあらわれる。美術にあっても、〈運命〉をあらわす無数のシンボルがみとめられる。(1) チェザーレ・ボルジアの肖像を刻んだメダルの裏面に、そうしたシンボルのひとつがある。(2) とはいえ、問題をめぐるマキャヴェリの論じかたは、ここでもまたかれの偉大な独創性をあかしているのだ。じぶんが主として関心を懐いていたところにしたがい、マキャヴェリは問題に対して、私的生ではなく公的生の角度から接近してゆく。〈運命〉が、かれの歴史哲学における一要素となってゆくのである。〈運命〉の力によってこそ、ある時節にひとつの国民が、そののちにはべつの国民が台頭してゆき、かれらが世界を支配するにいたる。どのような時代であっても、とマキャヴェリはその『ディスコルシ』第二巻の序文で語っている。世界はつねに、ほとんど変わることがない。いかなる時代にも世界のうちでは、ほぼおなじ割合で善と悪とが存在してきたのだ。しかしこの善悪が往々にしてその在り処をかえて、ひとつの帝国から他の帝国へと遷移してゆく。徳がかつてはアッシリアに定住するかに見えたものの、そののち座をメディアへと移し、さらにペルシアに移って、しまいにはローマ人たちのあいだで居をさだめた。陽の光のもとには定常的ななにものもなく、これからもけっしてないだろう。悪が善に引きつづき、善が悪のあとを追い、一方がつねに他方の原因となる。とはいってもこの件が意味するところは、人間がその闘争を断念すべきであるということではない。静寂主義は活動的な生――人間にふさわしい唯一の生――に止めを刺すものとなるだろう。ルネサンス期は、その心情と思考にあって占星術のつよい影響下にあった。ピコ・デラ・ミランドラをただひとりの例外として、ルネサンスの思想家のうちだれひとりとしてこの影響を免れ、あるいはそれに打ち克つことができなかったのである。フィッチーノのように優れて高貴な精神の持ち主でさえも、その生涯はなお迷信的な占星術的恐怖に充たされていた。(3) マキャヴェリすら、占星術的な捉えかたから完全に解放されることができなかったのだ。マキャヴェリは、かれの時代とその同時代人たちとおなじように思考し語ったのである。多くの事例が古今いずれの歴史のなかでもみとめられるとおり、とかれは『ディスコルシ』のなかで言っている。なにか大きな災厄がひとつの国に生じるまえには、予言者か啓示か、天における兆しかがあらわれて、そのことが予告されるのがつねであった。マキャヴェリはみずからの無知を告白して、その事実については説明できないと語っていたけれども、当の事実そのものを否定することもできないのである(4)。それにもかかわらず、かれはなんらかの宿命論に屈しているわけではない。賢者は星辰を司ることだろう(Sapiens vir dominabitur astris)という諺は、ルネサンス期にしばしば引かれるものである(5)。マキャヴェリは、この諺にあらたな解釈を与えている。星々の悪意ある影響に打ち克つためには、強靭さと意志の力とが、智慧にくわえて必要である。〈運命〉の力は巨大で測りがたいとはいえ、それに抵抗しえないというわけではない。〈運命〉が抗しがたいものに見えるとすれば、それは人間のがわの落ち度なのであって、その人間がじぶんの力を用いず、臆病さのあまりに、〈運命〉をまえにして武器を手に取ることができないからなのだ。「私が思うに、これまで多くの者たちがそう考え、またいまでもいくらかのひとびとはおなじように考えているところによれば、この世のことは神の摂理か、あるいは〈運命〉によって支配されていて、人間の智慧はそれにすこしも与えることがない、ということになる。そこからかれらが導きだす結論は、この世のことにすこしも煩わされることなく、いっさいをその自然のなりゆきに委ねるのが最善である、というものだ。(中略)またじっさい、そうしたことがらを真摯に考察してみると、私としてもときおりは、そう考えてみることにほとんど納得しそうになってしまう。それにもかかわらず、私たちの自由な意志が絶対的に支配されないように、〈運命〉は、私たちの行動の半分を、それを導くみずからの手のうちに握り、あとの半分を、おおく私たち自身のなすがままに委ねているように思われる」。〈運命〉というものは激流にも喩えられるのであって、それがいったん氾濫するなら、なにものもこれに抵抗することができない。そのことによって、しかし私たちの勇気が挫かれてしまって、それに対して備えるのに好適な季節に、堤防を築き溝を掘り、そのほかなすべき防備を施すのを怠るといったことがあってはならないのであり、そうしておけば、ふたたび増水があったときにも、その奔流を完全に押しとどめることはかなわないにしても、すくなくとも流れを他の水路のいくつかに分散させ、烈しい奔流をいくらかは抑えることはできるだろう(6)。

(1) より立ちいった説明については、"Freiheit und Notwendigkeit in der Philosophie der Renaissance" を見よ。これは、以下の拙著の第三章である。*Individuum und Kosmos in der Philosophie der Renaissance*, "Studien der Bibliothek Warburg" (Leibzig, B. G. Teubner, 1927), X, 77–129.

（2）このメダルの複製は、以下の著作のうちに見ることができる。D. Erskine Muir, *Machiavelli and His Times* (New York, E. P. Dutton and Co., 1936), p. 150.

（3）以下を参照。Cassirer, *op. cit.*, pp. 105ff. また、*Journal for the History of Ideas*, III, Nos. 2 and 3 (1942), 123-144 and 319-346. フィッチーノの占星術に対する態度にかんしては、以下を参照。Paul Oskar Kristeller, *The Philosophy of Marsilio Ficino* (New York, Columbia University Press, 1943), pp. 310ff.

（4）以下を参照。*Discourses*, Bk. I, chap. LVI.

（5）以下を参照。Jakob Burckhardt, *Die Kultur der Renaissance in Italien*, English trans. by S. G. C. Middlemore (New York, Oxford University Press, 1937), p. 269.

（6）*The Prince*, chap. XXV, *op. cit.*, II, 411f.

これはただ比喩的に、詩的な、あるいは神話的な仕方で語られているにすぎない。とはいえ、こうした神話的表現の覆いの下に見いだされるのは、マキャヴェリの思考を規定し支配する傾向なのである。というのも、ここで与えられているのは〈運命〉を象徴《シンボル》するものの世俗化にほかならないからである。中世期の文献にあってさえ、そうしたシンボルはなじみ深いものであった。しかしマキャヴェリとともに、その意味に特徴的な変化がくわわったのだ。中世の体系のなかでも〈運命〉は役割を演じているけれども、それを古典的な仕方で表現するものを私たちとしては、ダンテの『地獄篇』中の有名な一節にみとめることができる。〈運命〉の真の本性とその機能とをダンテに教えたのは、ヴェルギリウスである。ひとは、その習性からして、とヴェルギリウスはダンテに説明する。しかし、〈運命〉にかんして、あたかもそれが独立した存在であるかのように語りがちである。そういった捉えかたは、人間の眼が見えなくなってしまったことの結果であるにすぎない。〈運命〉がなにをなすにせよ、それは〈運命〉自身の名のもとになされるのではなく、より高き力の名のもとでなされる。ひとは〈運命〉を、それがじぶんに好意をもっているかぎりで称え、それに打ちすてられるとすぐさま罵ることになる。どちらの態度もバカげたものだ。〈運命〉は、批難することも賞賛することもできない。〈運命〉にはそれ自身の力はなく、〈運命〉とはただより高き原理を代行する者にすぎないからである。[*1]〈運命〉が行動するのは、神の摂理の支配下にあってのことであって、その摂理が〈運命〉に、人間的な生にあってそれが果たすべき仕事を割りあてている。だから〈運命〉は、人間の判断を遥かに超え、批難にも賞賛にも動かされない。[1]このようなキリスト教的要素は、マキャヴェリの叙述からは取りのぞかれている。かれはギリシアとローマの、異教的な捉えかたへと立ちかえってゆく。しかしながらべつの面からいえば、マキャヴェリが導入するのは思考と感情のあらたな要素であって、それは近代に特有なものなのだ。〈運命〉が世界の支配者であるとする捉えかたは正しいとはいえ、それは真理の半面であるにすぎない。人間は〈運命〉に従属して、風と波のなすがままになるものではない。人間はみずからの航路をえらび、じぶんで舵を取らなければならない。この義務を果たすのに失敗すれば、〈運命〉が人間をあざ笑い、そして人間を見すてることになるのである。

（1）以下を参照。Dante, *Inferno*, VII, 67ff.

（＊1）higher. 全集版では bigger.

『君主論』第二十五章でマキャヴェリは、〈運命〉の力に対抗するこの偉大かつ不断の闘争をめぐる戦術上の規則を説明している。それらの規則はきわめて入りくんでおり、それらを正しく用いるのは容易ではない。それというのも、そこにはふたつの要素が含まれていて、それらはたがいに排除しあうようにも見えるからである。この戦闘で倒れまいと念う者は、じぶんの性格のうちでふたつの対立する性質を結びつけなければならない。その者は臆病であるとともに大胆となり、控えめであると同時に迅速にことを進めなければならないのだ。そうした逆説的な混合によってだけ、勝利を獲ちとるのを望むことができる。いかなる場合でもしたがうべき一律な方法など、ひとつとして存在しない。ときに応じて用心ぶかくならなければならないし、べつの場面ではいっさいを断行しなければならない。私たちは一種のプロテウス〔ポセイドンの従者〕ともなって、一瞬一瞬そのすがたを変じることができなければならない。そうした才能は、ひとびとのあいだでもきわめて稀なものだろう。「どのような人間であれ、その者がどれほど賢明であるとしても、あらゆる変化に完全に適応することなどできない。ある種の人間は、おそらくじぶんが生来つよくその傾きをもっているところに反したかたちでは、上手に行動することができないからである。他方べつの人間の場合なら、その者がそれまでつねに成功してきた人生行路を捨てさるのを納得することが容易ではないからである。だから、精力的かつ迅速にことを進めなければならないときに、冷静で慎重な人間にかぎって、どのように行動して役割を果たすべきかが分からないままに、総じて破滅することになる。一方その者が時勢に合わせてふるまいを変更してゆくとすれば、〈運命〉がじぶんを見棄てたと嘆く理由などおよそ持ちあわせることもない、ということになるだろう」(1)。〈運命〉に対抗する闘いを開始する者なら、ふたとおりの方法を弁《わきま》えていなければばならない。こころえておく必要があるのは防御戦と攻撃戦であって、しかも突如として一方から他方へ変じていかなければならないのである。マキャヴェリ個人としては、攻撃戦のほうをより好んでいる。「どちらかといえば」、とマキャヴェリは言う。「用心ぶかくあるよりは大胆であるほうがよい。なぜならば〈運命〉は女性に似ていて、騎士の流儀で悩まし、あしらわれることで、かの女を征服しようとする者の手に落ちるからである」(2)。

（1）*The Prince*, chap. XXV, *op. cit.*, II, 414.
（2）*Idem, op. cit.*, II, 416.

〈運命〉の理論を私たちに示してみせるこのマキャヴェリは、それに先行する章の著者とはまったく異なった人物であるかに見える。ここに見いだされるのは、マキャヴェリにあって通例の、明晰で論理的な文体ではなく、想像力に満ちた修辞的な文体なのである。それにもかかわらずこの〈運命〉の理論にすら、哲学的な重要性がないわけではない。それはたんなる逸脱ではなく、著作の全体と結びあわされている。マキャヴェリが読者を説得しようとしているのは、〈運命〉に対する闘争では、物質的な武器に頼るだけでは十分ではないということである。いうまでもなく、かれがそうした武器を軽視したわけではない。その著書全体をつうじてマキャヴェリが君主に警告しているのは、戦争の技術を蔑ろにしないようにということである。君主たる者、あらゆる思考・配慮・熱意を戦争の技術に向けなければならない(1)。その武器が勝れたものであれば、君主は世間の判断など気にかける必要もない。君主はいつでも、「怖れられるかぎりは憎まれるも可なり」(*Oderint dum metuant*)との原理に則って行動することができる(2)。かれがじゅうぶん武器を整え、同盟に恵まれているならば、どのような危険にも立ちむかうことができる。くわえて、確実に同盟に恵まれるのはいつでも、君主の武器が畏敬をもって迎えられているときなのである(3)。ここでマキャヴェリは、軍国主義の戦士として語っているのだ。私たちとしてはかれのうちに、断乎たる軍国主義を、哲学的な仕方で最初に唱道した者をみとめることができるだろう。マキャヴェリは戦争の技術をめぐる主題的な論攷を書き、そこで多くの技術的な細部を論じている。たとえば傭兵雇用の危険、全市民の徴兵の必要、また騎兵や砲兵に対する歩兵の優越といったことである。しかしながらこうしたすべては〔マキャヴェリについての〕伝記的な興味を惹くだけで、体系的関心を含むものではない。その『戦争の技術』にあってかれは、ただのアマチュアとして語りえただけである。くだんの分野でのマキャヴェリの経験は乏しく、また不充分なものだった。ある人間が、ほんの数年フィレンツェ民兵隊の指揮官であったからといって、戦争の技術の専門家としてよく論じ判断することなどできるはずもない。かれの著作全体とくらべれば、こうした要因は量的にも無視されてよいものであるかに思える。だがそこには、遥かに重要なことがらがもうひとつ存在する。マキャヴェリは、戦略のまったくあらたな類型をひとつ発見していたということだ——すなわち、物理的な武器ではなく精神的な武器にもとづく戦略ということである。かれ以前の著作家はだれひとりとして、そういった戦略を説いていない。それはふたつの要素からなるものであった。つまりその戦略が創りだされるのは、明晰で冷徹な論理的精神によってであるとともに、国事にあってのその豊富な個人的経験と、人間本性にかんする深い知識とをふたつながら用いることができる人間によってなのである。

（1）*Idem*, chap. XVI.

（2）*Idem*, chap. XVII.「そのどちらかの側をかならず択ばなければならないのであるならば、愛されるよりも怖れられるほうが、むしろ安全である」。

（3）*Idem*, chap. XI.

国家《こっか》と神話《しんわ》（上）〔全2冊〕　カッシーラー著

2021年7月15日　第1刷発行

訳　者　熊野純彦《くまのすみひこ》

発行者　坂本政謙

発行所　株式会社　岩波書店
〒101-8002 東京都千代田区一ツ橋2-5-5

案内 03-5210-4000　営業部 03-5210-4111
文庫編集部 03-5210-4051
https://www.iwanami.co.jp/

印刷 製本・法令印刷　カバー・精興社

ISBN 978-4-00-336736-0　　Printed in Japan

読書子に寄す

——岩波文庫発刊に際して——

岩波茂雄

真理は万人によって求められることを自ら欲し、芸術は万人によって愛されることを自ら望む。かつては民を愚昧ならしめるために学芸が最も狭き堂宇に閉鎖されたことがあった。今や知識と美とを特権階級の独占より奪い返すことはつねに進取的なる民衆の切実なる要求である。岩波文庫はこの要求に応じそれに励まされて生まれた。それは生命ある不朽の書を少数者の書斎と研究室とより解放して街頭にくまなく立たしめ民衆に伍せしめるであろう。近時大量生産予約出版の流行を見る。その広告宣伝の狂態はしばらくおくも、後代にのこすと誇称する全集がその編集に万全の用意をなしたるか。千古の典籍の翻訳企図に敬虔の態度を欠かざりしか。さらに分売を許さず読者を繋縛して数十冊を強うるがごとき、はたしてその揚言する学芸解放のゆえんなりや。吾人は天下の名士の声に和してこれを推挙するに躊躇するものである。このときにあたって、岩波書店は自己の責務のいよいよ重大なるを思い、従来の方針の徹底を期するため、すでに十数年以前より志して来た計画を慎重審議この際断然実行することにした。吾人は範をかのレクラム文庫にとり、古今東西にわたって文芸・哲学・社会科学・自然科学等種類のいかんを問わず、いやしくも万人の必読すべき真に古典的価値ある書をきわめて簡易なる形式において逐次刊行し、あらゆる人間に須要なる生活向上の資料、生活批判の原理を提供せんと欲する。この文庫は予約出版の方法を排したるがゆえに、読者は自己の欲する時に自己の欲する書物を各個に自由に選択することができる。携帯に便にして価格の低きを最主とするがゆえに、外観を顧みざるも内容に至っては厳選最も力を尽くし、従来の岩波出版物の特色をますます発揮せしめようとする。この計画たるや世間の一時の投機的なるものと異なり、永遠の事業として吾人は微力を傾倒し、あらゆる犠牲を忍んで今後永久に継続発展せしめ、もって文庫の使命を遺憾なく果たさしめることを期する。芸術を愛し知識を求むる士の自ら進んでこの挙に参加し、希望と忠言とを寄せられることは吾人の熱望するところである。その性質上経済的には最も困難多きこの事業にあえて当たらんとする吾人の志を諒として、その達成のため世の読書子とのうるわしき共同を期待する。

昭和二年七月